PETER HENKE

GEWISSHEIT VOR DEM NICHTS

GEWISSHEIT VOR DEM NICHTS

EINE ANTITHESE
ZU DEN THEOLOGISCHEN ENTWÜRFEN
WOLFHART PANNENBERGS UND JÜRGEN MOLTMANNS

VON

PETER HENKE

WALTER DE GRUYTER · BERLIN · NEW YORK
1978

THEOLOGISCHE BIBLIOTHEK TÖPELMANN

HERAUSGEGEBEN VON
K. ALAND, C. H. RATSCHOW UND E. SCHLINK

34. BAND

CIP-Kurztitelaufnahme der Deutschen Bibliothek

Henke, Peter
Gewißheit vor dem Nichts: e. Antithese zu d. theol. Entwürfen
Wolfhart Pannenbergs u. Jürgen Moltmanns. — 1. Aufl. —
Berlin, New York : de Gruyter, 1977.
(Theologische Bibliothek Töpelmann ; Bd. 34)
ISBN 3-11-007254-8

Meinen Eltern

VORWORT

„Gotte, den Eltern und Schulmeistern kann man nimmer gnugsam danken noch vergelten", heißt es in Luthers Großem Katechismus. Leider kann ich nicht einmal alle die auch nur erwähnen, die mich im Studium und danach gefördert haben. Sei es die „Studienstiftung des Deutschen Volkes", die mir bis zur Promotion jahrelang großzügig geholfen hat; sei es Herr Professor Dr. O. Kaiser, der mich als einer der Vertrauensdozenten der ‚Studienstiftung' überhaupt erst zur Promotion, dann zur Habilitation ermutigt und mir alle Wege geebnet hat. – Besonders aber muß ich meinem Doktorvater, Herrn Professor D Ernst Fuchs, danken, der mich mehr als jeder andere mit der Theologie verbunden hat.

Im Blick auf die vorliegende Arbeit danke ich Herrn Professor D Dr. C.-H. Ratschow. Er hat die Arbeit nicht nur angeregt und kritisch begleitet und diese Habilitationsschrift als Referent gegenüber dem Fachbereich Evangelische Theologie in Marburg vertreten, sondern er hat als mein Lehrer den Maßstab gesetzt, allein vom Gegenstand bestimmt die Arbeit durchzuführen. Und er hat mir eine Art und Weise des Arbeitens gezeigt, der es auf klare Begriffe, deutliche Ergebnisse und das heißt zugleich: auf einen selbständig urteilenden Verfasser ankommt.

Herrn Professor Dr. H. Graß möchte ich sehr herzlich für die Übernahme des Korreferats danken, das er in einer unzumutbar kurzen Zeit auszuarbeiten bereit gewesen ist.

Mein Dank gilt auch der Philipps-Universität Marburg, die zu den Druckkosten beigetragen hat.

Dem Verlag habe ich für die Annahme der Arbeit zu danken und den Mitarbeitern des Verlages für die freundliche Hilfe, mit der sie den Druck gefördert haben.

Marburg, im August 1977   Peter Henke

INHALTSVERZEICHNIS

ABKÜRZUNGEN

EINLEITUNG

Die vorliegende Arbeit verdankt sich in jeder Beziehung dem Umgang mit Friedrich Gogarten. Leider keinem persönlichen, wenn man von einem Großraumseminar in der Göttinger Botanik absieht, wohl aber einem Umgang mit Gogartens Themen und Methoden. Unter ‚Methode‘ sei hier einfach die Art und Weise verstanden, in der man sich auf eine Sache ein-läßt, ihr nachgeht, sie beobachtet — kurz: ein möglichst enges Verhältnis zu ihr bekommt, so daß man schließlich treffend sagen kann, womit man es da zu tun hat. Beobachtungen, die andere vor uns gemacht haben, können von größtem Wert sein. Es gibt aber auch Erfahrungen, die jeder für sich selbst gewinnen muß, Erfahrungen, die durch noch so sorgfältiges Beschreiben nicht weiterzugeben sind. Um ein Bild zu gebrauchen: eine Landkarte er-setzt nicht die Wanderung.

Sieht man von unserer durchzivilisierten Landschaft ab, wird man um-gekehrt sagen müssen: wehe dem Reisenden, dessen Karte nicht stimmt, oder der es nicht gelernt hat, Karten zu lesen! — Gogartens Bücher sind solche ‚Landkarten-Bücher‘. Sie reden nicht über Erfahrungen, sondern verweisen dahin, wo jeder selbst seine Erfahrungen sammeln kann.

Lassen wir das Bild von den Landkarten, denn eine Gegend ändert sich nicht so gründlich, wie die geistige Landschaft, in der wir uns immer neu orientieren müssen. Die ständige Veränderung der Welt, in der wir uns bewegen, die Geschichtlichkeit der menschlichen Existenz und ihrer Welt, zwingt uns, das gerade eben noch klar Erkannte wenig später neu und anders zu fassen. So werden wir Gogartens Bemühen verstehen dürfen, wenn er Paulus oder Luther ‚auslegt‘. Wer zum Beispiel Gogartens Buch „Luthers Theologie“ als ‚Sekundärliteratur‘ zu Luther liest, der wird sicher manch gute Bemerkung finden, aber Gogartens Absicht verfehlen; denn Gogarten geht zu Luther, „um mit seiner Hilfe die Bibel als Wort Gottes, und das heißt, um sie theologisch verstehen zu lernen“ (LTh 10 a. E.).

Damit ist die befremdende Art und Weise wenigstens schon angedeutet, in der wir jetzt zu Gogarten gehen wollen. Vielleicht fällt auch etwas dabei ab, was die Sekundärliteratur über Gogarten verwerten kann. Primär geht

es aber darum, uns von Gogarten in den Themenkreis des christlichen
Glaubens als Verantwortung für die Welt vor Gott einführen zu lassen und
damit in Gogartens Versuch, die Einheit der göttlichen und der menschlichen Wirklichkeit geschichtlich zu verstehen und das heißt eben: verant-
wortend zu verstehen. Bescheid wissen genügt nicht, sondern dafür gerade
stehen müssen, und zwar mit der ganzen eigenen Existenz und das, ohne es
zu können. In diese Aporie weist uns Gogarten ein. Hier, an diesem Ort,
spricht er von der geschichtlichen Art und Weise der Gotteserkenntnis
durch den Gekreuzigten, durch Christus. In dieser Aporie und durch diese
Erkenntnis werden Menschen für einander erschlossen, so daß Kirche entsteht. Nicht als eine sakrale Sonderwirklichkeit, vielmehr als Welt, die im
Gegensatz zur übrigen Welt weiß, daß sie eben nichts weiter als Welt ist.

Kritisch gegen das Ausharren in der Aporie stehen die vorwärtsrufenden
und drängenden Programme, Konzeptionen und Projekte mit all ihren
Konsequenzen, die nun endlich gezogen werden müssen. Hier trachtet man
danach, die Geschichte in den Griff zu bekommen oder doch wenigstens
auf den Begriff. Dialogisch, versteht sich, umfassend und ohne jedes
Vorurteil.

Wir werden zuerst Gogarten nachgehen und in drei Kapiteln an jeweils
nur einem Text seine Denkbewegung für uns sichtbar zu machen ver-
suchen. Von Gogarten her und um auch die andere Seite zu hören, folgen
wir Pannenberg und Moltmann. Bei ihnen sollen — ähnlich wie bei
Gogarten — je ein Haupttext und nur wenige, möglichst programmatische
Zusatztexte befragt werden. Wie bei Gogarten geht es uns darum, von den
Texten zu der Sache selbst verwiesen zu werden: Zum ‚Menschen zwischen
Gott und Welt‘[1].

---

[1] Die Anführungszeichen „ " gelten nur für wörtliche Zitate, die Zeichen ‚ ' stehen
   bei nicht wörtlicher Wiedergabe, bei Anspielungen oder bei vom üblichen Sprach-
   gebrauch abweichender Bedeutung.

DIE FRAGE NACH DER EINHEIT
VON GÖTTLICHER UND MENSCHLICHER WIRKLICHKEIT
IN DER NEUEREN THEOLOGIE

DER GRUNDRISS DER VERANTWORTUNG

Die Struktur der Verantwortung

Mit Ernst Troeltsch geht Gogarten davon aus, daß unser Denken und unsere ganze Existenz „so durch und durch vergeschichtlicht ist, daß wir nur das, was geschichtlich ist, als Wirklichkeit, die uns als Menschen angeht, erkennen und anerkennen können" (246 a. E.)[2]. − „Das bedeutet aber nichts Geringeres, als daß Jesus mitsamt dem, was in einer Christologie von ihm auszusagen ist, wenn wir ihn nicht entschlossen geschichtlich zu denken vermögen, jegliche Wirklichkeit für uns verliert" (246f.). − Damit ist die erste Aufgabe gestellt: es gilt Jesus und die Christologie „geschichtlich" zu denken. Was unter „geschichtlich" zu verstehen ist, muß aber erst noch untersucht werden; denn gerade das Geschichtsverständnis ist in der Theologie − wie wir sehen werden − umstritten.

Jesus und die Christologie geschichtlich zu denken heißt nicht, eine allgemein akzeptierte Tradition in eine zeitgemäße Sprache zu übersetzen, wenn die „zentrale Frage der Christologie . . . die nach der Einheit von Gott und dem Menschen in Jesus Christus" ist (1) und wenn es in der Christologie darum geht, „daß beide, Gott und Mensch, je in ihrem wahren Wesen gedacht werden: wahrer Gott und wahrer Mensch" (ibd.). − Der altkirchlichen Christologie ist es nicht gelungen, in der Zweinaturenlehre ‚Gott und den Menschen in ihrem wahren Wesen zu denken‘, wie Gogarten nachweist. Sie vermochten es nicht, „die Gottverlassenheit am Kreuz, in der sich die ‚wahre Menschheit‘ Christi am entschiedensten offenbart, auf diesen selbst zu beziehen" (ibd.). − Martin Luthers Christologie hält dieser Prüfung stand, wenn man seine Christologie in ihrem zeitgeschichtlichen Kontext betrachtet. Im Unterschied zu der Tradition, die von Gott ausgeht und nach seiner Verbindung mit dem Menschen Jesus fragt, hält Luther uns dazu an, den Menschen Christus zu ergreifen. „Habe man diesen, so werde er den Christus, wie er Gott ist, aus seiner Kraft,

---

[2] Alle nicht näher bestimmten Zahlen in ( ) gelten bis auf weiteres für Gogarten, Jesus Christus Wende der Welt / abgekürzt: WW

nämlich der seines Menschseins herbeibringen" (Gogarten paraphrasiert
WA 5,129; ibd.).

Zwei Aufgaben sind damit zugleich gestellt: Jesus und die Christologie
geschichtlich zu denken und eine geschichtliche Christologie zu erarbeiten,
in der Gott und Mensch als wahrer Gott und wahrer Mensch gedacht sind.
Soweit Luther auf diesem Wege vorgedrungen ist, die erste Aufgabe,
Christologie geschichtlich zu denken, war ihm in unserem neuzeitlichen
Sinn noch nicht gestellt[3]. Dennoch werden wir seinem Ansatz bei der
Menschheit Christi folgen müssen, wenn wir der Aporie der altkirchlichen
Christologie entgehen wollen.

Nimmt man Luthers Ansatz auf, und bemüht man sich, historisch nach
dem Menschen Jesus zu fragen, führt der Weg in eine andere Aporie, in die
„Frage nach dem historischen Jesus"[4]. Mit dieser ersten Frage nach dem
historischen Jesus darf man die ‚neue Frage nach dem historischen Jesus',
wie sie zum Beispiel Ernst Käsemann gestellt hat, nicht verwechseln; denn
Käsemann fragt nicht mehr nach der ‚individuellen Persönlichkeit' Jesu und
schon gar nicht nach einem ‚Leben Jesu', sondern nach der Verkündigung
Jesu. Sie ist das Eigentümliche an Jesus. Von seiner Verkündigung her wird
die Erscheinung des historischen Jesus zugänglich. – Von der Verkündigung Jesu ist die Verkündigung der Gemeinde zu unterscheiden. Das
historisch Interessante ist für Käsemann die Beziehung der Gemeinde zur
Verkündigung Jesu wie sie sich – die Beziehung – in der Verkündigung
der Gemeinde ausspricht. Diese Beziehung charakterisiert nämlich zugleich
Jesu eigene Verkündigung; denn die Gemeinde wiederholt nicht etwa nur
Lehren Jesu oder bloße Daten seines Lebenslaufes, sondern sie bekennt sich
zu Jesus von Nazareth als dem Kyrios. Gerade so wird deutlich, worum es
der Verkündigung Jesu ging: sie ruft zum Glauben wie sich am Bekenntnis
der Gemeinde ablesen läßt. Die Beziehung – das Wort klingt auch beim
zweiten und dritten Hinhören immer noch formal – die Beziehung der
Gemeindeverkündigung zur Verkündigung Jesu, diese Beziehung ist für
Käsemann – nach Gogarten – das eigentlich historisch Interessante. An
der Beziehung kommt die Verkündigung Jesu in ihrer Wirkung zum Vorschein. Mag Jesu eigene Verkündigung nur in kleinen Resten überliefert
sein, die Wirkung tritt in der Beziehung der urchristlichen Verkündigung
um so deutlicher hervor. Und sie ist für den Historiker faßbar. Hier kommt

[3] cf. z. B. WW 242–245
[4] cf. zur Literatur H. Conzelmann, Jesus Christus.

also nicht der Inhalt der Verkündigung in den Blick, sondern das Ziel der Verkündigung, ihre Wirkung.

In Käsemanns Untersuchung begegnet auch ein Geschichtsverständnis, das gegenüber der alten Frage nach dem historischen Jesus neu ist und das sich der Bultmannschen Unterscheidung von ‚historisch' und ‚geschichtlich' verdankt. Der Umgang mit der Geschichte geht weit über eine bloße Rekonstruktion von Zusammenhängen hinaus. Gogarten faßt das Geschichtsverständnis so: „Nur wer sich durch die Interpretation der vergangenen Geschichte in neue Verantwortung stellen lasse, erlange geschichtliche Kontinuität mit ihr" (20). Die Nähe eines solchen Geschichtsverständnisses zum Neuen Testament wird daran deutlich, daß „die Evangelien, was sie von Jesus berichten, nicht als etwas verstehen, was aus einem historischen Zusammenhang zu begreifen ist" (21). Durch die Kontingenz des Ereignisses wird sein eschatologischer Charakter als Entscheidungsruf hervorgehoben.

Sagen, wer Jesus ist

Die geschichtliche Wirklichkeit Jesu besteht darin, „daß in ihm der Glaube zur Sprache gekommen ist" (30; Gogarten mit Ebeling). Gogarten sieht deshalb mit Ebeling die Aufgabe der Christologie darin, „das zur Sprache zu bringen, was in Jesus selbst zur Sprache gekommen ist" (33; cf. Ebeling, Wort und Glaube I, 318)[5]. Für den Umgang mit dem, was da zur Sprache gekommen ist, genügt das Rüstzeug des Historikers nicht. Er käme nur zu einer Rekonstruktion des Phänomens, daß der Glaube in Jesus zur Sprache gekommen ist. Weshalb sich das Zur-Sprache-Kommen des Glaubens selbst dem Historiker entzieht, wird sich erst später genauer zeigen lassen (s. u. S. 24ff.).

Zur Aufgabe der Christologie gehört jedoch nicht nur die angemessene Art und Weise des Redens, das „Zur-Sprache-bringen", sondern auch Luthers Hinweis, beim Menschsein Jesu zu beginnen; denn nach Luther „darf in der Christologie nur ausgesagt werden, was seine Begründung in dem Menschsein Jesu hat und was sich darauf beschränkt, auszusagen, wer dieser Mensch ist" (33).

---

[5] cf. G. Ebeling, WGl SS. 300—318

Für Gogarten heißt etwas zur Sprache bringen, also von etwas in der Weise reden, wie es für die Christologie notwendig ist, „wenn etwas, das seinem Wesen nach dazu bestimmt ist, die ganze Existenz des Menschen zu tragen, so zum Sprechen kommt, daß ihm nicht mehr ausgewichen werden kann, ohne daß hierdurch die Existenz entscheidend betroffen wird" (33). Das gilt für den Glauben, der in Jesu Existenz zur Sprache gekommen ist. „Die Aufgabe, die die Christologie hat, wäre darum erst dann erfüllt, wenn der Glaube, der in Jesus zur Sprache kam, von ihr so zum Sprechen gebracht würde, daß er als das unsere ganze Existenz Tragende und über sie Entscheidende offenbar würde und mit ihm zugleich unsere eigene Existenz in ihrer Ganzheit als die von ihm getragene zur Sprache käme" (34o). In dem letzten, schwierigen Satz über die Aufgabe der Christologie liegt der Ton auf dem „so": den Glauben ‚so zum Sprechen bringen, daß . . .'; denn am Modus der Rede hängt hier alles, ob christologisch oder historisch geredet wird. Wenn nämlich angemessen geredet wird, dann wird der Glaube „als das unsere Existenz Tragende und über sie Entscheidende offenbar . . . und mit ihm zugleich unsere eigene Existenz in ihrer Ganzheit als von ihm getragene", das heißt zugleich: dann bedarf es keiner lang-atmigen Beteuerungen, sondern da ist dann Evidenz. Die angemessene Art und Weise der Rede läßt Glauben und Existenz miteinander durchsichtig werden, und zwar heilvoll.

Von unserem Tatsachendenken her sind wir daran gewöhnt, vor allem auf das Was zu achten und das Wie, die Art und Weise, den Pedanten und Bürokraten zu überlassen. Wir sollten uns aber auf unsere Erfahrung besinnen, zum Beispiel auf den Umgang mit anderen: ob einer ein Pedant oder ein großzügiger Mensch ist – auch das ist ein Wie, und hier achten wir sehr sorgfältig auf den Modus.

Die ersten Versuche, den Glauben Jesu angemessen zur Sprache zu bringen, liegen in den verschiedenen Ausprägungen des neutestamentlichen Kerygmas vor. Hier hat die Urchristenheit versucht, den in Jesus zur Sprache gekommenen Glauben „nun ihrerseits so zur Sprache zu bringen, wie er für ihre eigene Existenz der diese Tragende war" (34m). Kommt der Glaube Jesu als Träger der menschlichen Existenz zur Sprache, wird ver-ständlich, warum die Einzelheiten des Lebens Jesu zurücktreten. Für das Kerygma ist Jesus als der Herr relevant, wo er sein Brot zu kaufen pflegte, tritt dahinter zurück. Kommt der Glaube Jesu so zur Sprache, wie er die menschliche Existenz betrifft, wie er sie trägt und bestimmt, dann „kommt in ihm auch die Existenz Jesu zur Sprache" (35o), aber nur, „insofern und wie sie die von diesem Glauben getragene ist" (ibd.). Das ist Jesu Existenz „in der eigentümlichen Ganzheit, zu der der Glaube, indem er sie trägt, sie konzentriert und in eins zusammenfaßt" (ibd.). — Glauben und Existenz sind also unmittelbar aufeinander bezogen, denn der Glaube trägt nicht nur die Existenz, sondern unsere Existenz gewinnt durch den Glauben auch ihre Ganzheit. Unsere eigene Existenz ihre spezifische Ganzheit. Das heißt: der Glaube bringt keine Existenzidee, etwa Jesus als Vorbild, dem wir nacheifern sollen, sondern er gibt uns jeweils unsere eigene Existenz in ihrer Ganzheit frei.

Damit ist auch schon die Ursache dafür genannt, weshalb sich die Aufgabe der Christologie nicht ein für allemal lösen läßt und warum es schon im Neuen Testament verschiedene Ausprägungen des Kerygmas geben mußte: die Existenz, die im Glauben zur Sprache kommt, ist jeweils anders und deshalb auch ihr Zeugnis. Wer sich darüber hinwegsetzen und „das" neutestamentliche Kerygma nur nachreden will, der wird nicht nur den Glauben verlieren, der immer nur der je eigene sein kann, wenn er die je eigene Existenz tragen soll, sondern er wird auch den Zugang zur Existenz Jesu verlieren, die ja nur in diesem Glauben zur Sprache kam. Die Überlieferung wird dann zur dogmatischen Tradition und am Ende bricht die Frage auf, was der ‚historische Jesus' mit diesem ‚dogmatischen Christus' zu tun haben mag und „ob nicht dieses Kerygma mit Jesu eigener Verkündigung unvereinbar ist" (37o). Der ‚garstige Graben', der sich hier öffnet, wird also von unserem modernen Geschichtsdenken aufgerissen. Deshalb will Gogarten erst einmal nach der ‚in der neutestamentlichen Christologie gemeinten geschichtlichen Wirklichkeit' fragen.

Die offene Wirklichkeit des Heils

Es gibt zwar nicht „das" urchristliche Kerygma, aber in allen Christologien des Neuen Testaments findet sich in verschiedenen Gestalten „das Zeugnis von dem einen entscheidenden, der Welt und den Menschen das Heil bringenden Handeln Gottes in Jesus Christus" (39o). Die Urgemeinde erwartet vom Auftreten Jesu primär das Heil der Welt und nicht zuerst das Seelenheil des Einzelnen. Deshalb sind die Wunder und die Macht über die Dämonen bei Jesus „Zeichen der ihm von Gott gegebenen Vollmacht" (40 a. E.). Dem Kerygma der Urgemeinde liegt — so faßt es Gogarten vorläufig zusammen — als geschichtliche Wirklichkeit „nicht das Bild der

2*

anschaulichen und individuellen Persönlichkeit Jesu" zugrunde, „sondern die Gestalt eines mit der die Welt beherrschenden göttlichen Macht ausgestatteten Menschen, dessen Gekommensein nun in der Tat ‚das entscheidende Ereignis ist, durch das Gott seine Gemeinde berufen hat'" (41m)[6]. – Auch die späteren Ausformungen des Kerygmas im Neuen Testament halten „an dem wirklichen Menschsein Jesu mit Selbstverständlichkeit" fest (41m).

Nach seinen kurzen Skizzen neutestamentlicher Christologie (cf. 39–43) fragt Gogarten nach der ‚besonderen Art(!) von Wirklichkeit', die das hat, wovon diese Aussagen sprechen (cf. 43). Zunächst: durch Jesus Christus ist die Welt verwandelt (cf. 2K5,17). Das Neue Testament redet zwar dualistisch, meint aber „ein und dieselbe Welt, die aber je nach dem, wie sie von den in ihr lebenden Menschen verstanden wird, gut oder böse ist" (44m). Dieser ‚Dualismus' ist in Wahrheit der Streit um die eine Welt. Die Verwandlung der Welt ist dementsprechend auch kein Substanzwechsel, sondern: „Was sich wandelt, ist vielmehr das Verhältnis des Menschen zu Gott; damit dann aber auch sein Verhältnis zur Welt" (44u). Und ebenso gilt: im Neuen Testament wird nicht nur so etwas wie menschliches Bewußtsein von der Welt verändert oder die Welt nur anders interpretiert, sondern hier begegnen wir einem ursprünglicheren Seinsverständnis, das wir zunächst als ein Bezogen-sein-auf . . . ausdrücken können[7]. Daran werden wir immer denken müssen, wenn Gogarten von ‚Verhältnis' spricht: „Diese Verwandlung der alten Welt in die neue . . . ist geschehen . . . in seinem, Jesu, Verhältnis zu Gott" (45o). Genauer: in dem Wechselverhältnis, zwischen Gott und Jesus, weil das, „was in Jesus geschehen ist, von dem Gott gewirkt wurde, durch den allein die Welt Welt, und das heißt nun, seine Schöpfung ist" (45m).

Die Verwandlung geschieht als „eine stellvertretende Befreiung von jenen Mächten, mit denen die Welt die Menschen, die sie religiös verehren, unter ihrer Herrschaft gefangen hält" (45u). Gogarten interpretiert, „daß Jesus mit dem, was er tat, und womit sich ihm die alte Welt in die neue verwandelte und ihm in dieser Verwandlung die Herrschaft über die neue Welt zufiel, die Verantwortung für die Menschen auf sich nahm, denen sich infolge der von ihnen vorgenommenen Vertauschung des Schöpfers mit dem Geschöpf Gottes Schöpfung in die der Nichtigkeit und Vergänglichkeit

---

[6] Gogarten zitiert Bultmanns ‚Theologie des NT'.
[7] Als Beispiel für ein solches Denken in ‚Bezügen' cf. M. Heidegger, Sein und Zeit.

verfallene Welt verwandelte" (45 f.). Hier zeigt sich auch der Grund dafür, daß das Neue Testament an Jesu Menschsein festhalten mußte: nur so konnte Jesus die Verantwortung auf sich nehmen; umgekehrt können die Menschen Jesu Tat nur auf sich beziehen, „indem sie in dem Geschick, das er mit der Verantwortung für sie als das seine auf sich genommen hat, ihr eigenes wiedererkennen" (46 m)[8].

Jesus Gottesverhältnis wird als Gehorsam ausgelegt, und zwar als ein Gehorsam, der sich exponiert, wenn er sich auf eine Wirklichkeit einläßt, die schon gegenwärtig ist – nämlich als Überwindung der Mächte dieser Welt – die aber zugleich auch noch zukünftig ist – nämlich als ‚nahe herbeigekommen'. Das Heil ist ergreifbare Wirklichkeit, aber nicht unanfechtbares Eigentum. Das Heil bleibt stets neu zu ergreifen. – Ist das Heil also nur punktuell gegenwärtig? – Wer täglich vierzig Zigaretten oder mehr geraucht hat und es nun läßt, dessen ‚Nichtrauchersein' kann hier fürs erste illustrieren, was gemeint ist: er raucht nämlich wirklich nicht (mehr) und das ganz kontinuierlich und nicht nur punktuell. Die Gewalt des Tabaks über ihn ist gebrochen. Aber so lange es Tabak gibt, muß das Nichtrauchersein immer neu ergriffen werden.

Die Überwindung der Nichtigkeit

Gogarten faßt zusammen: „Die Herrschaft Jesu Christi über die Welt und die in dieser Herrschaft von ihm vollbrachte Verwandlung der alten Welt in die neue, in der die Welt als die Schöpfung Gottes restituiert und so wieder heil geworden ist, sie ist das eschatologische Ereignis, das damit geschah, daß Jesus in die Welt kam, und in dieses Ereignis ist darum alles zusammenzufassen, was in dem neutestamentlichen Kerygma über Jesus gesagt wird" (49 f.). – Ist dieses Ereignis aber auch geschichtlich? – Und wenn ja: ‚von welcher Art(!) ist das Geschehen dieser Geschichte' (cf. 50 o)? – Die Teilhabe an dem Geschehen war als Entscheidung gefaßt. Die Teilhabe wäre demnach geschichtlich. Aber das Geschehen selbst als Verwandlung der alten Welt in die neue? – Das „alte" der alten Welt ist als eine Verkehrung zu verstehen, nämlich als Vertauschung von Schöpfer und Geschöpf. In der alten Welt wird dem Geschöpf vertraut und nicht dem

---

[8] cf. noch einmal WW 3 f.: Luther zur Notwendigkeit, vom Menschen Jesus auszugehen.

Schöpfer. Hier ist der Mensch vor dem Geschöpf verantwortlich, vor den Ordnungen der Welt, statt vor Gott. Das ist die Vertauschung, die als Verhängnis auf der Welt liegt. Um dieses Verhängnis zu entlarven und so zu wenden, nimmt Jesus die Verantwortung für das Sein der alten Welt auf sich (s. u. S. 11 f.).

Die Antwort auf die Frage, ob die Wende der Welt geschichtlich ist, klingt zwiespältig: geschichtlich ja, aber „nicht in dem Sinne einer ‚historischen Tatsächlichkeit'"; denn für Jesu Gehorsam gegenüber Gott kann es keine Quellen oder Zeugen geben. „Hier kann nur der Glaube Zeuge sein und zwar nur ein solcher Glaube, durch den dem Glaubenden für diesen seinen eigenen Glauben ein Gehorsam ermöglicht würde, der dem von Jesus geleisteten entspräche und um dessentwillen Jesus den seinigen geleistet hat" (54 u). – Damit meldet ein Denken den Anspruch auf das Prädikat „geschichtlich" an, das wenigstens auf den ersten Blick überall, nur nicht in unserer geschichtlichen Welt beheimatet zu sein scheint. Ein Denken, in dem Geschichtlichkeit soviel wie Verantwortlichkeit zu heißen scheint, wenn Gogarten über Jesu Verantwortung für die Welt vor Gott sagt: „Und so hat dieses Geschehen seine Geschichtlichkeit darin, daß es zwischen dem Menschen Jesus von Nazareth und Gott geschieht und daß, was sich hier ereignet, in der Verantwortung dieses Menschen für die Welt und die Menschen in ihr vollbracht wird" (55 a. E.). Das Geschehen spielt sich in der Welt ab. Kreuz und Auferstehung sind in diesem Menschenleben die Wendepunkte, aber gerade deshalb dürfen sie nicht aus dem Zusammenhang des Kerygmas – also einer bestimmten Art und Weise des Redens – herausgerissen werden, in dem das Neue Testament sie uns zu verstehen gibt, also nicht als ‚Tatsachen' mißverstanden werden.

Im Zusammenhang des Kerygmas meint das Kreuz: Jesus nimmt die Verantwortung für das Verhängnis der Welt auf sich, so daß, ja: damit sich das Verhängnis an Jesus und der Welt vollziehen kann. An der Welt, die nicht weiß, was sie mit Jesu Kreuzigung tut: daß sie mit Jesus den ‚Weg und die Wahrheit und das Leben' verwirft und sich selbst so definitiv den Tod beschert; an Jesus, der die Vertauschung der Wahrheit und Lüge als die Quelle des Verhängnisses durchschaut und der das Verhängnis als Verhängnis wissend auf sich nimmt.

Die Vertauschung von Schöpfer und Geschöpf bedeutet, daß die Welt ihr Geschöpfsein verliert, weil sie zum Schöpfer umgelogen wird, und Gott verliert seine Gottheit. Das Geschöpfsein – „Sein" wieder als Verhältnis – wird hier als Gerufensein des Nichtseienden durch Gott verstanden. Der

Ruf Gottes verleiht dem Nichtseienden seinen Bezug zu Gott, das heißt, sein Geschöpfsein. Ohne diesen Bezug, den Ruf Gottes, stürzt das schöpferlose Geschöpf ab in die Nichtigkeit. Es wird „das sich in sich selbstverschließende Nichtige" (58u), also das, als was wir uns selbst und unsere Welt erfahren, wenn wir die selbstgezimmerten Ideale und Sinnspender, Ziele der Geschichte und Berufungen der Menschheit als Gottesersatz durchschauen und erschrecken. Wir schlagen dann die Tür zu dieser Erkenntnis schnell wieder zu und bleiben was wir sind: „das sich in sich selbst verschließende Nichtige" (58u). – Jesus hat unser nichtiges Geschick auf sich genommen, ohne sich ihm zu verschließen. Deshalb ist gerade Jesu Gottverlassenheit am Kreuz für die Christologie entscheidend.

Wenn Jesu Gehorsam, seine Verantwortung für die Welt vor Gott, das Sein des Menschen, sein Verhältnis zur Welt und zu Gott, meint, „dann bedeutet es, daß Jesus in der Nichtigkeit, die ihn, den das Geschick der Welt Teilenden, von dieser her umfängt, den Gott erfährt, der dem Nichtseienden ruft, daß es sei. Indem wir dies sagen, sprechen wir von der Auferstehung Jesu" (59m). Denn der Tod, den Jesus stirbt, „ist die Nichtigkeit, die . . . Leben und Sterben beherrscht. Indem sich aber Jesus im Gehorsam in diese Nichtigkeit dahingibt, . . . wird aus dieser Nichtigkeit *das* Nichtseiende, dem Gott ruft, daß es sei und wird aus dem Gekreuzigten . . . der ‚Erstgeborene von den Toten' (Kol 1,18)"[9] (59f.).

Die Verantwortung ist der Schlüssel zu einem ersten Verständnis. Im Gegensatz zu uns stellt sich Jesus seiner eigenen Nichtigkeit, das heißt: gibt er das Leben, das er aus der Welt haben könnte, preis und erfährt so sein Nichtsein, nämlich, daß er nicht aus sich selbst oder aus der Welt leben kann. In dieser gehorsamen Erfahrung seiner eigenen Ohnmacht, seines Nichtseinkönnens – und nur in dieser Erfahrung – empfängt er sein Sein in der Verantwortung vor Gott für die Welt.

---

[9] Nichtigkeit und Nichtseiendes sind bei Gogarten streng zu unterscheiden. Das Nichtseiende entspricht dem Willen Gottes, weil es seinem Schöpfersein entspricht. Es ist der ‚Stoff', aus dem Gott etwas schafft. Das Nichtige ist dagegen vom Schöpfer abgetrennte, verlorene Schöpfung, die sich selbst an die Stelle Gottes gesetzt hat.

Die Erkenntnis des Gekreuzigten als Wiedererkennen

Wie die Teilhabe am Heil und wie das Geschehen selbst, so ist auch die Erkenntnis des Geschehens nicht in der Art und Weise der Tatsachen möglich.

Statt von einer ‚Tatsache' geht Gogarten von dem Geschehen aus, das sich zwischen Jesus und Gott ereignet, für das es also ganz gewiß keine Augenzeugen geben kann. Die Art des Geschehens war in ersten Umrissen von Gogarten durch einen Begriff wie Verantwortung charakterisiert, um die Sprache und Begrifflichkeit des Neuen Testaments zu übersetzen. Der zentrale Begriff in dem Geschehen zwischen Jesus und Gott ist der Begriff des Glaubens „an *den* Gott, der dem Nichtseienden ruft, das er sei" (64o; cf. R 4, bes. 4,17). Das ist der Glaube, durch den der Mensch ‚gerecht' wird, und zwar nicht mit Leistungen gegenüber einer Norm, sondern jemandem gerecht, das heißt, zu ihm passend (cf. ‚kunstgerecht').

Wer paßt zu Gott? – Wer wird Gott gerecht? – Wenn Gott der ist, der ‚dem Nichtseienden ruft, daß es sei' (cf. R 4,17), dann gewiß kein Selfmademan. „Zu Gott ‚paßt' also nur, wer erkennt und darum zu bekennen vermag, daß er mit allem, was er ist und hat und was er je zu sein und zu haben vermag, vor Gott nichts ist, der sich nun aber eben in diesem Nichtsein auf Gott verläßt, darauf nämlich, daß dieser sich an ihm gerade und nur in seiner Nichtigkeit als den erweisen wird, der er in Wahrheit ist" (65o). – Dieser Glaube ist der ‚Rahmenbegriff', der allen anderen Begriffen ihren Sinn gibt, besonders dem Gehorsam: „Gehorsam gegen den Gott, der dem, das nicht ist, ruft, daß es sei, heißt zuerst und vor allem anderen, sich mit seiner ganzen Existenz auf diesen Gott verlassen und sie im Glauben an ihn leben, so daß in allem, was in dieser Existenz getan wird, der schöpferischen Kraft Gottes Raum gelassen ist und alles, was da geschieht, in und aus dieser Kraft geschieht" (65m).

In diesem Glaubensverständnis geht es nicht um das Heil des Einzelnen, sondern Heil und Unheil für den Menschen fallen zusammen mit Heil und Unheil seiner Welt, mit dem Verhängnis und seiner Überwindung.

Gogarten erläutert den Begriff des Verhängnisses, indem er ihn mit der Gotteserkenntnis verbindet, und zwar der Erkenntnis als Erfahrung. Wer Gott als Gott erkennt, der erfährt sich selbst als einen, der nicht aus sich selbst leben kann, sondern von Gott ins Sein gerufen wird, und zwar ‚alle Morgen neu'. Ich kann Gott nicht erkennen, ohne zugleich selbst mit in den Blick zu kommen. Gott wird nur als Schöpfer erkannt, wenn der

Mensch sich als Geschöpf erkennt und das heißt: wenn der Mensch sich vor diesem Gott verantwortlich weiß und nicht vor den Geschöpfen. Die Verkehrung der Verantwortung, in der ich den Geschöpfen zutraue, daß ich aus ihnen mein Leben empfange und nicht vom Schöpfer, diese Verkehrung, dieses falsche Vertrauen „ist das Verhängnis, das durch die Sünde jener Vertauschung über sie (sc. die Menschen) und ihre Welt verhängt ist" (67o). Das urchristliche Kerygma verkündet, „daß die Wendung jenes Verhängnisses durch Jesus Christus vollbracht ist" (67o). Das heißt: Jesus übernimmt die Verantwortung für das falsche Vertrauen, mit dem wir uns auf die Welt des Verfügbaren zu stützen versuchen, um unser Leben zu sichern. Er übernimmt die Verantwortung so, daß er das Verhängnis auf sich herabzieht, es entlarvt und damit wendet (s. o. S. 7f.).

Gogarten betont immer wieder, für das Heilsgeschehen gäbe es keine Möglichkeit, es historisch festzustellen. Wie können wir dann zum Glauben kommen? – Wenn Jesus die Verantwortung für uns übernimmt, wenn er also unser Geschick auf sich nimmt. „Und so erscheint in ihm das, was diese Menschen in Wirklichkeit sind, nämlich solche, die dem Verhängnis, das über sie und ihre Welt verhängt ist, versklavt sind" (68u). Hier gibt es darum für uns einen unmittelbaren Zugang zu dem Geschehen: „Wahrgenommen werden kann das aber nur von denen, die nun in der Gestalt, in dem Geschick Jesu Christi ihre eigene Gestalt und ihr eigenes Geschick wiedererkennen" (ibd.). – „Ohne solches Wiedererkennen der eigenen Gestalt und des eigenen Geschicks in der Gestalt und dem Geschick Jesu gibt es keine Erkenntnis dessen, was damit geschehen ist, daß Jesu in die Welt kam und gekreuzigt wurde" (68f.). In dem Wiedererkennen bekommen wir uns so in den Blick, wie wir selbst ans Kreuz gehören. Von diesem Selbst gilt es sich abzuwenden, damit wir uns von der Nichtigkeit abwenden und zu dem Nichtseienden werden, dem Gott ruft, das es sei (s. o. S. 8f.). Auf dem Wege einer solchen Erkenntnis, in die ich selbst schon immer verwickelt bin – Wiedererkennen –, gelange ich auch zur Erkenntnis der Auferweckung Jesu. Ich lerne dann nämlich aus eigener Erfahrung, „daß es Gott ist, der mit seiner schöpferischen Kraft in Jesus Christus handelt" (70m).

Wenn Gogarten von Wiedererkennen spricht und wenn er uns damit an unsere eigene Erfahrung verweist, wenn wir also ,Zeugen erster Hand' werden müssen, um das urchristliche Kerygma von Kreuz und Auferweckung Jesu Christi zu verstehen, dann hilft hier keine noch so objektive Tatsachenerkenntnis, sondern nur der bestürzende Ruf, der uns

aus der Erkenntnis der eigenen Nichtigkeit angesichts des Gekreuzigten
unüberhörbar werden kann. Und den Ruf festhalten, das heißt ‚mit
gekreuzigt werden'. Für das weitere sorgt der Rufer selbst.

Jesu Erkenntnis der Verantwortung für die Welt vor Gott

Bietet uns die geschichtliche Wirklichkeit, die der neutestamentlichen
Christologie nach Gogarten zugrunde liegt, eine Möglichkeit, den ‚garsti-
gen Graben' zwischen dem ‚historischen Jesus' und dem ‚dogmatischen
Christus' zu überwinden? Gogarten versucht es, indem er neu nach dem
geschichtlichen Jesus fragt, und zwar so, „daß man fragt, ob das Geschehen,
wie das Kerygma es als das verkündigt, das sich zwischen dem Menschen Jesus
und Gott ereignet hat, mit Jesu eigner Verkündigung vereinbar ist" (75 a. E.).

Gogarten geht von der Frage aus, ob das urchristliche Kerygma Jesus
richtig verstanden hat, wenn es ihn als Christus verkündigt, das heißt: sagen
Kerygma und Verkündigung Jesu sachlich das gleiche? – Das entscheidet
sich daran, ob das Kerygma recht hatte, „daß das Geschehen zwischen
Jesus und Gott nicht oder jedenfalls nicht primär das individuelle Seelenheil
des Menschen betrifft, sondern das Heil der Welt des Menschen" (76u).

Geht es primär um das Heil der Welt des Menschen, dann ist nach Jesu
Weltverhältnis zu fragen. Vor dem Geschehen zwischen Jesus und Gott
„war das Verhältnis des Menschen zur Welt so beschaffen, daß er sich *vor*
der Welt und ihrem Gesetz zu verantworten hatte. Jetzt dagegen ist er *für*
sie verantwortlich geworden" (76f.). Die Frage nach dem Verhältnis des
neutestamentlichen Kerygmas zu Jesu eigener Verkündigung spitzt sich
damit zu auf die Frage, ob das Weltverhältnis, wie es im urchristlichen
Kerygma verkündet ist, die Verantwortung *für* die Welt vor Gott, erst im
Kerygma begegnet oder „ob es Jesus ist, der diese Erkenntnis gemacht und
gelebt hat, so daß dann das Kerygma die Verkündigung davon ist, daß
Jesus, indem er diese Erkenntnis im Namen Gottes in seinem Leben bis in
den Tod hinein realisierte, der Herr der Welt wurde" (78o). Wie ist also
das Verhältnis des Menschen zur Welt in der Verkündigung Jesu gefaßt?

Die historisch-kritische Forschung hatte gezeigt, daß Jesu Verkündigung durchgehend eschatologisch ist[10]. In der Verkündigung Jesu bedeutet

---

[10] Gogarten verweist auf „Verhängnis und Hoffnung der Neuzeit"; dort SS. 174–194,
   c. 11: „Die neutestamentliche Eschatologie".

„eschatologisch" – nach Gogarten – eine alles ergreifende Weltwende, und zwar als ein Geschehen, „in dem ebenso die bestehende Welt zu Ende geht, wie etwas Neues beginnt, und durch das darum alles anders wird. Dieses Neue heißt in der Verkündigung Jesu die Königsherrschaft Gottes" (78u). Diese Weltwende ereignet sich schon gegenwärtig. Die Teilhabe an der Königsherrschaft Gottes ist – wie wir schon hörten (s. o. S. 7o) – nur als immer neue Entscheidung möglich.

Das Kommen der Gottesherrschaft ist das Gericht über die bestehende Welt, und zwar vor allem über das ‚Gottesverhältnis' des Menschen, der in der bestehenden Welt lebt, über ein Gottesverhältnis, das im Grunde nicht Gott, sondern die Welt meint. Jesus stellt den Menschen vor die Frage, ob er sich diesem Gericht beugen will oder nicht.

Die bestehende Welt ist die Welt, auf der nach dem urchristlichen Kerygma das Verhängnis liegt, also die Welt eines Weltverhältnisses, das an der kultischen Frömmigkeit am sichtbarsten seinen Charakter enthüllt. An Jesu Worten, zum Beispiel gegen die Reinheitsvorschriften, zeigt sich Jesu Ablehnung dieser Frömmigkeit, weil in ihr „in Wahrheit nicht Gott, sondern die bestehende Welt gemeint ist und das, was man selbst in ihr ist" (81u). Diese ‚Frömmigkeit' vertauscht Schöpfer und Geschöpf. – Und dazu gehört auch die Sittlichkeit, die in der Welt Jesu unlösbar mit dem Kult durch das Gesetz verbunden ist und die durch falsche Frömmigkeit mit verfälscht wurde[11].

Deshalb nimmt Jesus das Gesetz, wie es als erfüllbare Gebotsliste mißbraucht wurde, aus dem Gottesverhältnis heraus; denn Gott meint das Sein des Menschen (Gottes-*Verhältnis*; s. o. S. 6m) und nicht irgendein partielles Tun. Nur für das partielle Tun ist das Gesetz zuständig, nicht für das Gottesverhältnis, in dem es um das Ganze geht. – An Jesu Worten vom Almosengeben wird deutlich, daß Jesu Forderung nicht auf eine Erfüllbarkeit im Rahmen eines Gesetzes aus ist. Jesus fordert vielmehr ein Tun, durch das der Täter „in die Lage kommt, sich auf Gott verlassen zu müssen" (85o). Jesus fordert, „sich das von Gott tun zu lassen, was dieser an jedem tun wird, der ihn seinen Gott sein läßt" (86o).

---

[11] Wenn wir von dem Menschen Jesus ausgehen wollen, müssen wir auch von seiner Welt ausgehen, und das ist die Welt des Judentums zur Zeit Jesu. Wir dürfen Jesus und seine Welt nicht als zeitlose ‚Archetypen' auffassen, die sich mechanisch auf unsere gegenwärtige Welt übertragen ließen.

Jesu Forderung zielt also auf ein neues Gottesverhältnis, in dem der Mensch das aus der bestehenden Welt und ihrer Frömmigkeit gelebte Leben verliert. Wie diese Preisgabe des Lebens aus der bestehenden Welt zu verstehen ist, sagt das Doppelgebot der Gottes- und Nächstenliebe (Mk 12,30f.). Als Feindesliebe sprengt sie den Rahmen der bestehenden Welt; denn wer seinen Feind liebt, „der lebt nicht mehr im Vertrauen auf die bestehende Welt mit ihren Ordnungen und ihrem Bestand" (89o). Der ,große Lohn', von dem Jesus in diesem Zusammenhang redet, besteht dann in dem Verlieren des Lebens aus der bestehenden Welt. In diesem Verlieren gewinnt er das Leben aus Gott; denn mit dem Leben aus der bestehenden Welt verliert er gerade das falsche Gottesverhältnis, das der Welt vertraut und nicht Gott. Das neue Leben, das Heil, ist nur im Glauben gegenwärtig und nur in der bleibenden Anfechtung durch die bestehende Welt.

Aus Gogartens Interpretation der Verkündigung Jesu ergibt sich, daß nicht erst das urchristliche Kerygma, sondern schon Jesus selbst die Verantwortung des Menschen *für* die Welt erkannt hat. Hat Jesus diese Verantwortung aber auch in seinem Leben verwirklicht und ist er dadurch − die urchristliche Verkündigung behauptet es − zum Kyrios der Welt geworden? − Wenn Jesus die Preisgabe des Lebens aus der bestehenden Welt fordert und in diesem Zusammenhang die bestehende Welt und da vor allem ihre Frömmigkeit angreift, dann bedeutet diese Verkündigung selbst schon die Preisgabe seines Lebens aus der bestehenden Welt. Indem Jesus seine Verkündigung ausspricht, tut er, was er in den Worten fordert. Der Ruf zur Verantwortung für die Welt als Angriff auf die bestehende Welt ist Verantwortung für die Welt und Preisgabe des Lebens aus der bestehenden Welt.

Jesu Verantwortung spiegelt sich auch in seinem Verhalten gegenüber den Menschen. Er greift die Repräsentanten der bestehenden Welt scharf an, also ,Pharisäer und Schriftgelehrte', und wendet sich denen zu, die aus dieser bestehenden Welt ausgeschlossen sind. Durch seine Hinwendung zu den Sündern, den outcasts, stellt Jesus die Ganzheit der bestehenden Welt in Frage.

Jesu Verantwortung der ,Verantwortung für die Welt vor Gott'

Als Zwischenergebnis können wir festhalten, daß Jesus die Verantwortung für die Welt nicht nur erkannt, sondern auch übernommen hat durch die Tat der Verkündigung und seine Hinwendung zu den ,Sündern'.

Durch seinen Umgang mit den outcasts hat Jesus zugleich keine Möglichkeit mehr, sich gegenüber dieser Welt zu legitimieren, weil er ihren Ordnungsrahmen verlassen hat, denn der „Gott, dessen Willen Jesus verkündigt, (sc. ist) eben der Gott, der sich als solcher nur denen erweist, die im Glauben an ihn wagen, das Leben, wie sie es bis dahin im Vertrauen auf die bestehende Welt und ihre Ordnung lebten, zu verlieren, und die im Verlieren dieses Lebens das gewinnen, das dieser Gott ihnen in seinem kommenden Reich schenkt" (107 f.). Nur Jesu Abkehr kann ihn legitimieren. Die Abkehr ist als Verantwortung für die Welt zugleich Verantwortung vor Gott.

Mit Jesu Verantwortung setzt Gogarten den Beginn der Geschichte im vollen Sinne des Wortes an: „Denn von Geschichte . . . kann erst gesprochen werden, wenn die Welt, in der der Mensch lebt, aufhört, die letzte und umfassendste Wirklichkeit zu sein, in deren ewige und unwandelbare Ordnung er sein Tun und Denken einzufügen strebt, um für das eigene Bestehen Sicherheit an der Beständigkeit dieser Welt zu gewinnen und über die eigene Vergänglichkeit hinaus an ihrer Dauer teilzuhaben" (110 o). Durch Jesu Verkündigung wird „das Zu-Ende-Gehen der Welt, wie sie bis dahin als letzte und umfassendste Wirklichkeit verstanden wurde, verkündigt" (111 o). Wenn Jesus zur ‚Buße' ruft, meint er ein neues Denken, „durch das die ganze Existenz des Menschen in ihrer Beziehung zu der bestehenden Welt umgekehrt wird (ibd.). Damit ruft Jesus nicht zur Weltflucht, sondern zur Abkehr von der bestehenden Welt und das heißt (s. o. S. 13 m) vor allem: zur Abkehr von der jüdischen Frömmigkeit; denn nur so ist die Abkehr von der bestehenden Welt möglich, die sich ja der Frömmigkeit zur letzten, äußersten Selbstsicherung bedient. Indem Jesus die Art und Weise des Weltseins der bestehenden Welt, wie sie sich in der Frömmigkeit seiner Zeit auskristallisiert hat, verurteilt und die Art und Weise dieses Weltseins nicht mehr hinnimmt — gerade so übernimmt er für das Weltsein der Welt die Verantwortung. Jesus ist nicht mehr vor der Welt, sondern für die Welt verantwortlich.

Ist aber Jesu Existenz überhaupt noch geschichtlich zu nennen, wenn Jesus nicht nur für die Welt, sondern auch vor Gott verantwortlich ist (cf. 108 f.)? — Das wird sich daran ablesen lassen, wie Jesus den Willen Gottes erfährt, vor dem er verantwortlich ist.

Jesus erfährt den Willen Gottes nicht in einer Berufungsvision, sondern Jesus nimmt das Weltsein der bestehenden Welt wahr, die Heuchelei ihrer

Frömmigkeit, ruft zur Abkehr und kehrt sich selbst ab in diesem Ruf, übernimmt also die Verantwortung für das — wie Gogarten sagt: — ,abgöttische Weltsein der Welt' und erfährt so den Willen Gottes. Die Erfahrung des Willens Gottes ist also ein Geschehen.

Weil sich die bestehende Welt an die Stelle Gottes gesetzt hat, gibt es kein Gottesverhältnis, das ohne Preisgabe des Lebens aus der bestehenden Welt möglich wäre. Nur in der Preisgabe kann das Leben aus Gott empfangen werden. Das Gottesverhältnis, wie Gott es will, besteht darin, daß ich — was ich auch tue — in meinem Tun Raum lasse für Gottes Willen, offen bleibe (cf. 116 m und 83 ff. zum Almosengeben). Wieder geht es nicht um ein festgelegtes ,Was' in dieser Art, von Gottes Willen zu reden, sondern um ein ,Wie': denn der Wille Gottes „fordert die Offenheit für das, was das lebendige Geschehen, in das man je und je hineingezogen wird, jeweils von einem verlangt" (118 o).

Jesus erkennt den Willen Gottes wie der Samariter, nur ist es bei Jesus nicht ein einzelner, der Hilfe braucht, sondern die Menschen überhaupt, die ,wie Schafe sind, die keinen Hirten haben'.

Gott ist hier also nicht ,überweltlich', ,übergeschichtlich' oder ,(über)zukünftig' gedacht, sondern gegenüber: gegenüber im Geschehen dieser Welt; gegenüber wie der Überfallene am Straßenrand dem Samariter gegenüber gewesen ist. — Hier beginnt sich die Verantwortung des Menschen für das Weltsein der Welt mit der Verantwortung vor Gott zu verknüpfen. Nur wenn ich die Verantwortung dafür wahrnehme, daß die Welt offen bleibt (cf. Jesu Abkehr von der bestehenden Welt), werde ich meiner Verantwortung für das Weltsein der Welt gerecht, nämlich dafür, daß die Welt nur Welt bleibt, also nicht sich in sich selbst verschließt, nicht wieder zur letzten Instanz für mich wird, sich nicht wieder — heißt das — an die Stelle Gottes setzen kann. Bleibt die Welt dagegen offen, wird das Geschehen in ihr zu einem Handeln Gottes an mir. Gogarten erläutert dieses Handeln Gottes durch das Walten Gottes im Geschehen der Welt als Wort Gottes[12]. Die Antwort auf diesen Ruf ist die Verantwortung vor Gott. Die Verantwortung vor Gott nimmt der Mensch also wahr „durch seine Verantwortung für die Welt, und die in dieser sich ereignenden Wahrnehmung von Gottes freiem Walten in der Welt" (122 m). „Das Wort nun, auf das diese Verantwortung vor Gott antwortet, ist das schöpferische

---

[12] cf. Bultmanns Reden vom ,Anspruch des Augenblicks' z. B. GlV I S. 304; cf. WW 227 m.

Wort Gottes, in dem dieser sich dem Menschen als der verspricht, der ihn ins Leben ruft" (ibd.). Die Antwort des Menschen, seine Verantwortung vor Gott, besteht darin, „daß er sich mit seiner ganzen Existenz auf den Gott verläßt, der sie ihm mit seinem Worte gibt" (ibd.). Das heißt zunächst: Gott gibt mir meine Existenz durch den Ruf zur Verantwortung vor ihm. Was für die menschliche Existenz überhaupt gilt, gilt auch für die Existenz Jesu. Dann ist Jesu Verantwortung vor Gott nicht etwas, das Jesus über die Welt hinaushebt, sondern „diese Verantwortung *vor* Gott, die nie anders möglich ist, als indem sie zugleich die Verantwortung *für* die Welt ist, sie ist es, in der seine Existenz ihre Geschichtlichkeit erlangt. Denn der Gott, vor dem er verantwortlich ist, begegnet ihm . . . in dem freien Walten Gottes in der Welt, wie der Mensch es in seiner Verantwortung für die Welt wahrzunehmen vermag" (123 o).

Die Geschichte Jesu und die Geschichte der historisch-kritischen Forschung

Hat Gogarten damit die Geschichte herausgearbeitet, die mit Jesu Verantwortung an den Tag gekommen ist, die Geschichte Jesu, so muß diese Geschichte Jesu jetzt gegenüber dem modernen Geschichtsdenken abgegrenzt werden. Beide Weisen der Geschichte kennen die Verantwortung des Menschen für die Welt, aber die Verantwortung vor Gott kennt das moderne Geschichtsdenken nicht, genauer: die Verantwortung vor Gott bleibt hier bewußt außer Betracht. Die Geschichte wird „als vom Menschen, willentlich oder unwillentlich, hervorgebracht angesehen" (126 o). Es ist aber zu beachten, daß im modernen Geschichtsdenken die Verantwortung vor Gott nicht prinzipiell ausgeschlossen ist, sondern nur methodisch. Und dieser Methode entspricht nur eine Geschichte, „deren Antriebe im Menschen selbst aufzusuchen sind" (127 m). Auch wenn die Geschichte Jesu Geschichte ist und — wie wir sahen mit Recht — Geschichte genannt wird, so ist sie doch kein Gegenstand der modernen Historie, die sich selbst anders definiert hat.

Nimmt man andererseits das Selbstverständnis des Glaubens ebenso ernst wie den Entwurf der historisch-kritischen Methode, dann muß man in Jesu Geschichtlichkeit, auf die sich der Glaube selbst zurückführt, auch das Gottesverhältnis Jesu mit hineinnehmen; dann ist Jesu Geschichte etwas anderes als die moderne Historie, und zwar aufgrund der zweifachen Verantwortung Jesu für die Welt vor Gott.

Beide Begriffe von Geschichte schließen aber einander auch nicht aus, denn die Verantwortung für die Welt – sie liegt beiden zugrunde – meint je etwas Verschiedenes. Um das Verantwortungsverständnis der Geschichte Jesu herauszuarbeiten, fragt Gogarten zunächst danach, was ‚Verantwortung vor jemandem' heißt. Diese Verantwortung ist nicht nur Rechenschaft über etwas, sondern die Frage, der ich Antwort schulde, meint mich selbst. „Echte Verantwortung geschieht . . . zwischen zweien" (129 m). Die Verantwortung ist näher bestimmt durch das Verhältnis zueinander. Gogarten wählt gern als Beispiel Vater und Sohn. Da es in der Verantwortung um das geht, was sich zwischen den beiden ereignet, also das Vater-Sohn-Verhältnis, geht es in dieser Verantwortung um das Sein dessen, der sich zu verantworten hat: um das Sein des Sohnes als Sohn und um das Sein des Vaters als Vater, je nachdem, wer hier zur Verantwortung seines Seins gerufen ist. Der Sohn hat sein Sohnsein nur im Verhältnis zum Vater.

Wer sich verantworten soll, muß selbständig sein. Der Sohn muß als Sohn auf den Ruf zur Verantwortung mit seinem Sohnsein antworten oder sich verweigern können. Selbständig ist er gegenüber dem, wofür er verantwortlich ist. Auf das Gottesverhältnis übertragen heißt das: „Das Eigene nun, an dem der Mensch im Verhältnis zu Gott seine Selbständigkeit erhält, ohne die es für ihn die Verantwortung vor Gott nicht gäbe, ist die Welt, in der er lebt, und für die, nämlich für die Art ihres Weltseins, er verantwortlich ist. In seiner Verantwortung vor Gott geht es also darum, ob er sich in der ihm mit seiner Verantwortung für die Welt verliehenen Selbständigkeit dem ihn rufenden Worte Gottes zur Antwort gegeben hat oder ob er sich ihm in dieser Selbständigkeit versagt hat" (130 m).

Jesus spricht von dieser Selbständigkeit in der Sabbatfrage, aber auch gegenüber dem Gesetz überhaupt. Hier öffnet sich eine Aporie: Woher die Weisungen nehmen für das Tun? – Aus der Verantwortung vor Gott lassen sich keine Weisungen unmittelbar ableiten; umgekehrt kann es ohne Weisungen keine Verantwortung für die Welt geben, und ohne Verantwortung für die Welt, gibt es keine Verantwortung vor Gott.

Gehen wir von dem aus, was Gott fordert: Gott fordert zum Glauben auf (cf. 115f.), und Gott fordert die Aufmerksamkeit für das lebendige Geschehen in der Welt (cf. 116ff.). Hier sind auch die Weisungen zu finden. Der Samariter antwortete auf den ‚Anspruch des Augenblicks' (Bultmann) und hatte damit schon die Weisungen empfangen, die er brauchte für die Verantwortung für die Welt. Diese Weisungen sind nie auf das Ganze, sondern immer nur auf das Vorliegende bezogen. Und das heißt auch, daß diese Weisungen „einzig und allein mit Hilfe der Vernunft zu finden sind" (133 o).

Den Bezug auf Gott gewinnt mein Tun nie durch ein ‚göttliches' Gesetz, sondern allein dadurch, daß ich mich nicht auf mein Tun verlasse, um daraus meine Existenz zu gewinnen, sondern Gott an mir handeln lasse, das heißt: mich vor Gott verantworte, und zwar gerade so, daß mein Tun aufgrund von Weisungen geschieht, die aus meinen Entscheidungen stammen, also aus Entscheidungen, die ich in der — von Gott geforderten — Aufmerksamkeit auf das lebendige Geschehen in der Welt gefällt habe. In dieser Verantwortung für die Welt, wie mein Tun sie leistet, in dieser Verantwortung bin ich das, wozu Gott mich in die Verantwortung vor ihm ruft: der mündige Sohn (cf. 134).

Die Verantwortung vor Gott beendet die Verantwortung vor der Welt. Die Welt hört auf, möglicher Gegenstand religiöser Verehrung zu sein. Sie wird „natürliche" Welt, so wie der Sabbat, der nun für den Menschen da ist und nicht mehr der Mensch für den Sabbat (cf. Mk 2,27; bei Gogarten 133 f.).

Der Mensch gewinnt gegenüber der natürlichen Welt seine Selbständigkeit. Damit öffnet sich eine doppelte Möglichkeit: die Verantwortung für die Welt kann zur Verantwortung vor Gott oder bloße Verantwortung für die Welt werden. Mit der Selbständigkeit des mündigen Sohnes gegenüber Gott kann die Geschichte zwischen Gott und Mensch beginnen, wie sie die Geschichte Jesu ist. In ihr geht „es um das Ganze oder, was hier dasselbe ist, das Heil der Welt und des Menschen" (134 u). — In der bloßen Verantwortung für die Welt beginnt die Geschichte, die das Thema der modernen Historie ist.

Die Selbständigkeit gegenüber der Welt ist also der Geschichte Jesu und der modernen Historie gemeinsam. Das jeweilige Verständnis der Selbständigkeit unterscheidet die beiden Weisen der Geschichte.

Die je eigene Welt und die bestehende Welt

Unter der Voraussetzung der Selbständigkeit des Menschen gegenüber der Welt, ist der Mensch verantwortlich für die Welt. Alles, was dieses Weltverständnis, die Verantwortung für die Welt, an menschlichem Tun betrifft, ist Gegenstand der modernen Historie, also Politik, Wissenschaft, Kunst und Technik. Aber mit der Selbständigkeit und Verantwortlichkeit

des Menschen sind nicht nur die Voraussetzungen, sondern auch die
Grenzen des neuzeitlichen Geschichtsdenkens bezeichnet; denn weder vermag dieses Denken die Schicksalsbrüche zu erfassen, die sich menschlicher
Verantwortlichkeit entziehen (cf. 135 u), noch kann es das Ganze der
Geschichte erfassen, dessen Teile moderne Historie erforscht. Sie steht
daher in der Aporie, das Ganze der Geschichte denken zu können und
denken zu müssen — sonst zerfiele die Geschichte in sinnlose Atome —,
ohne das Ganze erfassen zu können.

Wenn die moderne Historie die durch ihre Voraussetzungen gezogene
Grenze überschreitet, gerät sie „entweder in den historischen Relativismus,
indem sie die jeweiligen Teile der Geschichte, die sie zu erforschen vermag,
zu Ganzheiten macht, die, unverbunden und sich widersprechend, nebeneinander stehen" (136 m) oder sie wird umgekehrt, „indem sie meinte, doch
das Ganze der Geschichte auf irgendeine Weise erkennen zu können, aus
der Wissenschaft, die sie zu sein beansprucht, eine Weltanschauung" (ibd.),
und zwar indem sie vom zeitlichen Geschichtsablauf erhofft, „daß dieser in
seinem Fortschreiten das Ganze und damit den Sinn der Geschichte verwirklichen werde" (137 o).

In der Geschichte Jesu geht es um die Welt als ganze, also die Lösung
der Aporie, in der das moderne Geschichtsdenken aus methodischen
Gründen bleiben muß. Es geht in der Geschichte Jesu um das Wie des
menschlichen Verhältnisses zur Welt. In dem Weltverhältnis geht es zugleich um das Gottesverhältnis. Das Weltsein (Verhältnis!) kann im Modus
der Verschlossenheit der Welt gegenüber Gott begegnen; dann ist das
Gesetz der Welt letzte Instanz und der Mensch ist verantwortlich vor der
Welt. Oder das Weltsein ist das der jeweils geschichtlich bestehenden Welt,
für die der Mensch die Verantwortung trägt. In diesem Modus des Weltseins ist die Welt offen für die Verantwortung vor Gott.

Der Unterschied zwischen den beiden ‚Weisen der Geschichte' liegt also
in dem jeweiligen Weltverhältnis. So, wie es eine Geschichte Jesu und das
moderne Geschichtsdenken gibt, so gibt es eine Welt Jesu und eine Welt
des modernen Geschichtsdenkens. Die Welt der Historie ist die Leistungs-
welt; die Welt Jesu ist die Welt, „wie (NB!) sich in ihr jeder einzelne
unvertretbar vor Gott zu verantworten hat" (142 o). Diese Welt ist keine
Spezialwelt und schon gar keine Sakralwelt, sondern die Welt in einem
bestimmten Modus. Das Wie, der Modus, ist der, daß diese Welt die je
eigene Welt eines Menschen ist. Die Welt, wie sie mich und nur mich
unmittelbar angeht. Der ‚Umfang' dessen, was mich da angeht, kann eine

Bagatelle für die Welt der modernen Historie sein oder Krieg und Frieden. Entscheidend ist aber nicht das Was, sonder das Wie.

Der ‚Nächste‘, der Mensch, der auf mich angewiesen ist, verwandelt die bestehende Welt in die je eigene Welt. Alles tritt hinter dem zurück, was mich da angeht. Was hier in der je eigenen Welt geschieht, hat ewige Bedeutung. „. . . diese ewige Bedeutung (sc. ist) das Verhältnis zu Gott . . ., wie es sich in dem (sc. Verhältnis) zum Nächsten als Heil oder Unheil öffnet" (144 m). Jesus verheißt dieser Begegnung den „großen Lohn". Er ist „das Freiwerden von dem Vertrauen auf die bestehende Welt und von dem nach ihrer Ordnung erstrebten Leben und in diesem Frei-werden die Gegenwart des Reiches Gottes und die Teilhabe an diesem und damit an dem Leben, wie es aus Gott gelebt wird" (144 u).

Die je eigene Welt muß mir nicht durch einen Mitmenschen erschlossen werden, der mich angeht. Auch ein Vorgang in der Welt kann die je eigene Welt öffnen. Dadurch, daß die bestehende Welt zur je eigenen Welt wird, begegnet der Wille Gottes nicht mehr – wie bisher – in vorgegebenen Geboten. „Vielmehr ist es das in der Welt, wie sie nun verstanden wird, niemals im Voraus festzulegende Geschehen in ihr, in dem allein der Wille Gottes, wie er den Menschen meint, wahrzunehmen ist" (145 a. E.). Hier, wo mich ein Mensch als Nächster oder ein Vorgang unabweisbar angeht, weil er auf mich angewiesen ist, hier vollzieht sich das Geschehen, in dem Gott in der Welt waltet (cf. 123 o; 131 ff.). Hier ist auch der Wille Gottes wahrzunehmen (cf. 116 ff.), weil das, was hier geschieht, jedem, der leidlich ‚reinen Herzens‘ ist, so nahe geht, daß er nur noch seine Vernunft braucht, um zu wissen, was zu tun ist.

Mit der Verwandlung der Welt wird „dem Menschen die Frage, was und wer er ist und was er zu tun hat, ganz neu gestellt" (146 a. E.). – Der Vorgang, der die Welt verwandelt, ist zum Beispiel ein Schluck Wasser, ein Besuch. Etwas, dessen Notwendigkeit unmittelbar einleuchten kann. Ein solcher Vorgang läßt die bestehende Welt wesenlos werden, weil alles andere hinter diesen Vorgang zurücktritt. Aber auch der Vorgang selbst tritt hinter seine Wirkung zurück. Es bleibt, „daß durch ihn der, dem er widerfährt, auf eine ganz neue Weise vor die Frage nach sich selbst gestellt wird" (147 m). Wo alles wesenlos wird, bleibt „dem auf diese Weise An-gegangenen . . . nur übrig zu begreifen, daß er selbst es ist, der hier gerufen wird, daß er zur Stelle sei. Ist dies die Situation, in der sich der Mensch in der ihm je eigenen Welt befindet, dann ist es diese Welt, in der ihm sein Geschick begegnet und in der er vor die Entscheidung gestellt ist,

3*

sich entweder in dieses zu schicken und so das Leben zu gewinnen, das ihm darin bestimmt ist, oder sich ihm zu verweigern und so dieses Leben zu verlieren" (147 a. E.). „Geschick" meint hier ein Geschehen, „worin sich nicht nur dieses oder jenes im Leben des Menschen ereignet, sondern eins, wodurch es ihm widerfährt, daß er mit seinem Leben als ganzem zu tun bekommt" (148 o).

Die Frage nach dem Leben als ganzem ist zugleich die Frage nach dem Sinn des Lebens und dem Sinn der Welt, nämlich „ob diese Welt und das in ihr gelebte Leben einen Sinn hat oder nicht" (ibd.). Hier hilft keine abgeleitete Sinnbehauptung, denn die bestehende Welt, aus der ein Sinn sonst abgeleitet wird, ist hier wesenlos geworden. Sie, die sonst dazu da ist, durch ihren Bestand, durch ihr Gesetz, Sinn zu gewähren. Wer durch den Ruf des Geschicks gefragt ist, kann ‚nur mit dem Leben als ganzem und darum auch nur selbst antworten' (cf. 148 o). Und deshalb gibt es auch nur die beiden möglichen Antworten: sich in das Geschick zu schicken oder sich ihm zu verweigern.

Vom Geschick unterscheidet Gogarten die Schickungen. Jeder hat sein Geschick, das in den mannigfaltigen Schickungen begegnet; denn die Verantwortung für die Welt vor Gott gibt es nicht vorgeprägt, sondern jede Situation verlangt ihre eigene Antwort.

Mit einem Verweis auf die Etymologie nennt Gogarten das Geschick auch „die Weise, in der Gott das Leben des Menschen ‚ins Werk setzt'" (149 o). – Zur doppelten Verantwortung des Menschen für die Welt vor Gott gehört die Selbständigkeit und damit die Möglichkeit, sich Gott und seinem Ruf zu versagen. Dann ist die Verantwortung für die Welt nur noch Verantwortung für die Welt und die Selbständigkeit gegenüber der Welt wird zur Selbstbehauptung gegenüber der Welt. Das Leben wird dann zum Leben aus der Welt. Das Leben in der doppelten Verantwortung des mündigen Sohnes ist dann verwirkt.

Die je eigene Welt ist die Welt, wie sie in der Geschichte Jesu erschlossen wurde. Diese je eigene Welt ist es, die im modernen Geschichtsdenken nicht begegnet. Hier wird das Geschick des Menschen aus Gründen der Methode ausgegrenzt. Nicht, als ob nicht auch die Lebensgeschichte eines einzelnen Menschen Thema der modernen Historie sein könnte. Ausgegrenzt ist hier die Art und Weise des Weltseins in der Welt. Das Geschick läßt sich von der modernen Historie nicht darstellen, weil es sich nicht vorstellen, sondern nur von jedem einzelnen Menschen selbst verantworten läßt. Deshalb stößt hier das moderne Geschichtsdenken auf dieselbe

Grenze wie bei der Frage nach dem Ganzen der Geschichte und nach ihrem Sinn (s. o. S. 19f.).

Überschreitet das moderne Geschichtsdenken dennoch die von der eigenen Methode gezogene Grenze und versucht es, ein Ganzes zu fassen, „vermöchte (sc. es) auf keinen Fall ein anderes zu sein als ein solches, das man in der Verantwortung für die Welt, wie sie hier verstanden wird, gemäß den Weisungen zu verwirklichen hat, die man meint, in der Welt und in den Verhältnissen, die diese erfüllen, und wie man sie auf Grund der gewählten Weltanschauung deutet, finden zu können" (151 o). Die Welt ist dann wieder das Umfassende, aber die Verantwortung des Menschen bleibt Verantwortung für die Welt, sie wird aber jetzt zur Verantwortung für das Heil der Welt. Je mehr das ‚Bild der Welt‘, die es zu verwirklichen gilt, hervortritt, desto stärker wird die je eigene Welt abgeblendet. ‚Der Glaube an die Menschheit geht auf Kosten des Einzelnen‘: „Es kann einer nicht gründlicher um sein Menschsein gebracht werden, als wenn man ihn mitsamt der ihm je eigenen Welt um sein Geschick und damit um seine eigene Geschichte bringt, die ihm keine Geschichte der Menschheit, die ohne diese gedacht ist, zurückgeben kann" (152 a. E.).

Das moderne Geschichtsdenken versucht das Ganze als Quantum zu erfassen; von der je eigenen Welt her kommt das Ganze als Heil in den Blick. „Dieses Heil ist das Leben, wie Gott es in dem von ihm dem Menschen bestimmten und diesem in seiner je eigenen Welt begegnenden Geschick ‚ins Werk gesetzt‘ hat. Das ist . . . in der Weise geschehen, daß der Mensch sich als der für die Welt Verantwortliche Gott in der Ver-antwortung vor ihm zur Antwort geben soll" (153 f.). Dieses „Heil des Menschen wird eben darin erfahren, daß er vor Gott, indem er dessen rufendem Wort entspricht, er selbst zu sein wagen darf und dann auch wagt, es zu sein. Und dieses Heil ist es demnach, das in der je eignen Welt des Menschen zur Entscheidung steht" (154 m).

Das Verhängnis der Welt als Schickung für Jesus

Die je eigene Welt ist der Ort der Entscheidung, an dem der Mensch das Leben gewinnen kann, wie es ihm in seinem Geschick, das heißt, in der persönlichen Ausprägung der Verantwortung für die Welt vor Gott, begegnet. Nimmt er die doppelte Verantwortung auf sich, wird die je eigene Welt zur Herrschaft Gottes. Mit dem Kommen der Herrschaft

Gottes beginnt das Ende der bestehenden Welt. Das geschieht in der Verkündigung Jesu, denn sie ist nicht nur Belehrung, sondern geschichtliche
Tat (s. o. S. 14 m). Die Christologie muß darauf achten, aus dem, was „sich
mit dem Erscheinen Jesu in der Welt ereignet hat" (155 a. E.), keine
Belehrung werden zu lassen, denn Jesus lehrt nicht etwa nur das Heil,
sondern er ist es selbst. Die Teilhabe daran gibt es nur im Glauben
(s. u. S. 31 f.).

Jesus hatte die Verantwortung vor der Welt überwunden durch seine
Verantwortung vor Gott. Darin ereignet sich die Geschichte Jesu und in ihr
öffnet sich die je eigene Welt des Menschen. Gogarten möchte im Folgenden zeigen, wie Jesus den Menschen die je eigene Welt eröffnet. Dazu gilt
es zuerst zu klären, wie sich für Jesus selbst die je eigene Welt geöffnet hat.
Wenn die je eigene Welt der Ort für die Begegnung mit dem Geschick ist,
heißt dann die Frage: „. . . wie ihm in der Welt, in der er lebt, das ihm von
Gott bestimmte Geschick begegnet" (157 u)[13].

Angesichts des Zustandes der Welt nimmt Jesus den Ruf Gottes wahr
„in der ihm angesichts dieses Zustandes auferlegten Verantwortung für die
abgöttische Art ihres Weltseins" (157 u). Jesus antwortet dem Ruf Gottes −
das heißt: Jesus verantwortet sich vor Gott − mit seiner Verkündigung und
seiner Tat (Abkehr von der bestehenden Welt hin zu den outcasts)[14]. Hier
geschieht, was im Gleichnis vom barmherzigen Samariter exemplarisch
dargelegt ist, nur daß die Not, die Jesus wahrnimmt, der Zustand der Welt
selbst ist und nicht die Not eines Einzelnen. Jesus wird der bestehenden
Welt der Nächste, läßt ihre Not zu seiner eigenen Not werden. Die Not
der bestehenden Welt ist ihr ‚Gottesverhältnis'.

Wir hatten schon gesehen, daß die bestehende Welt zur Zeit Jesu sich
eine für jeden Menschen uneinnehmbare Zitadelle errichtet hatte: die
Frömmigkeit. Sie ist das Verhängnis, die heillose Verquickung von Recht
und Unrecht, Wahrheit und Lüge (cf. 159 ff.). Wieder ist es hier die Art
und Weise, die das eigentliche Verhängnis ist, nämlich die Art und Weise,
in der die Menschen mit Gottes Recht und Wahrheit umgehen. Sie wollten
den Willen Gottes tun und erfüllten Gebote. Das heißt: sie lösten damit die

---

[13] s. o. A. 11

[14] Diese radikale Verantwortung vor Gott, bei der nichts von Jesu ganzer Existenz,
von seinem Leben, ausgespart bleibt, ist gemeint, wenn Gogarten immer wieder
formelhaft sagt, daß ‚ich mit mir selbst antworte' oder daß ‚ich mich selbst zur
Antwort gebe'.

lebendige Beziehung zu Gott und dienten so dem Bestand der eigenen Welt[15].

Damit hat Gogarten noch einmal an das erinnert, was er schon früher über den Zustand der bestehenden Welt gesagt hatte. Wenn nun dieser Zustand, also das Weltsein einer ganzen Welt die Not sein soll, der Jesus zu Hilfe kommt, ist dann nicht der Vorwurf der Hybris, ja der Gotteslästerung, den seine Gegner erhoben haben, berechtigt? – Noch dazu, wenn Jesus es ablehnt, die Rolle des erwarteten Messias zu übernehmen, sondern sogar selbst zum outcast wird. Mit welchem Recht sagt so einer das Kommen des Reiches Gottes an (cf. 161–165)? – Aufgrund von Gottes Recht und Wahrheit, denen Jesus durch seinen Gehorsam gerecht wird, indem er sein Leben aus der bestehenden Welt durch seine Verkündigung und sein Tun preisgibt. Jesu Legitimation ist also sein Kreuz.

Das Verhängnis, die Frömmigkeit, beruht auf der Verwirrung von Gottes Recht und Gottes Wahrheit. Deshalb kann auch nur Gott selbst das Verwirrte entwirren. Wenn Jesus sich allein auf Gott beruft, kommt es darauf an, wie (!) er an Gottes Recht und Wahrheit teilhat. Die Menschen der jüdischen Frömmigkeit versuchen, von sich aus Gottes Recht und Wahrheit zur Geltung zu bringen und lassen es so nicht mehr allein Gottes Recht und Wahrheit sein. Jesus dagegen stellt sich der Wahrheit und dem Recht Gottes, ohne jeden Vorgriff (cf. 166f.).

Gogarten zeigt den Unterschied an der Haltung gegenüber dem Unheil: Beim Einsturzunglück von Siloa fragt der Mensch jener Frömmigkeit nach der besonderen Schuld der Umgekommenen. Jesus sieht bei ihnen keine besondere Schuld, vielmehr hätten alle diesen Tod verdient; denn in das Verhängnis der bestehenden Welt sind alle verstrickt (cf. 167).

Jesus erkennt die Verkehrung von Gottes Recht und Wahrheit in der bestehenden Welt als Ursache des Verhängnisses; denn Gottes Recht und Wahrheit bleibt, was es ist, aber durch die Verkehrung wirken Gottes Recht und Wahrheit gegenüber der Welt als Gericht. Deshalb ist jetzt das Gericht die Art und Weise, in der sich Gottes Recht und Wahrheit in der bestehenden Welt ereignet. Und das ist auch die Art und Weise, in der Jesus an Gottes Recht und Wahrheit teilhat: durch sein Kreuz. Jesus stellt sich unter Gottes Gericht, indem er sich den Menschen dieser Welt als Nächster zuwendet, also indem er ihnen predigt und mit den ‚Unreinen‘

---

[15] cf. Gogarten, Der Mensch zwischen Gott und Welt, c. 1, SS. 39–48: „Das Gesetz im Alten Testament".

ißt. „Darum wird die ihm mit der Erkenntnis des Verhängnisses auferlegte Verantwortung für die Weise des Weltseins dieser Welt zugleich die Verantwortung für die in ihr lebenden Menschen" (168 u). Jesu Verantwortung für das Weltsein der Welt ist also nicht Anmaßung, sondern Gehorsam, wie sein Kreuz zeigt. Im Grunde erfüllt Jesus mit der Wahrnehmung seiner Verantwortung nur das Liebesgebot wie der Samariter auch. Aber was beim Samariter eine Episode war, erfüllt Jesu ganze Existenz. Jesu Welt bleibt ständig je eigene Welt, so wie auch das abgöttische Weltsein der Welt ständig da ist.

Jesus nimmt als seine Verantwortung für die Welt vor Gott, eben als sein persönliches Geschick unser verwirktes Geschick auf sich, unser zerstörtes Gottesverhältnis. Deshalb fehlen bei Jesus die Weisungen für das Weltverhältnis so gut wie ganz; denn erst muß der Baum gesund sein, wenn er gute Frucht tragen soll. Wenn also das Heil der Welt allein aus dem Gottesverhältnis kommt und wenn es in Jesu Geschick um das Gottesverhältnis geht, wie ist dann − fragt Gogarten − Jesus selbst mit der Welt verbunden (cf. 172)?

Gogarten erinnert noch einmal an die Grundzüge der Verantwortungsstruktur, die er bisher erschlossen hat:

1. in der Verantwortung vor Gott steht die Existenz als ganze in Frage;

2. wen Gott in die Verantwortung ruft, der muß mit seiner ganzen Existenz antworten (s. o. S. 24 A 14);

3. ohne Selbständigkeit gegenüber der Welt ist die Verantwortung vor Gott nicht möglich (cf. 128−134, bes. 130−134);

4. die Selbständigkeit entspringt der Verantwortung für die Welt; das heißt aber konkret: Verantwortung dafür, daß die Welt an die Stelle Gottes gerückt wurde;

5. vermag einer sich Gott zur Antwort zu geben (cf. S. 24 A 14) „und in dieser Verantwortung vor Gott die ihr entsprechende Verantwortung für die Welt zu erfüllen" (172 u), dann fordert der Ruf zur Verantwortung vor Gott die Preisgabe der Existenz aus der Verantwortung vor der bestehenden Welt. Folgt einer diesem Ruf, empfängt er „seine Existenz auf eine neue Weise (!)" (172 a. E.). Er vermag nun in der Welt zu leben, „wie (!) er diese in der durch das Vertrauen auf Gott gehaltenen Verantwortung für sie als Gottes Geschöpf erkannt hat" (172f.).

Gogarten erläutert seinen Gedankengang, der an Gedrängtheit mit mathematischen Formeln konkurrieren könnte, am Gleichnis von Pharisäer und Zöllner. Von dem Ruf Gottes, der den Zöllner in den Tempel trieb, sagt das Gleichnis nichts, aber von der Antwort, durch die der Zöllner sich selbst Gott zur Antwort gibt: es ist − siehe oben „4." − das Bekenntnis der Schuld und der Ruf um Gnade, also die Verantwortung des Weltseins der (sc. je eigenen) Welt als Bekenntnis der Schuld vor Gott. Es ist die Anrufung Gottes, die Gott Gott sein läßt (im Sinne von R 4,17). Das Verlieren des Lebens geschieht im Gericht Gottes, im Ruf zur Verantwortung vor Gott. Und dieses Gericht befreit von der Verantwortung von der bestehenden Welt, bewirkt also, was kein Mensch vermag.

Auf Jesus angewendet heißt das, Jesus verliert sein Leben darin, daß er die Verantwortung für das Verhängnis auf sich nimmt, um es zu wenden. Dazu muß zweierlei geschehen: das Verhängnis muß sich vollziehen, damit es als Verhängnis an den Tag kommt; und die Menschen unter dem Verhängnis müssen ihre Schuld als das bekennen, wodurch das Verhängnis zum Verhängnis geworden ist. Zu diesem Schuldbekenntnis gehört, daß die vom Unheil betroffenen an das Recht glauben, aufgrund dessen ihnen das Unheil widerfährt (cf. 175).

Und das muß sich in Jesu Weltverhältnis ereignen. Er ist nicht nur einer der Betroffenen wie alle anderen auch, sondern ihm wurde das Verhängnis, „indem er es als die Folge des abgöttischen Weltseins der Welt erkannte, die Verantwortung für die Art und Weise des Weltseins der bestehenden Welt auferlegt" (175 a. E.).[16] Das Verhängnis ist Jesu Nächstenschaft, die ihm auferlegt wurde. „Und so ist es das durch ihr Vertrauen auf die bestehende Welt und die ihren Bestand sichernde Ordnung verwirkte Geschick aller in dieser lebenden Menschen, das ihm als das seine bestimmt ist" (176 m). Deshalb ist es Jesu Geschick, daß sich an ihm das Verhängnis auswirkt und daß es von ihm im Bekenntnis der Schuld (Verantwortung für das abgöttische Weltsein der Welt) und im Glauben an das Recht des Gerichtes gewendet wird. „In dieser Verbundenheit mit der bestehenden Welt ist darum das eigentliche Geheimnis seines Lebens zu suchen, dasjenige nämlich, worin sein Geschick seinen verborgenen Grund hat" (176 a. E.).

---

[16] In Jesu ‚je eigener Welt' geht es um die Verantwortung für das Weltsein der bestehenden Welt.

Jesu Weltverhältnis, das heißt seine Nächstenschaft zur bestehenden Welt unter dem Verhängnis, ist also Jesu Geschick, denn Jesu Verantwortung für die Welt vor Gott bezieht sich – im Unterschied zum Geschick des Samariters zum Beispiel – auf das abgöttische Weltsein der Welt. Das Weltsein der Welt bestimmt Jesu Geschick, macht dessen Unverwechselbarkeit aus. Und so ist Jesu Geschick als Weltverhältnis gerade das Verhängnis der Welt. Das Verhängnis der Welt ist die Gestalt in der das Weltverhältnis zu Jesu Geschick geworden ist. Das Verhängnis der ganzen Welt trifft Jesus als sein Geschick (cf. 179). Deshalb kann Gogarten sagen, das Entscheidende an Jesu Weltverhältnis sei, „daß er mit ihr, der Welt, eins geworden ist" (179 m).

Um Jesu ‚Einsein mit der Welt' weiter zu charakterisieren, stellt Gogarten auf den folgenden Seiten Jesus und Johannes den Täufer gegenüber. Johannes verkündigt das Gericht und ruft zur Buße, Jesus verkündigt die Freude Gottes über jeden, der sich abkehrt von der bestehenden Welt (cf. 182 o). Johannes spricht die Menschen auf ihre Sünden an, Jesus auf ihre Sünde. Auf die Frage des Täufers (Mt 11,1 ff.) antwortet Jesus: „Ja, ich bin der ‚Kommende', aber nicht so, wie ihr ihn erwartet" (186 m). Diese Verborgenheit ist die notwendige Folge des Widerspruchs gegenüber der bestehenden Welt ihr zum Heil.

Das geschichtliche Ereignis der Einheit von göttlicher und menschlicher Wirklichkeit

Gottes Handeln am Menschen und Gottes Offenbarung geschehen verborgen. Darin sieht Gogarten den Grund dafür, daß hier wirklich Gott und nur Gott selbst handelt. In seinem Handeln bringt Gott den Menschen in die Lage, in der für ihn das ‚Bittet, so wird euch gegeben' (Mt 7,7) zutrifft. Hier, in der von Gott geschaffenen Lage, ist der Mensch ganz Bittender. – Wir werden das verborgene Handeln Gottes als die Schickungen verstehen dürfen, in denen das Geschick dem Menschen begegnet; denn „Solches Bitten und die Möglichkeit, zu ihm zu kommen, gibt es . . . nur für den, dem die Welt . . . zu der ihm je eigenen geworden ist, in der alles . . . vor dem Geschick verschwindet, das ihm in ihr begegnet" (191 m).

Die Schickung ist ein Vorgang, der die Welt zur je eigenen Welt werden läßt, die den Menschen unmittelbar und unvertretbar an-geht (cf. 146 o; s. o. S. 21 f.), ihn herausfordert und aus der Routine des Alltags herausruft.

Die Schickung ruft mich also in die je eigene Welt, in der jetzt die gewohnten Maßstäbe und Ordnungen nicht mehr passen, weil es für das, was mir als Schickung widerfährt, nichts allgemeingültiges gibt. Mit der gewohnten Welt entgleiten die Selbstverständlichkeiten und die Verbindlichkeiten des Alltags. Die menschliche Existenz wird fraglich. Hier, in der Fraglichkeit, die in einer solchen Schickung aufbricht, begegnet der Mensch seinem Geschick (cf. 147ff.; s. o. S. 21f.). Es ist − formal betrachtet − eine doppelte Verantwortung, nämlich die Verantwortung für die Welt vor Gott. Es ist eine Art und Weise, sein Leben zu führen, nämlich die immer neue Mühe der Verantwortung für die Welt vor Gott auf sich zu nehmen, also sich in sein Geschick, in das Verantwortlich-Sein, zu schicken. Der Mensch kann sich aber auch dem Geschick, in dieser doppelten Weise verantwortlich zu sein, verweigern und sich dem Schema-F des Alltags ausliefern. Die Schickung, das unvorhergesehene Ereignis, stellt den Menschen vor die Entscheidung, ob er die doppelte Verantwortung für die Welt vor Gott auf sich nehmen, das heißt, ob er sich in sein Geschick schicken oder ob er sich seinem Geschick verweigern will. Diese Entscheidung betrifft die ganze Existenz. Sie ist die Grundausrichtung, aus der alles andere seine Tendenz bekommt (s. o. S. 24 A 14). Deshalb geht es in ihr um das ganze ,Geschick' des Menschen. Hier, wo es um die Existenz als ganze geht, ist der Ort des Bittens (im Sinne von Mt 7,7) und des Glaubens. Hier geht es um ,alles', „eben um die Existenz, wie sie dem Menschen mit diesem Geschick verliehen ist" (193 o).

Gogarten faßt Bitten und Glauben beinahe wie Synonyma auf, hebt aber den Glauben doch etwas ab, denn: „Was durch den Glauben geschieht, . . . ist, was ,nur bei Gott möglich ist' (Mk 10,27)" (193 m). Es ist das ,alles', „das Geschick, das Gott ihm (sc. dem Menschen) schickt, daß er sich in es füge und so das ihm darin bestimmte Leben gewinne" (194 m). Im Glauben vermag also der Mensch sich auf sein eigenes Leben unter den ihm vorgegebenen Bedingungen − nicht passiv! − verantwortlich einzulassen, um so im mutigen Eingehen auf die ,Verhältnisse' die Verantwortung zu übernehmen, durch die er überhaupt nur Gott gerecht werden kann als mündiger Sohn.

Was vom Bitten und Glauben überhaupt gilt, gilt ebenso auch für Jesus als wahren Menschen. Das heißt, „daß es für ihn nur seinen eigenen Glauben gab, auf den er sich und seine Verkündigung gründen konnte" (195 u). Gogarten möchte die Bedeutung des Glaubens Jesu für Jesus näher untersuchen (cf. 194−202).

Zunächst gilt für den Glauben Jesu, was für den Glauben überhaupt gilt, nämlich, „daß der Glaube den Glaubenden sowohl das ihm von Gott bereitete Geschick erkennen läßt, . . . wie aber auch . . ., daß er ihm möglich macht, sich in dieses Geschick zu fügen und so sein Leben zu empfangen" (196 m). – Das Wesentliche aber, wodurch Gogarten den Glauben dagegen sichert, doch irgendwie als menschliche Aktivität mißverstanden zu werden, ist die Erkenntnis des eigenen Verlorenseins: „Die Zugehörigkeit der Erkenntnis dieses Verlorenseins zum Wesen des Glaubens ist darum von entscheidender Wichtigkeit, weil nur dann, wenn der Glaubende es wagt, sich ihr bis in die letzte Tiefe des Verlorenseins des Menschen vor Gott preiszugeben, der Glaube die Gewißheit, daß ihm aus Gottes Macht alles möglich ist, zu erlangen und so der Glaube der zu sein vermag, der er ist" (196 u).

Der Glaube als Handeln Gottes kommt zweifach zur Sprache: als Ruf zum Glauben, so wie Jesus seinen Hörern sagt, was der Glaube vermag, und als „Zuwendung der ganzen Existenz des Glaubenden zu Gott" (197 m). Die Zuwendung zu Gott geschieht durch die Erkenntnis des eigenen Unglaubens (cf. Mk 9,24), das heißt, als Erkenntnis des eigenen Angewiesenseins auf die Gnade Gottes. Und in der Erkenntnis und ihrem Bekenntnis ereignet sich Gottes Gnade (cf. Lk 18,9ff.).

Wenn das Bitten und Glauben erst durch das jeweilige Geschick konkretisiert wird, müssen wir mit Gogarten nach dem Anlaß für Jesu Bitten und Glauben fragen, wenn wir vom Bitten und Glauben Jesu reden wollen. Es ist die Wahrnehmung des Verhängnisses der Welt, die für Jesus zum Anlaß wird. Das Verhängnis der Welt ist die Ausweglosigkeit, in der Jesus seine absolute Verlorenheit erkennt. „Denn wie erst diese Erkenntnis die der Macht Gottes ermöglicht, so kann auch nur aus ihr und der rückhaltlosen Preisgabe des Glaubenden in sie dem Glauben die Gewißheit des ‚alles' erwachsen, wie es ihm allein aus Gottes Macht möglich ist" (199 u). In seinem Einssein mit der bestehenden Welt (s. o. S. 28 o) begegnet „Jesus das ihm bestimmte Geschick" (200 o). Im Unterschied zum Geschick anderer Menschen ist Jesu Geschick von der einen Schickung beherrscht, „die sich mit seiner Wahrnehmung des abgöttischen Weltseins der bestehenden Welt ereignete" (201 m). Aus dem Unheil der Welt (cf. 201 u) entspringt Jesu Bitten und Glauben. Deshalb schärft Jesus immer wieder ein, daß zum Handeln Gottes die Verborgenheit, die wesenhafte Verborgenheit gehört. Deshalb kommt es in der Frömmigkeit, die nicht der Welt dient, auf das an, was Gott am Menschen tut (cf. 202 u).

Gottes Handeln ist verborgen, weil seine Hilfe für uns gerade die Not ist, die über uns kommt. Gott hilft also nicht nur in der Not – nämlich aus der Not heraus –, sondern mit Hilfe der Not. Wer sich mit der Abwehr der Not begnügt, bringt sich um die eigentliche Hilfe Gottes, die in der Not und als Not, als opus alienum (s. u. S. 72 f.) an uns geschieht, wie Gogarten an der Heilung der zehn Aussätzigen zeigt (cf. 203; Lk 17,12–19). Wer bloß die Not abwehrt, bringt sich um – Gott.

Die Not, mit der es Jesus zu tun hat, ist die Gottverlassenheit der Welt. Auf sie ist „Jesu Bitten und Glauben von Anfang an gerichtet" (204 m). Das ist die eine Schickung, die Jesu Leben beherrschte. Jesus lebte deshalb sein ganzes Leben in der bestehenden und der je eigenen Welt. (Damit ist nicht gesagt, das es Jesus nicht auch mit Schickungen zu tun bekam, wie jeder Mensch sie kennt. Nur traten die hinter der beherrschenden Schickung zurück.)

So umfassend die Not ist, das abgöttische Weltsein der Welt, so tief ist die Preisgabe in die Verlorenheit vor Gott und in die Verborgenheit des Handelns Gottes, in die Verborgenheit unter der Gottverlassenheit. So erfährt Jesus seine völlige Ohnmacht. „Wem es widerfährt, daß er mit seinem Bitten und Glauben" – wozu ihn die Not ruft – „an diesen Ort gebracht wird, dem muß es unverhüllbar klar werden, daß niemand sonst als Gott es ist, der hier zu geben und zu helfen vermag" (206 u).

„Der Glaube an Jesus und seine Herrschaft über die Welt"

Wenn Jesu Bitten und Glauben aus der Not hervorgerufen wurde, in die ihn die Wahrnehmung des abgöttischen Weltseins der Welt gebracht hatte, dann betrifft auch das Handeln Gottes nicht nur Jesu Leben, „sondern indem es dies tut, meint es das Heil der Welt und der in dieser lebenden Menschen" (207 m).

Das Heil der Welt ist Jesu eigenes Heil aufgrund des Einsseins Jesu mit der Welt. Deshalb gibt es kein Heil an Jesus vorbei. Aber das „Herr, Herr" sagen genügt nicht. Es genügt nicht, sich eine Heilstheorie anzueignen, sie nachzudenken und für zutreffend zu halten, sondern die Teilhabe am Heil ist untrennbar von der Nachfolge, dem ‚Tun des Willens Gottes'. Gogarten interpretiert Jesu Ruf in die Nachfolge als Ruf in die Begegnung mit dem je eigenen Geschick des Gerufenen. Diese Begegnung führt in das eigene Bitten und Glauben aufgrund der Schickung, die das Geschick begegnen ließ. Die Teilhabe am Heil Jesu als Nachfolge ist also keine Nachahmung, sondern sie bedeutet, daß sich einer in die eigene Begegnung mit dem eigenen Geschick rufen läßt, um aufgrund des eigenen Bittens und Glaubens selbst zu erfahren, was der Gott Jesu für ein Gott ist. – Es wird zu fragen sein, wie Gogarten Jesus nicht nur als ‚Anfänger‘, sondern auch als ‚Vollender des Glaubens‘ verstehen kann.

Im Bitten und Glauben geht es darum, sich in die letzte Tiefe des Verlorenseins vor Gott preiszugeben. Das Preisgeben ist so verschieden wie die Schickungen, in denen das Geschick begegnet; die Verlorenheit vor Gott ist immer die gleiche. „So ist auch das Wissen des Bittens und Glaubens eines Menschen um seine Verlorenheit . . . verschieden je nach dem, ob dieses Heil und diese Verlorenheit nur die seinen sind, oder wie bei Jesus die der ganzen Welt" (211 u). Wenn sich deshalb einer mit dem Bitten und Glauben bis dahin einläßt, wo es um sein persönliches Heil geht, dann wird er erkennen, wieviel größer Jesu Not gewesen ist, der die Verlorenheit nicht nur als die eigene Verlorenheit in den Blick bekam, sondern als die Verlorenheit der ganzen Welt. Diese Not ist nicht mehr zu überbieten und deshalb ist das Bitten und Glauben Jesu, das dieser Not entspringt, die Vollendung des Bittens und Glaubens. Jesus ist nicht nur der ‚Anfänger‘, sondern auch der ‚Vollender des Glaubens‘. Doch: nicht Jesus selbst ist die Quelle des Glaubens, sondern in der Begegnung mit Jesus wird durch Jesu Glaube der eigene Glaube an Gott vollendet, weil der Glaube Jesu in der äußersten Preisgabe entsprungen ist. Die Vollendung des Glaubens wird nur möglich aus der vollendeten Not.

In der Not gewinnt Jesus aus dem Bitten und Glauben die Gewißheit, „daß es Gott ist, . . . der an ihm handelt, und der . . . durch ihn an der Welt handelt" (214 u). Der Tiefe der Not entspricht die Festigkeit der Gewißheit.

Gogarten fragt nach der Welt, an der Gott durch Jesus gehandelt hat. Wir hörten schon von der ‚Wende der Welt‘ durch Jesu Verantwortung für die Welt, die die Welt zur ‚natürlichen Welt‘ werden läßt (cf. 134), für die der Mensch verantwortlich ist. Gogarten zeigt jetzt die ganze Weite der menschlichen Verantwortung, wenn er dem Menschen auch für das ‚Bestehen der Welt‘ (cf. 216) Verantwortung zuspricht. Im Unterschied zur bestehenden Welt redet Gogarten hier vom „jeweils geschichtliche(n) Bestehen der Welt" (216 m), um die Verantwortung des Menschen für das Weltsein der Welt zu betonen. Diese geschichtliche, natürliche Welt ist nicht die Welt, an der Gott durch Jesus Christus handelt, sondern Gott handelt an der je eigenen Welt des Menschen.

Jesus geht es um die Art und Weise des Weltseins der Welt, also um die Welt als ganze, und das heißt, um die Welt, wie sie als je eigene Welt begegnet. Der Verantwortung für die Welt entspricht die Herrschaft Jesu über die Welt (cf. 220 o).

Bevor Gogarten seine geschichtliche Interpretation des Christusgeschehens abschließt, fragt er in einer Art von Exkurs, ob Jesu Herrschaft über die Welt als Kampf gegen eine religiös verehrte Welt auch noch für unsere natürliche Welt relevant sei; denn bisher ging es immer um die Welt zur Zeit Jesu.

Unsere natürliche, jeweils geschichtlich bestehende Welt — wie sie der Gegenstand des modernen Geschichtsdenkens ist — steckt in der Aporie, den Zusammenhang des Weltgeschehens zu verlieren oder in eine Weltanschauung auszuweichen. So wird die Welt wieder zur letzten Instanz und damit ein der bestehenden Welt zur Zeit Jesu analoges Gebilde. Hier ist Jesu Herrschaft, seine Verantwortung für das Weltsein der Welt, genauso wie gegenüber der Welt der jüdischen Frömmigkeit relevant (cf. 220–223).

Jesu Verantwortung für die Welt ist zugleich Verantwortung vor Gott. Weltverhältnis und Gottesverhältnis sind untrennbar. In seiner Verantwortung vor Gott für die Welt nimmt Jesus das verwirkte Geschick der Menschen auf sich. Jesu Herrschaft ist — als Verantwortung für . . . — zugleich Jesu Nächstenschaft, sein Dienst an der Welt und ihrer Not. An der je eigenen Welt, *wie* es in ihr um das Heil geht.

In seiner Verantwortung für die Welt hat sich Jesus in das Verlorensein vor Gott preisgegeben, aus dem Bitten und Glauben entspringt, also Gott handelt, wo kein Mensch mehr handeln kann. Deshalb nennt Gogarten die Herrschaft Jesu die Herrschaft Gottes (cf. 225 o). Diese Herrschaft geschieht ohne Weisungen. Hier ist nur der Ruf, „mit dem das Geschick den Menschen, wenn es ihm begegnet und er es sich begegnen läßt, in diese mit ihm, dem Geschick unlösbar verbundene, weil ihm eigentümliche Entscheidung ruft, ist derselbe, wie der, mit dem der Mensch durch Gottes Wort in die Verantwortung vor ihm gerufen wird" (225 u). Diesen Ruf, dieses Wort Gottes, hat Jesus als Wort von der Vergebung der Sünde zur Sprache gebracht, und zwar als Vergebung der einen Sünde, des Unglaubens, der Verweigerung, sich in das Geschick zu schicken (cf. 226).

Die Verantwortung als Modus der Wirklichkeit

Wir waren mit Friedrich Gogarten und Ernst Troeltsch davon ausgegangen, daß die Christologie geschichtlich gedacht werden müsse und daß die Christologie, wie Gogarten mit Ebeling nach Luther hervorhebt, nur zu sagen habe, wer Jesus sei. Dabei hatte sich das moderne Geschichtsdenken als wenig brauchbar erwiesen, weil sich das für die Christologie grundlegende Geschehen zwischen Gott und Jesus von Nazareth gerade dem historisch-kritischen Zugriff entzieht, ohne deshalb unwirklich zu sein.

Gogarten hat sich in dem Streit um die geschichtliche Wirklichkeit, die dem neutestamentlichen Kerygma zugrunde liegt, nicht auf unser modernes Geschichtsdenken versteift, sondern mit Ernst Käsemann und Gerhard Ebeling dieses Denken einer Kritik durch das Neue Testament unterzogen. Dabei ist eine Wirklichkeitsstruktur im Neuen Testament hervorgetreten, die dem christlichen Glauben selbst entspringt und die den Anspruch erhebt, ebenfalls ‚geschichtlich‘ zu sein: die ‚Geschichte Jesu‘ (cf. 110). Das Verhältnis der beiden Weisen von Geschichte ist nicht etwa durch die Abgrenzung zweier aneinandergrenzender Bereiche zu beschreiben, sondern hier begegnet ein und dieselbe Wirklichkeit, nämlich unsere menschliche Wirklichkeit, aber auf zweierlei Art und Weise.

Der Unterschied zwischen den beiden Weisen von Geschichte ist also weder quantitativ, noch auch eigentlich qualitativ, sondern modal. Die ‚Geschichte Jesu‘ unterscheidet sich von der modernen Historie durch die Art und Weise, in der die Geschichte dem Menschen begegnet, genauer: wie Geschichte vom Menschen verantwortet wird (cf. 147ff. mit 149−152). Dabei hatte sich die Geschichte Jesu als ‚Verantwortung für die Art und Weise des Weltseins der Welt vor Gott‘ aufweisen lassen.

Mit der Verantwortung vor Gott war Gogarten nicht etwa aus unserer Welt in ein Jenseits übergewechselt, sondern wir wurden in das ‚lebendige Geschehen‘ hineingeführt, damit ausschließlich in der Wahrnehmung der Verantwortung für die Welt die Verantwortung vor Gott wahrgenommen werde und nirgends sonst. Das ‚lebendige Geschehen‘ bekommt damit den Charakter eines Rufes, der Antwort fordert von dem, dem der Ruf unüberhörbar und unabweisbar gilt. Die geschichtliche Wirklichkeit gewinnt hier den Charakter von Ruf und Antwort. Aber es geht nicht nur um die Herausforderung, der es zu begegnen gilt, das wäre die Verantwortung für die Welt, sondern es geht in der Wahrnehmung der Verantwortung, um die Verantwortung der Art und Weise des Weltseins der Welt, nämlich daß die Welt nicht wieder ihre „Natürlichkeit" verliert und sich an die Stelle Gottes setzt, so daß aus der Verantwortung für die Welt doch wieder eine Art von Verantwortung vor der Welt wird (cf. 220–223).

Die geschichtliche Wirklichkeit, die wir uns von Gogarten aufweisen ließen in ihrer Struktur der Verantwortung für die Welt vor Gott, ist also ihrem eigenen Wesen nach (Verantwortung) Wirklichkeit in einem anderen Modus als die Wirklichkeit des vorstellenden Denkens. Sie ist nicht Gegenstand oder Vorstellung, sondern ‚Teil' menschlicher Existenz. Die je eigene Welt gibt es niemals losgelöst von dem Menschen, den sie an-geht und dessen Welt sie ist; ebensowenig gibt es das isolierte, weltlose Ich (cf. 11 f.).

Das Wesen dieser Geschichte Jesu, dieser geschichtlichen Wirklichkeit, in die der Mensch schon immer ‚verwickelt' ist, weil sie zu seiner Existenz mit dazu gehört wie seine Arme und seine Beine – zum Wesen dieser Weise von Geschichte gehört auch eine besondere Art und Weise des Umgangs, der Wahrnehmung der Verantwortung. – Wir lassen uns deshalb in dem folgenden Kapitel von Friedrich Gogarten in die Wirklichkeit einweisen, in der es um die Verantwortung für die Welt vor Gott geht. Auf den Grundriß der Verantwortungsstruktur folgt also die Einweisung in das Geschehen dieser geschichtlichen Wirklichkeit. Wir folgen dabei „Luthers Theologie" aus Gogartens Sicht[17].

Das Geschehen der Verantwortung

Verantwortung ist Antwort. Sie wird durch den Ruf bestimmt, auf den sie antwortet, also durch den Ruf, der zur Verantwortung ruft. Wollen wir mit Friedrich Gogarten von einer Verantwortung für die Welt vor Gott reden, dann ist der Ruf näher zu bestimmen, der in die Verantwortung vor Gott zu rufen vermag. Gogarten hatte das zunächst anhand von so etwas wie dem ‚Anspruch des Augenblicks' (Bultmann) dargelegt und am Gleichnis vom Barmherzigen Samariter erläutert. Wenn wir uns von Gogarten in das Geschehen der Verantwortung für die Welt vor Gott einweisen lassen wollen, dann wird es als Einweisung in das Hören auf den Ruf zur Verantwortung geschehen müssen. Wir befragen deshalb Gogartens Buch

[17] Auf historische Fragen der Lutherinterpretation gehen wir nicht ein.

4 Henke, Gewißheit

„Luthers Theologie"[18] auf das „Wort Gottes" hin, und zwar auf das hin, was unter dem „Wort Gottes" zu verstehen ist und wie es zu hören ist, wenn es als Gottes Wort gehört werden soll (cf. A 17).

Analog seinem Vorgehen in der Frage nach dem historischen Jesus blickt Gogarten auf Luther nicht wie auf eine in sich gegründete Persönlichkeit, sondern Gogarten meint Luther nur gerecht werden zu können, wenn er fragt, „warum und wodurch er der Reformator der christlichen Kirche geworden ist" (1 o). – Das „Wodurch" fragt nach dem Grund und der Kraft zur Reformation; das „Warum" fragt nach Luthers Recht zur Reformation, nach seiner Legitimation. .

Die Frage nach dem Grund und der Kraft zur Reformation findet ihre Antwort in Luthers ‚persönlichsten Erfahrungen': „Hier ist also aus einer ganz persönlichen inneren Lebensnot eine weltgeschichtliche Tat geboren worden" (2 m). – Gogarten bechreibt Luthers Grund und Kraft zur Reformation paradoxerweise gerade so, daß er Luther als einen Mann charakterisiert, „der sein Leben lang zu Bruch ging und der in der Gewißheit dieses immer wieder und von neuem zu Bruch Gehens die unerhörte Gewißheit und Zuversicht seines Glaubens und seiner Lehre gewinnt und damit die ungeheure Kraft, mit der er sich einer ganzen Welt und den Mächtigen in ihr während der Dauer seines Lebens in immer neuer Weise entgegenstellt" (4 f.)[19]. Das heißt: „Luther ist seiner Sache, und das heißt seines Glaubens und seiner Lehre *darum* so gewiß, . . .*weil* er sich für ihre Wahrheit nicht auf seine Person und sein Wahrheitsgefühl zu berufen braucht, ja, gar nicht berufen kann, sondern ganz allein auf den, den seine Lehre verkündigt und an dem er zu Bruch gegangen ist" (7 o).

Den vollen Sinn des ‚zu Bruch gehens' werden wir erst im Zentrum der Gogartenschen Luther-Interpretation (s. u. S. 56f.) verstehen können. Soviel muß aber jetzt schon festgehalten werden: das immer neue zu Bruch gehen des Menschen ist das entscheidende Merkmal für die Begegnung mit dem Wort Gottes, also für die Begegnung mit dem Ruf in die Verantwortung, zu der uns Gogartens Arbeit anleiten soll.

---

[18] Nicht näher bestimmte Zahlen in ( ) gelten jetzt für Gogarten, Luthers Theologie/ abgekürzt: LTh.

[19] „Lehre" gewinnt in LTh den Rang von „Kerygma", wie Gogarten es in WW z. B. 34—37 herausarbeitet, also nicht im Sinne Bultmanns; (cf. dazu G. Ebelings Kritik an Bultmann in ThV 26—51, bes. 40ff.) cf. LTh 16 u: Luthers Lehre als das, „worauf seine Existenz sich gründet".

Ist das ‚zu Bruch gehen‘ die Antwort auf die Frage, wodurch Luther Reformator wurde, woher er die Kraft zur Reformation nahm, so ist die Antwort auf das „Warum", also die Antwort auf die Frage nach dem Recht zur Reformation, Luthers Amt. Das Amt als die ihm auferlegte Verpflichtung, das Wort Gottes zu verkündigen, das ‚reine Evangelium‘. Nur das ‚reine Evangelium‘ gibt Luther das Recht, die Reformation mit allen ihren Folgen zu verantworten. „Daß aber das Evangelium . . . rein erhalten wird, das ist keine Sache, die ein für allemal geschieht, indem man es mit einer kirchlichen Institution identifiziert. Das hat vielmehr immer von neuem zu geschehen. Und eben diese Erkenntnis gehört wesentlich mit zu der Wiederentdeckung des Evangeliums durch Luther" (9 o).

Wenn Gogarten Luther befragt, dann weniger aus historischem als systematisch-theologischem Interesse. Wir gehen also mit Gogarten zu Luther, „um uns von ihm helfen zu lassen, die Bibel als Gottes Wort verstehen zu lernen" (9 u). Wir werden dabei an Gogarten immer neu eine doppelte Frage stellen, die seine Luther-Interpretation für uns erschließen soll: was ist und wie geschieht das Wort Gottes?

Die Verantwortung vor Gott als Rechtfertigung
allein aus Glauben

Gogarten erinnert zunächst wieder an das, was wir uns schon bei der Frage nach dem historischen Jesus klar gemacht haben: die Verhältnisse des menschlichen Lebens wandeln sich ständig und mit ihnen die Fragen, vor die sich der Mensch gestellt sieht. Das ist der Grund, weshalb schon im Neuen Testament selbst mehrere Christologien nebeneinander nachzuweisen sind, und weshalb wir uns weder das Neue Testament, noch die Texte Martin Luthers durch bloße Wiederholung aneignen können (s. o. S. 4f.). Das ‚Bleibende‘ in dem ständigen geschichtlichen Wandel sind die Grundsituationen menschlicher Existenz, auf die jede Zeit und jeder Mensch zu antworten gezwungen ist, und wäre seine Antwort das Totschweigen oder das Verdrängen der Frage. Wir können deshalb schlagwortartig und sehr ungenau sagen: Die Grundsituationen bleiben, die Antworten wandeln sich ständig. Die Gemeinsamkeit der Lebenssituationen ermöglicht das Verstehen zwischen den Völkern und Zeiten[20].

[20] cf. Bultmann GlV II SS. 211–235, bes. 217ff.

4*

Es wäre ein Mißverständnis, wollte man das „Bleiben" der Grundsituationen so verstehen, als wäre die Situation immer schon und immer gleich im Blick gewesen. Es sind vielmehr auch die Grundsituationen selbst irgendwann von irgend jemandem zum ersten Mal ‚zur Sprache gebracht' worden (cf. WW 33). Gogarten nennt als Beispiel die paulinische Lehre vom Gesetz. Paulus hat noch heute seine Bedeutung für uns, weil er „das jüdische Gesetz in einem so tiefen Sinne verstanden hat, daß er damit an das Phänomen ‚Gesetz' rührte, wie es immer wieder, wenn auch in den einzelnen Zeiten in sehr verschiedener Gestalt, ein beständiges, zentrales Element der menschlichen Existenz ist" (15 m). Gogarten fährt dann im Blick auf Luther fort: „Wie bei Paulus mit dem Gesetz, so ist es bei Luther mit seiner Lehre von der *iustificatio sola fide,* der Rechtfertigung allein aus dem Glauben, die der Mittelpunkt seines theologischen Denkens ist" (15 u). Bei aller Zeitgebundenheit gilt für Luther, was für Paulus zutrifft: „Luther erfaßt die Frage der Rechtfertigung des Menschen vor Gott in einer so tiefen Weise, daß darin das Wesentliche des Verhältnisses zu Gott ausgesprochen wird" (15 a. E.). Von dem Gottesverhältnis her, das sich für Luther in der Rechtfertigungslehre erschlossen hat, öffnet sich ihm die Möglichkeit, „die Bibel als Einheit, das heißt, als das Eine Wort Gottes zu verstehen" (16 o). – „Zu einem solchen (sc. theologischen) Verständnis der Schrift zu helfen, ist darum auch der einzige Sinn seiner Theologie, seiner theologischen Lehre" (ibid.).

Diese Lehre ist das Luther Eigentümliche. Deshalb will Gogarten nach Luther fragen, indem er nach diesem Grund Lutherscher Existenz fragt, nach der „Lehre". Sie ist keine Theorie, „sondern dasjenige, worauf seine Existenz sich gründet" (16 u). Es ist, „die Lehre von Jesus Christus" (18 m). Diese Lehre hat Luther zu verkündigen, und zwar aller Welt zum Trotz. „Insofern jedoch die Lehre . . . ihm selbst genau so gilt wie jedem anderen, ziemt ihm eine Bescheidenheit und Demut, die unendlich viel tiefer, ja, die von völlig anderer Art ist, als die, die dem natürlichen Temperament entspricht" (20 o).

Das Wort Gottes zeigt sich hier als das Gottesverhältnis, wie es Luther von der ‚Rechtfertigung allein aus Glauben' zur Sprache gebracht hat, in der Rechtfertigungslehre, die nichts anderes sein will, als die Lehre von Jesus Christus. – Auf seine Lehre ist Luther in zweifacher Weise bezogen: durch sein Amt und durch seine Erfahrung. In seinem Amt trotzt er mit dieser Lehre aller Welt; für seine Person wird er selbst durch die Lehre tief gedemütigt, geht er an ihr immer neu zu Bruch. Das eine Wort Gottes er-

scheint also auf zweierlei Art und Weise und verlangt zwei grundver-
schiedene Art und Weisen des Umgangs.

Der Streit um den Menschen

Wenn Gogarten im folgenden Kapitel (20—32) von der ‚doppelten Bestimmtheit des Menschen' spricht, meint er damit nicht den doppelten
Bezug des Menschen auf das Wort Gottes, wie wir ihn eben bei Luther
kennengelernt haben als Verantwortung für das Wort Gottes und als Hören
des Wortes Gottes. Jetzt geht es um die Bestimmtheit des Menschen im
Hören des Wortes Gottes als Gesetz und als Evangelium, um die Bestimmtheit durch Christus oder durch das Gesetz. Was bei Gogarten zunächst wie
eine Alternative — Gesetz oder Christus — klingt oder wie eine Abfolge —
erst Gesetz, dann Evangelium (cf. 20 u und 21 o) —, das wird bald stärker
differenziert. Hier geht es jedoch zuerst darum, Gesetz und Christus als
zwei alle Menschen betreffende Wirklichkeiten in den Blick zu bekommen.
Und gerade dazu dient Luthers Lehre, „daß man sich durch seine Lehre zu
dem Gesetz und zu Christus als den Wirklichkeiten führen läßt, die diese
im Leben jedes Menschen sind" (22 m). Die jeden Menschen betreffende
Wirklichkeit des Evangeliums verlangt eine besondere Art und Weise des
Umgangs, des Verstehens. Wir lernen bei Luther: „im Ernst nach dem
Evangelium und seinem richtigen Verständis fragen, das heißt, eben in jene
doppelte Bestimmtheit durch das Gesetz und Jesus Christus geraten, in der
Luthers Theologie ihr alle Gedanken beherrschendes Thema hat" (23 m).
Das ernsthafte Fragen führt also in ein Geschehen hinein, das die ganze
menschliche Existenz betrifft. Wir geraten hier in einen Streit nicht nur in
uns, sondern in einen Streit, der um uns entbrannt ist zwischen der Bestimmtheit durch Christus oder durch das Gesetz.

Wenn es hier nun doch zu einer Alternative von Gesetz und Christus
kommt, dann aufgrund eines Mißbrauchs des Gesetzes durch den Menschen. Selbst das Evangelium wird von ihm als ein weiteres Gesetz verstanden, so daß der Mensch völlig unter die Bestimmtheit durch das Gesetz
gerät. Das eigene, vom Gesetz erschreckte Gewissen, läßt Gott als zornigen
Richter erscheinen. Ist das eigene Gewissen in dem Streit das, was bestimmt
ist vom Gesetz oder Christus, dann wird deutlich, daß sich dieser Streit
nicht ein für allemal entscheiden läßt. Ebenso klar ist dann aber auch, daß der
Unglaube des Menschen als der eigentliche Ungehorsam gegen Gott nicht ein

grober Affekt ist, „sondern jener höchste, der in der Burg des Willens der Vernunft sitzt und regiert ebenso wie sein Gegensatz, der Glaube" (25 u; Gogarten nach WA 18, 780). – Gogarten fügt hinzu, daß die Bestimmtheit durch das Gesetz auch sehr undramatisch als Gesetzesgerechtigkeit auftreten kann, die allerdings immer von der Angst des eigenen Ungenügens bedroht bleibt.

Gogarten erörtert in dem dritten und letzten Abschnitt dieses Kapitels (cf. 26–32) die Hintergründe dafür, daß „das Evangelium immer gegen die Natur des Menschen sei, daß es also dem natürlichen Denken des Menschen widerspreche" (26 u). Diese „Natur" ist der Mensch, „wie er in der irdischen Welt lebt, wo er legitimerweise ein Gesetz hat" (26 a. E.). Hier führt Gogarten das Verhältnis von Gesetz oder Christus aus dem bloßen Gegensatz heraus: „Luther hat sehr großes Gewicht auf die Erkenntnis gelegt, daß einerseits das Leben des Menschen unter dem Gesetz steht und stehen soll, daß andrerseits aber die Gültigkeit, die das Gesetz für die Welt und für das Leben in der Welt hat, auf diese, die Welt und die irdischen Dinge und Verhältnisse beschränkt bleiben muß" (27 o). Das Weltverhältnis ist vom Gesetz bestimmt, das Gottesverhältnis darf nicht vom Gesetz bestimmt sein. Wer also wie Luther für das Evangelium kämpft, muß sich dann auch gegen ein Gesetz wenden, das auf das Gottesverhältnis übergreifen will. Damit geht Luther gegen die ‚Burg des Willens und der Vernunft' an (cf. 28 m), genauer: gegen die opinio iustitiae, die Absicht des Menschen, sich vor Gott zu rechtfertigen (cf. ibd.).

Wenn also das Beste am Menschen, Wille und Vernunft, Zentrum des Widerstandes gegen das Evangelium sind, wenn der Streit um die Bestimmtheit des Menschen gerade um dieses Zentrum geht, dann wird verständlich, daß man „nach dem Evangelium nicht in der Weise fragen (sc. kann), wie man nach irgendeiner Weltanschauung fragt" (29 m). Die Weltanschauung appelliert ja gerade an dieses Zentrum des Menschen. Wer dagegen ‚im Ernst nach dem Evangelium fragt' und deshalb ‚in den Streit der doppelten Bestimmtheit gerät', der gerät in ein Geschehen, und zwar in die Geschichte, „wie sie sich in und durch Jesus Christus ereignet hat" (29 a. E.). Deshalb gilt es von Christus zu wissen, von der Menschheit Christi, die für Luther zum Ausgangspunkt seiner Theologie geworden ist.

Das Wort Gottes, das Gottesverhältnis (cf. S. 30 bei mir), ist demnach ‚die Geschichte Jesu Christi' als ‚die Geschichte Gottes mit dem Menschen und seiner Welt' (cf. 29 a. E.), das heißt, ein Geschehen, das im Widerspruch zum ganzen Menschen steht, der schon immer vom Gesetz umfassend bestimmt ist. – Der Umgang mit dem Wort Gottes ist hier das ernsthafte

Fragen als ein in den Streit geraten, der erst mit diesem Fragen aufbricht, weil an die Stelle der einfachen und umfassenden Bestimmtheit durch das Gesetz die doppelte Bestimmtheit durch das Gesetz oder durch Christus tritt. Die Alternative Gesetz oder Christus betrifft also nur das Gottesverhältnis.

Kreuz und Leiden als Offenbarung der Liebe Gottes

Die Menschheit Christi, der Ausgangspunkt der Lutherschen Theologie, wird von Gogarten anhand der „Heidelberger Disputationen"[21] näher bestimmt als Kreuz und Leiden Christi (cf. 34 o). Kreuz und Leiden Christi sind dem Leiden der Menschen verbunden, das vom Kreuz Christi und nur vom Kreuz Christi „als die Offenbarung Gottes und zwar als die Offenbarung seiner Liebe erkannt" wird (34 o). Unter der Maske der Leiden verborgen offenbart Gott sich „den Menschen in seiner ganzen Gottheit und handelt er an ihnen als ihr Gott, wie er es an Christus getan hat" (34 m).

Das Wort Gottes, die Geschichte Jesu Christi, als der Widerspruch zum ganzen Menschen ist damit erläutert und in seiner ganzen Schärfe deutlich als Kreuz und Leiden Christi, die mit unserem Kreuz und unserem Leiden verbunden sind, und das als Offenbarung der Liebe Gottes. – Daß der Umgang mit diesem Wort Gottes wahrhaftig jeden, der im Ernst danach fragt, in einen Streit geraten läßt, in dem es um den ganzen Menschen geht – das dürfte von hier aus einleuchten. Wie diese Gedanken im einzelnen zu verstehen sind, wird Gogarten erst in den folgenden Kapiteln entfalten.

Die Gerechtigkeit Gottes

Zunächst geht es um einen zentralen Begriff Lutherscher Theologie, um die ‚Gerechtigkeit Gottes'. Für Luther stellt sich die Frage nach der Gerechtigkeit Gottes, „wie sich die *iustitia* Gottes zu seiner Barmherzigkeit verhält. Ist es so, daß Gott zwar gerecht ist, daß er aber neben dieser Gerechtigkeit, nach der er jedem gibt nach seinem Verdienst, unter be-

---

[21] cf. Erich Vogelsang, Luthers Werke in Auswahl/Fünfter Band/Der junge Luther/ SS. 375 bis 404/Berlin 1952, 2. Aufl. cf. WA 1

stimmten Bedingungen auch Barmherzigkeit übt? Oder ist es so, daß Gott Barmherzigkeit erweist, indem er gerecht ist" (36 u)? – Gogarten zeigt an Texten aus Luthers erster Psalmenvorlesung[22] Luthers Erkenntnis der Gerechtigkeit Gottes. Sie sei erstens: „sich in die Tiefe zu demütigen" (38 u). Und zweitens: „Und hier ist ganz eigentlich Christus beschrieben, der durch die größte und tiefste Erniedrigung Gottes Macht und Gerechtigkeit ist" (ibd.). – Das erste bezieht sich darauf, daß der Mensch sich vor Gott als Sünder bekennt, und so Gott gerecht wird. Die Demütigung, von der Luther hier spricht, ist keine Tugend, sondern die Demütigung widerfährt dem Menschen „durch das iudicium Dei, das Urteil Gottes, das er erleiden muß und das offenbar wird in den ‚Geißelungen und Kreuzen', die Gott dem Menschen schickt" (40 u). – Das zweite meint, „daß Christus der ist, in dem Gott radicaliter und causaliter das Werk seiner Gerechtigkeit gewirkt hat" (41 o). Christus ist es also, der zutiefst gedemütigt wird. Für Luther – Gogarten folgt Luthers Psalmenauslegung – für Luther stellt sich die Frage (cf. Ps. 71, 19), wie die tiefste Erniedrigung die höchste Erhöhung wirken kann, wie also iudicium Dei und iustitia Dei, wie Demütigung Erhöhung bewirkt. Luther findet die Antwort darin, daß in beiden Fällen Gott am Menschen handelt, und zwar am Glaubenden, das heißt an Christus, so daß gerade das Gericht, die Demütigung, die Gerechtigkeit bewirkt. Diese Denkfigur, Gottes iudicium bewirkt Gottes iustitia, ist damit noch keineswegs ausgelegt. Es bleibt weiter zu klären, was die iustitia Dei sei.

Zunächst gibt Gogarten zwei historische Hinweise zu Luthers Hermeneutik. Für Luther handeln alle Psalmen von Christus; und alles, wovon in den Psalmen die Rede ist, sind Werke und Wege Gottes. Deshalb ist Christus als Werk Gottes iudicium und iustitia Dei. – Der nächste Erkenntnisschritt war für Luther, den Glauben und nur ihn als Gerechtigkeit zu verstehen. Als Glaube an Christus ist der Glaube an das iudicium und die iustitia; als unser Glaube bedeutet er, daß wir unsere Sünde bekennen (iudicium) und Gott preisen (iustitia). In diesem doppelten Geschehen werden wir Gott gerecht.

Wieder müssen wir uns von Gogarten Verstehenshinweise geben lassen. Erstens: wenn alles Gottes Werk ist, dann wahrt Luther – wie wir sehen werden – den Begriff der Gerechtigkeit in aller Strenge. – Zweitens: „Gerechtigkeit ist ein Verhältnisbegriff. Er bezeichnet ein Verhältnis, in

---

[22] cf. A 21: aaO SS. 38–412; NB dort SS. 151ff./WA 3, 464ff.

dem einer die Forderung eines anderen, die dieser begründeter Weise an ihn stellt, erfüllt" (44 u). Hier ist die Forderung im Wesen des Verhältnisses zwischen Gott und Mensch begründet. Gerechtigkeit bedeutet demnach, jemandem gerecht werden, ihm angemessen sein. Gottes Gottheit besteht nun darin, daß er gibt und nicht nimmt (cf. 45f.). – Zwischenergebnis: wer also im Glauben an Christus als Gottes iudicium seine Sünde bekennt und im Glauben an Christus als Gottes iustitia Gott preist, der allein wird dem gebenden Gott gerecht.

Diese von Gott durch Jesus Christus (s. o. S. 42 m: causaliter) und in Jesus Christus (als Werk Gottes) gewirkte Gerechtigkeit ist eine zweifache, strenge Forderung: „Gott fordert vom Menschen, daß dieser ihm gerecht werde, indem er Gott und sich selbst je das Seine gebe, Gott sein Gutsein, seine bonitas, und sich selbst das Bösesein, seine malitia" (48 o; Gogarten nach WA 4, 241).

Damit ist zugleich Jesu Menschsein, Jesu Kreuz und Leiden, als Gottes Gericht und Gottes Gerechtigkeit ausgesagt, und zwar als Werk Gottes, das Gott nicht nur in Jesus selbst getan hat, sondern durch das Gott an uns sein Gericht und seine Gerechtigkeit wirkt. Das Wort Gottes, das Gottesverhältnis als die Geschichte Jesu, ist damit wieder etwas klarer geworden als an uns wirkendes Wort. Es geschieht an uns, indem wir unsere Sünde bekennen und Gott preisen.

„Die Lehre von Gesetz und Evangelium" als Sicherung der Gerechtigkeit gegen den Rückfall in die Moral

Luther redet auf zwei einander scharf widersprechenden Weisen vom Gesetz. Einmal bringt es den Tod, dann wieder das Leben (cf. 48ff.). Gogarten treibt den Gegensatz auf die Spitze in Luthers Aussagen zum ersten Gebot. Dabei zeigt sich als Hinweis auf die Lösung der Spannung, daß es die Antwort des Menschen auf den Ruf des Gebotes ist, die das Gebot zum Tod oder zum Leben wirksam werden läßt. Wer sich der Zusage des ersten Gebotes – „Ich bin der Herr, dein Gott" – verschließt, dem wird das Wort Gottes zum Gesetz.

Das Wort Gottes als Gesetz kann wieder zweierlei meinen. Es kann das handliche, in Gebote zerlegte und domestizierte „Gesetz" meinen, dessen Gebrauch die opinio iustitiae, also die tiefste, pharisäischste Gottlosigkeit wuchern läßt. Das Gesetz kann sich aber auch mit seiner eigentlichen Stimme melden. Was Luther mit dem Gesetz in diesem seinen verus usus meint, versucht Gogarten als „die elementarste, unmittelbarste Begegnung des Menschen mit der Unheimlichkeit der Welt" (53 o) zu übersetzen.

Gogartens Abgrenzung des verus usus legis von der Moral ist die Abgrenzung gegenüber der Verharmlosung des Ethischen. Und verharmlost wird das Gesetz, wenn statt des Menschen selbst und seines Personseins nur das vom Menschen ablösbare Tun in den Blick kommt. Bei der Anklage des Gesetzes im verus usus geht es um mehr: „Wenn die ethischen Kategorien, wenn Gut und Böse nicht mehr nur auf die Taten des Menschen angewandt werden, wenn sie statt dessen den Menschen selbst treffen, dann sind sie nicht mehr die handlichen Normen und Werte, nach denen man sein Handeln bestimmen kann, sondern sie sind dann enthüllt als die furchtbare Macht, vor der der Mensch sich selbst in seiner nacktesten Selbstheit entdeckt, mit der er sich verantworten muß und es doch nicht kann" (55 m). Das Gesetz im verus usus dient dazu, die opinio iustitiae zu überwinden.

Will man Luthers Reden vom Gesetz verstehen, muß man zunächst das handhabbare Gesetz ausklammern und nur einerseits an dem Gesetz als ‚Erstem Gebot', das heißt, als Zusage Gottes, und andererseits am Gesetz im verus usus festhalten. In beiden Gestalten begegnet der eine Wille Gottes, der den Menschen gerecht machen will. Gogarten nimmt hier wieder den Gedanken von Christus als dem Werke Gottes auf (s. o. S. 42). An Christus vollzieht sich der Wille Gottes in der doppelten Gestalt als Gericht und Gerechtigkeit. Und durch Christus — hier greift Gogarten auf kommende Kapitel vor — tut Gott seine Werke „an jedem Gläubigen . . ., indem er sie an Christus getan hat" (58 o). An Christus hatte Luther erkannt, daß Gott „sein eigenstes, das ist, das seinem göttlichen Wesen gemäße Werk wirkt, indem er das ihm ganz fremde tut" (58 o; Gogarten mit WA 4, 87). Gott wirkt seine Gerechtigkeit durch das Gericht.

In der Begegnung mit dem Gesetz im verus usus verleitet die opinio iustitiae den Menschen dazu, das Gesetz an sich zu reißen, um durch seine Erfüllung das Gericht Gottes abzuwenden. So wird das Gesetz zur Kraft der Sünde. Deshalb muß das Gesetz vom Evangelium unterschieden werden, und zwar nicht bloß in theoretischem Bescheidwissen, sondern wenn es „zum Treffen kommt" (Luther bei Gogarten 59 m).

Gogarten greift auf die doppelte Bestimmtheit des Menschen zurück (s. o. S. 39ff.). „Das Gesetz bleibt vielmehr präsent, und nur aus der präsenten, gegenwärtigen Bestimmtheit durch es erhält die durch Christus ihren Sinn" (60 o). Der Mensch bleibt also Zeit seines Lebens im Kampf des Glaubens und in der Anfechtung. Deshalb braucht er die ‚Lehre‘, die selbst aus miteinander streitenden Sätzen besteht und die sich gerade so immer wieder neu als Aufgabe stellt, statt eine beruhigende, einschläfernde Lösung zu bieten.

Der Kampf ist ein Kampf um den Menschen, in dem er Partei ergreifen muß. Das ist nicht die Wahl zwischen zwei Prinzipien (cf. 62 o), sondern es gilt gegen das Gesetz und Gottes Zorn Partei zu ergreifen „für Gott, wie er in Jesus Christus seine Sünde überwunden hat" (62 a. E.). – „Soll der Mensch also gerüstet sein in diesem Kampf, so muß er wissen, und da es dabei um die Entscheidung seines Gewissens geht, so muß er auch *verstehen*, wie und wodurch Jesus diesen Kampf, dem kein Mensch entgehen kann, siegend entschieden hat" (63 o). Gogarten wird deshalb Luthers Lehre als Lehre von Jesus Christus in den folgenden Kapiteln entfalten.

Das Wort Gottes, das eine Wort, begegnet hier als Gesetz und als Evangelium. In der Unterscheidung von Gesetz und Evangelium geht es darum, wie das Wort Gottes begegnet. Was das Wort Gottes ist, wird davon bestimmt, wie es am Hörer geschieht.

Die Unterscheidung von Gesetz und Evangelium durch den gekreuzigten Christus

Luthers Lehre ist die Lehre von Jesus Christus, weil Christus den Kampf für die Menschen auf sich genommen hat, ja, die „Menschheit Christi, sie ist, so kann man sagen, der Kampf, den dieser für die Menschen auf sich nimmt" (63 m). Luther redet hier von dem angefochtenen Christus, der durch die Sünde angefochten ist. Aber paradoxerweise nennt Luther Christus zwar den größten Sünder (cf. 64 a. E.), fügt aber gleich hinzu, „daß er in Wirklichkeit keine Sünde getan hat" (65 o). – Drei Momente begegnen bei Luther zum Sündersein Christi: „daß Christus unsere Sünde trägt, daß er unschuldig ist und daß er die Menschen mit seiner Liebe umfängt" (65 u). – Gogarten bringt die drei Momente auf seinen Begriff der Verantwortung, wie wir ihn schon kennengelernt haben (s. o. S. 7ff.). In der Verantwortung vor Gott übernimmt Christus die Verantwortung für den Menschen, das heißt, für unser Sündersein. Durch seine Verantwortung für uns wird er unser Herr, der in seiner Liebe zu uns Gottes Willen gehorsam ist (cf. 66 u und 67 o).

Christi Menschsein, seine Existenz, ,besteht' also in der Verantwortung für unser Sündersein, in der Übernahme auch des Zornes Gottes (cf. iudicium); und seine Existenz vollzieht sich im Gehorsam gegen Gottes Willen, „der zwar tötet, der das aber nicht tut, um zu töten, sondern um lebendig zu machen" (67 m). – Damit wird an Christus Gottes Wille offenbar für uns, und zwar unter dem Gegenteil verborgen (cf. 68 o). Aber weil Gott tötet, um lebendig zu machen, „bedürfen wir des Fürsprechers, der dieses Wirken Gottes versteht und der für uns bitten soll und uns inzwischen erhält, damit es nicht fehlgeht mit uns" (68 u; Gogarten mit WA 56, SS. 376 ff.).

Im vorigen Kapitel hatte Gogarten den Ausdruck „Wille Gottes" als eine Art Oberbegriff zu Gesetz und Evangelium gebraucht (cf. 58). Wenn an Christus der Wille Gottes offenbar geworden ist (cf. 67 u), dann ist an ihm Gesetz und Evangelium offenbar geworden. Die Unterscheidung von Gesetz und Evangelium an der Person Jesu Christi wird deshalb unsere Frage nach dem Wesen des Wortes Gottes und nach dem Wie seines Geschehens in den folgenden Kapiteln bestimmen.

Gogarten referiert Luthers Zusammenfassung des Versöhnungs- und Erlösungswerkes Christi, „daß Christus uns frei gemacht hat. Frei vom Gesetz, von der Sünde, vom Tode, vom Zorn Gottes und vom jüngsten Gericht" (68 u). Und zwar: „im Gewissen" (ibd.). Christus hat das Gesetz erfüllt und so allen, die an ihn glauben, die Freiheit erworben (cf. 68 o). Diese Erfüllung des Gesetzes bedeutet natürlich keine neue Werkgerechtigkeit, denn Gottes Forderung, die Jesus erfüllt, verlangt, die Gnade Gottes zu empfangen, aber auch, sich dem Gericht Gottes zu beugen (cf. 48 o).

Luther spricht ebenso vom Zorn Gottes und von der Bestrafung der Sünde. Das heißt jedoch, der Sünder wird dem Gott, der nur gibt, deshalb nicht gerecht, weil er von Gott nicht nur empfangen will. Wischt Gott aber das menschliche Tun beiseite, erfährt der Mensch darin Gottes Zorn. Wer an Christus als Gottes Werk glaubt, dem widerfährt Gottes Gerechtigkeit „nicht zum Verderben, sondern zum Leben" (71 m). Luther mahnt deshalb, nicht bei Christi Leiden stehen zu bleiben, sondern in allen Leiden sein Herz zu sehen, den Willen, der ihn für uns leiden läßt. Christus legt so Gottes Gericht als Gottes Gerechtigkeit aus, die unser Heil und nicht unseren Tod will.

Gogarten faßt zusammen: „Dem, was Gott an Christus als dem *primum et exemplar* aller seiner Werke tut, entspricht auf Seiten des Menschen, daß er an Christus als an dieses Werk glaubt, in dem Gott *radicaliter et causaliter* seine Gerechtigkeit wirkt, und daß er im Glauben an dieses Werk Gott gerecht wird" (71 a. E.; cf. 58 o). Deshalb muß sich der Mensch in Gottes Gericht preisgeben, wie er es in seinem Gewissen erfährt. Christus kann unser Gewissen nur befreien, weil er das Urteil unseres Gewissens bestätigt, ja, weil in Christus Gottes Zorn noch deutlicher hervortritt; denn Christus hat sich diesem Zorn vorbehaltlos gebeugt, ohne in die Verzweiflung oder in das Tun auszuweichen. Er befreit das Gewissen, indem er dem Urteil des Gewissens zustimmt, aber er verurteilt den Spruch des Gewissens, wenn es zu neuem Tun antreibt, um Gerechtigkeit vor Gott herzustellen.

Nach Christi Menschheit wäre jetzt von der Gottheit zu reden, aber die Gottheit wird nur in der Menschheit erkannt, und zwar wiederum nur im Glauben (cf. 74 m). Deshalb behandelt Gogarten zunächst den ‚Glauben an Christus'.

Die fides historica genügt nicht. Nur ein Glaube, der sich Christus aneignet, die fides apprehensiva (cf. 76 o), wird ‚dem Geschehen gerecht, an das sie, die fides, glaubt' (cf. 76 u). Dieser Glaube richtet sich nicht nur auf das Faktum, sondern auf das, worumwillen das Faktum geschehen ist: für mich. Die Intention des Faktums läßt sich allein im Wort finden. Das Wort teilt das Heil aus, wenn Christi Werk — wie wir gerade hörten — am Gewissen wirken soll. „Dieser Glaube macht aus dir und Christum gleichsam eine Person" (Luther nach Gogarten 78 o). — Wir müssen den für uns ungewohnten Personbegriff schrittweise entfalten.

Wie ist das personale Einssein des Menschen mit Christus zu verstehen? — Gogarten arbeitet drei Punkte heraus zum ‚Wesen des wahren Glaubens' bei Luther. Erstens eignet sich der Glaube Christus selbst als eine Gabe an. Christus ist „uns in seinem Menschsein als er selbst, als Person gegeben" (79 u). — Der Glaube antwortet zweitens der Intention des Faktums, „indem er das ‚für mich', ‚für uns' des Lebens und Sterbens Christi ergreift und auf dieses und nicht nur auf das bloße geschichtliche Geschehensein gerichtet ist" (ibd.). — In diesem Glauben wird drittens „eine Einheit zwischen dem Glaubenden und Christus wirklich . . . , die darin besteht, daß sich zwischen ihnen der Wechsel von Sünde und Gerechtigkeit ereignet" (79 f.). — Gogarten faßt die drei Elemente zusammen und folgert aus ihnen, „daß der Glaube an Christus, wie Luther ihn entsprechend diesen drei Momenten versteht, sich auf die Verantwortung richtet, in der Christus das Geschick, das infolge der Sünde über das Menschengeschlecht und seine Welt verhängt ist, auf sich genommen hat" (80 o). Gogarten untermauert im folgenden seine These (cf. 80–86).

Zunächst: der Glaube hat es nach Luther mit nichts Geringerem zu tun als mit dem ewigen Leben, mit Sünde, Welt, Tod und Teufel (cf. 80 m). – Ferner: der Glaube ist bei Luther auf den Menschen Christus gerichtet und erkennt im Geschick Christi das eigene Geschick wieder. Das Leiden Christi weist dem Menschen die Sünde auf, „mit der sein Herz oder Gewissen nicht fertig wird" (81 a. E.). Luther unterscheidet deshalb vom Glauben „das Empfinden und Fühlen des Herzens" (83 u), gegen das sich der Glaube richtet; denn Sünde, Welt, Tod und Teufel sind es, vor denen das Herz fliehen möchte, während der Glaube diesen Mächten entgegentritt. Dem Glauben werden sie sogar zum Heil. Gogarten fragt, „woher der Glaube die Kraft erhält, diese Finsternisse auf sich zu nehmen, und wodurch sie, die dem ‚Herzen' Tod und Hölle sind, ihm zum Heil und Leben werden" (85 m). Die Antwort läßt sich nur finden in der „Einheit der Person des Menschen mit der Person Christi" (ibd.). Es geht hier um den Wechsel, durch den „unsere Sünden nicht mehr unsere, sondern die Christi sind und Christi Gerechtigkeit nicht mehr seine ist, sondern unsere" (WA 5,608 nach Gogarten 85 m). Das ist kein Verleugnen unserer Sünden, denn sie werden ja gerade an Christus sichtbar. „Indem das geschieht, erkennen wir uns selbst als die Menschen, die wir in Wahrheit sind, nämlich als Sünder" (86 o).

Der „Wechsel von Sünde und Gerechtigkeit zwischen Christus und dem an ihn Glaubenden" (86 m), das ‚Zentrum der Lutherschen Theologie', vollzieht sich als Einheit mit Christus. Gogarten erläutert zunächst die Einheit zwischen Christus und dem Glaubenden. Sie ist rein personal, das heißt: Christus und der Glaubende sind ohne Vermittlung einer dritten Größe aufeinander bezogen. Das meint Luther – nach Gogarten – damit, wenn er sagt, das factum genüge nicht, es gelte die Intention zu ergreifen. „Denn nur in dieser Intention wird er selbst, Christus, in seiner Person ergriffen" (87f.). Die unmittelbare, rein personale Beziehung Christi geschieht als die Verantwortung für den Menschen als Sünder; denn in der Sünde als Verschlossenheit gegen Gott ist der Mensch selbst, der Mensch in Person, betroffen[23].

---

[23] cf. zu ‚Person' SS. 53–63 bei mir.

Gogarten will hier zunächst nur die eine Seite des ‚Wechsels von Sünde und Gerechtigkeit zwischen Christus und dem Glaubenden' entfalten, nämlich die, daß ‚Christus für uns zum Fluch geworden ist', also unsere Sünde auf ihm liegt, damit deutlich wird, wie der Glaube die Einheit mit Christus wahrnimmt. Er ergreift die Intention des Leidens Christi für uns. „Indem der Glaube . . . hineinschreitet in die Finsternis des Geschickes Christi ebenso wie unseres eigenen, wird . . . der Glaube der Verantwortung gewahr, in der Christus das dem Menschengeschlecht bestimmte und wegen der Sünde verwirkte Geschick auf sich genommen hat, und zugleich mit dieser Verantwortung des Segens, die sie bedeutet" (90 o).

Gogarten weist darauf hin, daß Luthers Denken hier schon geschichtlich ist, das heißt, Luther versteht das rein personale Verhältnis zwischen Christus und dem Glaubenden als etwas, „bei dem es um das geschichtliche Sein Christi sowohl wie des an ihn glaubenden Menschen geht" (90 u). In dem Verhältnis zu Christus geht es also um Christi Sein und um das Sein des Glaubenden. Hier ist der Glaube auf Jesu Verantwortung gerichtet, in der Jesus das verwirkte Gottesverhältnis ‚für mich' auf sich genommen hat. Der Glaubende ist auf Christus nicht als Zuschauer bezogen, sondern: „An Christus glauben bedeutet eben darum in dem Sinne Luthers vor allem anderen, daß dieser Glaube den Glaubenden in dem Geschick Christi sein eigenes Verhängnis erkennen läßt, das infolge der Sünde über ihn verhängt ist" (91 o). Auch die Erkenntnis ist mehr als Aufklärung. Sie ist die Wirkung, die Jesu Leiden auf mich ausübt, der ich in seinem Geschick mein eigenes wiedererkennen kann.

Die Wirkung der Erkenntnis Jesu betrifft das Verhängnis. Gogarten erläutert Verhängnis als Vermischung von Wahrheit und Lüge. Im Glauben wird die Lüge als Lüge sichtbar, verliert ihre Kraft, und damit ist das Verhängnis entmachtet. Die opinio iustitiae, sie ist das Verhängnis, das seine Wahrheit darin hat, um Gottes Gerechtigkeit zu eifern, und das seine Lüge darin hat, um Gottes Gerechtigkeit mit Unverstand zu eifern. Die Entwirrung des Verhängnisses ist die Unterscheidung von Gesetz und Evangelium.

Gogarten betont immer wieder (cf. 93), daß beide, Gesetz und Evangelium, je ihre Funktion uneingeschränkt ausüben müssen. Beide sind Wort Gottes, aber beide wirken je verschieden. Sie theoretisch zu unterscheiden, ist theologisch unerheblich (cf. 94 o). Die eigentliche Unterscheidung, auf die es Luther ankommt, geschieht nur in der Begegnung mit dem Gesetz in seinem Amt, das heißt, wenn es uns jede Möglichkeit nimmt, vor seinem

Ruf zu bleiben. Dann versucht es der Mensch, der nicht verzweifelt, mit dem Selbstbetrug der gesteigerten ethischen Leistung. Doch das eigentliche Ziel des Gesetzes ist es, mich zu Christus zu treiben (cf. 94 a. E.), in dem „die größte Sünde und die größte Gerechtigkeit" (95 o; Gogarten nach WA 40 I/1, 438,9 und 439,3) ist. Jesu Verantwortung für das verwirkte Geschick, Jesu Sündersein, ist seine tiefste Demütigung, durch die ihn Gott zur höchsten Höhe erhebt (cf. 95 m). In Jesu Person sind so „Gesetz und Evangelium offenbar geworden" (95 u). „Das Gesetz ist in ihm offenbar geworden in der Sünde, die er auf sich genommen hat" (ibd.). „Und das Evangelium ist erschienen in der Gerechtigkeit, die in Christus als dem, der für uns der Sünder der Sünder wurde, als Siegerin und Herrscherin in Ewigkeit offenbar geworden ist" (ibd.). Die Unterscheidung von Gesetz und Evangelium, wie sie geschieht, wenn es ‚zum Treffen kommt', ist deshalb selbst ein Akt der Verantwortung als Bekenntnis der Sünde und als Bitten und Glauben (cf. WW c. 17 und c. 18).

Bisher hatte Gogarten nur davon gesprochen, wie „unsere Sünden die Sünden Christi werden" (88 u). Jetzt, in Kapitel neun, geht es darum, wie „Christi Gerechtigkeit die unsere wird" (88 a. E.). Gogarten geht dabei in drei Schritten vor: die Erkenntnis der Gottheit Christi (96—100); die Einheit von Gottheit und Menschheit in der Person Christi als Gehorsam der ganzen Existenz Christi (100—108); das Erscheinen Gottes selbst in der Schwachheit Christi (108—111).

Gogarten hatte gesagt: nur die Menschheit Christi ermöglicht, nach Luther, die Gottheit Christi zu erkennen. Weil der Glaube „die Antwort (sc. ist), auf das, was Christus mit und in seinem Menschsein an uns tut" (96 o; 75 o), muß der Glaube erst am Menschsein Christi geübt werden, „damit er dann in dieser seiner Menschheit die Gottheit Christi wahrzunehmen vermag" (96 m). Auch bei der Erkenntnis Christi wird es sich wieder um alles andere als um einen distanzierten Sehakt handeln.

Im Unterschied zur altkirchlichen Christologie geht Luther nicht von der zweiten Person der Trinität aus, sondern von der wahren Menschheit Christi, in der allein der wahre Gott geglaubt werden kann (cf. 96 f.). „Die Vereinigung (!) der Menschheit und Gottheit in Christus *ist* die eine, wahre Person . . . " (WA 39 II, 280,16 nach Gogarten 97 m; Hervorhebungen von mir). Die Person ist demnach kein Organismus aus zwei Naturen, sondern ein Ereignis.

Was muß der Glaube an der Menschheit Christi üben, „damit er lerne, die Gottheit Christi wahrzunehmen" (97 u)? — Der Glaube empfängt an der Menschheit Christi seine besondere Art (cf. 96 o), nämlich „in die Finsternis hineinzugehen, die diese Mächte über das Herz des Menschen bringen. Eben diese seine Art ist es, die der Glaube in seinem Umgang mit dem Menschen Christus üben muß, weil er anders diesen gar nicht wahrnehmen würde" (97 f.). Die Einübung des Glaubens an der Menschheit Christi bekommt es mit dem Kreuz Christi zu tun. Hier geschieht es dann, daß die von uns „verkehrtermaßen erstrebte Gottheit verworfen und die ebenso verkehrtermaßen verachtete Menschheit und die vergessene Schwachheit des Fleisches zurückgerufen" wird (98 m; Gogarten nach WA 5,128 f.). Die Erkenntnis der Menschheit Christi ist also die Erkenntnis des Kreuzes Christi, und zwar in der eigenen Erfahrung des Kreuzes (cf. c. 3). Damit beginnt diese Erkenntnis sich als Erfahrung von etwas zu zeigen, das mir selbst widerfährt. So bringt Christus Gott kraft seines, Christi, Menschsein selbst herbei (cf. 99 und WW 1). Die Gottheit Christi wird also nur aufgrund der Wirkung erkannt, die Christus durch sein Menschsein auf jemanden ausübt. „Den Glauben an die Gottheit Christi gibt es also auf keine andere Weise als durch die willige Erfahrung dessen, was der Mensch Christus in der tiefsten Niedrigkeit seines Menschseins (sc. Kreuz und Leiden; cf. c. 3) an jedem tut, der es über sich bringt, diesem (sc. dem Menschen Christus) in seinem (sc. des Glaubenden) eigenen Menschsein (sc. in meinem eigenen Kreuz und Leiden) zu begegnen" (99 u). Gott macht lebendig, indem er tötet; Gott wirkt sein opus proprium in seinem opus alienum (cf. 99 u). Christus ist das Urbild der Werke Gottes, durch den Gott an allen handelt, „die sich im Glauben diesem Menschsein Christi gleichförmig machen lassen, die also, sagt das, auf diese Weise durch den Menschen Christus Gott sein fremdes Werk an sich wirken lassen. Diese und nur sie werden eben hierin mit dem solcherweise an dem Menschsein Christi geübten Glauben Gottes eigenes Werk erkennen können" (100 o).

Gogarten faßt die Erkenntnis der Menschheit und der Gottheit Christi zusammen: „Wie Christi Menschheit in ihrer Wahrheit an dem erkannt wird, was er mit seinem Menschsein an denen tut, die in diesem ihr eigenes Menschsein wiedererkennen, nämlich daß sie durch Christus aus unseligen und törichten Göttern zu Menschen gemacht werden, die sie in Wirklichkeit sind, Elende und Sünder, so wird Christi Gottheit darin erkannt, daß eben durch das, was er in seinem Menschsein an ihnen tut, dasjenige an ihnen geschieht, was allein Gott zu geben vermag, nämlich ‚Frieden, Gnade, Leben, Sieg über Tod, Sünde und Hölle'" (100 m; cf. WA 40 I 80 f.). Die Erkenntnis der Gottheit Christi entspringt also keiner

Spekulation, sondern der persönlichen Erfahrung des Glaubenden, der durch Christus empfängt, was nur Gott geben kann, und der deshalb auf Christi Gottheit schließen muß (cf. 100 u).

Luther übernimmt zwar den Begriff der zwei Naturen aus der altkirchlichen Christologie, aber bei Luther ist die Einheit von Gottheit und Menschheit geschichtlich gedacht als „eine Einheit, die sich im Gehorsam Christi gegen Gott ereignet" (101 m). Das ist kein bloß moralischer Gehorsam, sondern dieser Gehorsam „betrifft vielmehr die Existenz Christi, wie dieser sie aus Gott lebt" (101 u). Wie dieser Gehorsam zustande kommt, „die wesentliche Geburt des Sohnes" (Luther; cf. 102 m), ist unaussagbar.

Anhand mehrerer Luthertexte zeigt Gogarten, wie Luther die Gottheit Christi bildhaft auszudrücken versucht hat (cf. 102 ff.). Sie alle reden davon, daß Christi ganze Existenz von der Gottheit bestimmt ist. Die bildhafte und die eigentliche Rede kommen zusammen im ‚Wort Gottes'. Christus ist das Wort Gottes und hat seine Gottheit in dem Wort Gottes. Wenn die Einheit von Gott und Mensch in Christus durch den Gehorsam mit der ganzen Existenz Christi geschieht, dann ist es dieses Wort Gottes, aus dem Christus die Kraft seines Gehorsams empfängt. Die Einheit und die Unterscheidung von Gott und Mensch in Christus ist durch die Einheit als Gehorsam gewahrt, und zwar gerade durch die Art des Gehorsams, der sich ganz dem Worte Gottes als Ruf zum Gehorsam verdankt.

Luther betont, daß Christi Gehorsam wirklicher menschlicher Gehorsam gewesen ist (cf. 108 ff.). Christi Erniedrigung ging bis zum Äußersten, so daß er in seine eigene Nichtigkeit gebracht wurde (cf. 110 m). In seinem zunichte gewordenen Menschsein bringt Christus seine Gottheit selbst herbei; „es ist Gott selbst, der in der victrix infirmitas, der siegreichen Schwachheit . . . dieses Menschen erscheint" (111 o; Gogarten mit WA 5,606,20). Gott selbst erscheint hier und wirkt an uns, was nur er selbst wirken kann (cf. noch einmal 100 m; s. o. S. 51 f.). Das Was des Wortes Gottes und das Wie seines Geschehens ist damit eindeutig ausgelegt nur als ‚Wort vom Kreuz', als Botschaft der anfechtenden Zuwendung Gottes zum Menschen.

„Der geknechtete Wille"

Wer vom elften Kapitel (128–171) auf das Vorangegangene zurücksieht, dem könnten alle früheren Kapitel wie Vorarbeiten und Einübungen für das elfte erscheinen. Spätestens hier erfährt jeder – gerade auch der objektiv-distanziert ‚wissenschaftliche' Leser – Luthers Art und Weise, mit dem Wort Gottes umzugehen; denn der vorliegende Text bei Gogarten wie der Originaltext bei Luther wird nicht mehr nur über das Wort Gottes reden, sondern Luthers Gedanken lassen es hier ‚zum Treffen kommen'. Das Wort Gottes geschieht, indem es jeden, der in der von Luther aufgezeigten Weise damit umgeht, in Frage stellt. Das äußert sich beim Leser in der Regel als Ablehnung oder als Verärgerung. Vielleicht aber auch als Betroffenheit[24].

Luthers Lehre von der Rechtfertigung fordert die Erkenntnis, „daß der menschliche Wille zum Heil nicht das Geringste vermag" (128 f.). Denn nur so wird der Mensch vor Gott völlig gedemütigt und kann die Gnade empfangen. Deshalb muß man von den „verehrungswürdigen Geheimnissen der göttlichen Majestät" sprechen (Luther nach Gogarten 129 m). Der Ausgangspunkt und das Ziel ist dabei immer die Gnade Gottes. Es geht um das Gottesverhältnis und nicht um das Weltverhältnis. Es geht um den Glauben. Die Zweideutigkeit der folgenden Aussagen bei Luther soll den Glauben bei sich selbst festhalten (cf. 130; cf. bei mir S. 45 o zur ‚Lehre'). Es geht um „das Verhältnis zwischen dem *Deus praedicatus*, dem Gott, wie er auf Grund seiner Offenbarung im Evangelium von Jesus Christus gepredigt wird, und dem *Deus absconditus*, dem verborgenen Gott" (131 o). Luthers Aussagen, „es sei alles absolut und notwendig" und: „man müsse auf Gott in seiner Offenbarung sehen" (WA 43,463 nach Gogarten 130 a. E.), schließen sich aus und bedingen einander (cf. 131 am Anfang). Schon diese Art und Weise des Redens, die sich nicht in den Griff bekommen läßt, kann für manch einen zum Anlaß werden, sich dem Zugriff des Textes zu entziehen, der uns gerade aus unseren eingefahrenen Denkwegen herausbringen will.

---

[24] cf. LTh 23 o: „im Ernst nach dem Evangelium . . . fragen, das heißt, eben in jene doppelte Bestimmtheit durch das Gesetz und Jesus Christus geraten".
cf. als Quelle O. Clemen, Luthers Werke Bd. III SS. 94–293/WA 18/Ich zitiere Gogartens Übersetzungen aus LTh.

Der göttliche Gott

Verbum Dei und Deus ipse schließen einander nicht nur aus. Sie sind aber gerade dann unvereinbar, „wenn der Glaube an das *verbum Dei* ohne das Wissen um den *Deus ipse* und die aus seiner Allwirksamkeit folgende *necessitas* alles menschlichen Tuns sein will" (132 u). Ohne den Deus ipse entartet der Glaube und verfällt der Vernunft. Sie kann nicht einsehen, warum Gott nicht alle erlöst. Begegnet ihr der Gedanke des Vorherwissens Gottes, kann die Verzweiflung am Ende aller Erwägungen lauern. Und damit meldet sich wieder der Deus ipse, ohne den „es kein echtes Verständnis des *verbum Dei* gibt" (133 m). Diesen doch recht schwierigen Gedankenbogen über das Verhältnis von verbum Dei und dem Deus ipse, der sich einfach nicht ausklammern lassen will, schreitet Gogarten noch einmal ab, indem er Luthers Bemerkungen referiert, „wie man sich der Frage gegenüber verhalten soll, ob man prädestiniert sei" (133 u). Hier soll man still sein und glauben, daß Gott das Allergerechteste tun werde. Gottes Gottheit darf nicht angetastet werden. Deshalb darf ich nicht über Gott urteilen (cf. 135 m). Hier ist aber kein Schleichweg aus der Aporie unseres Seins vor Gott gewiesen; denn niemand kann „sich aus freien Stücken dazu entschließen, trotz allem an die Gerechtigkeit Gottes zu glauben" (135 u).

Die verborgene Gerechtigkeit Gottes

Der Glaube an Gottes Gerechtigkeit hat es mit einer Gerechtigkeit zu tun, die menschlichen Kriterien per definitionem entzogen ist, wenn es wirklich Gottes eigene Gerechtigkeit sein soll. Das hat Luther in der Begegnung mit dem Deus ipse erfahren, an dem jeder Zugriff zerbricht. Ihm gegenüber gibt es nur das ‚allerheiligste Schweigen', das heißt: der verborgene und uns deshalb entzogene Wille Gottes kann und darf nicht erforscht werden; ebenso darf dieses Loch in unserer sonst so geschlossenen Welt nicht verleugnet oder mit Theorien zur Theodizee verstopft werden[25]. Deshalb ist der verborgene Wille Gottes als uns entzogen zu verehren und zu verkündigen (cf. 137 u).

Gegenüber diesem ‚Geheimnis der göttlichen Majestät' fällt die Entscheidung von Glauben und Unglauben, je nachdem, ob einer sich diesem

---

[25] cf. z. B. Moltmann GkrG

Geheimnis, das er nicht in den Griff bekommt, aussetzt oder verschließt. Der Unglaube leugnet es oder versucht, es zu erforschen. Der Glaube gibt – mit Zustimmung der Vernunft – den eigenen freien Willen vor Gottes verborgenem Willen preis. Der Glaube wirft damit nicht etwa irgendeine fragwürdige Fiktion ab, sondern er gibt vor Gott das Höchste preis, das der Mensch hat (cf. 139 o + m).

Die Preisgabe an Gottes Gerechtigkeit ist nicht möglich aufgrund einer Gerechtigkeitsidee, weil sie als Maß Gott übergeordnet wäre. Die Preisgabe ist auch nicht möglich in der Verzweiflung, die sich gerade endgültig in sich verschließt. Sondern die Preisgabe geschieht im Bekenntnis der eigenen Sünde und der Gerechtigkeit Gottes, wie der Zöllner bei Lukas es wußte und Luther (cf. 139 f.).

Der Glaube im Kampf gegen das sittliche Vermögen des Menschen

Luthers Glaube ist keine Resignation angesichts „des von uns nie durchschaubaren Weltgeschehens" (140 o), sondern er ist die Alternative zur Verzweiflung. Dieser Glaube übersteigt alle ethischen Kategorien und ist „auf keinen Fall eine Sache des freien Willens" (141 m). Der freie Wille ist im Gegensatz zum Glauben ein menschliches Vermögen, und zwar das ethische Vermögen des Menschen. So unsinnig es beim ersten Hören klingen mag: wenn Luther gegen den freien Willen kämpft, dann gegen das sittliche Vermögen des Menschen, das nicht von ungefähr Quelle der opinio iustitiae ist. Deshalb ist das Beste am Menschen, der freie Wille als sittliches Vermögen, das Böseste (cf. 142 o).

Es wäre eine unverzeihliche Fahrlässigkeit wollte man Luthers Aussagen innerhalb des Sittlichen verstehen; denn Luther bestreitet das sittliche Vermögen des Menschen gerade nicht. Auch nicht alles Gute, was durch sittliches Tun geschieht (cf. 143). Luther greift vielmehr die „Wendung des Menschen auf sich und das Seine" an (143 a. E.), und zwar als die Abwendung des Menschen von Gott, und das heißt als Sünde. „Die Sünde in ihrem eigentlichen Wesen, die ‚Gotterei, die dem Menschen eingeboren ist' (28 [sc. WA], 566), und das Sittliche als solches, als *ratio* und *voluntas*, sie sind identisch" (144 f.). Hinter der Sittlichkeit und als die eigentliche Sünde steht für Luther der Unglaube, der auch die vollkommenste Sittlichkeit mißbraucht. „Das eigentliche Merkmal des Unglaubens ist für ihn das Streben des Menschen, sich selbst zu rechtfertigen. Der Unglaube verwandelt auf diese Weise die Verantwortung, die der Mensch Gott schuldet, in eine, in der er sich vor sich selbst verantworten will" (145 o). Deshalb kann Gogarten im Sinne Luthers sagen, „daß die Sünde und das Sittliche, und zwar dieses gerade in seinem höchsten Sinn, identisch sind" (145 m).

Der Glaube als Rückkehr in das „Nichts"

Solche Aussagen lassen sich nur in dem Bereich beurteilen, der außerhalb des Sittlichen liegt: im Glauben. Gogarten bestimmt den Glauben von einer Negation her: er ist kein Tun, sondern er geht mit dem „Nichts" um, mit dem „Nichts", in dem Gott ist. „Daß Gott in diesem ‚Nichts' ist, mit dem der Glaube zu ‚tun' hat, das bedeutet natürlich nicht, daß Gott nichts sei. Aber es bedeutet, daß er in diesem ‚Nichts' wirksam ist und in ihm offenbar wird. Aber eben *in* diesem ‚Nichts'. Der Glaube also darf, wenn er an Gott glauben will, nicht an diesem ‚Nichts' vorübergehen oder es überspringen wollen − täte er das, dann wäre er kein Glaube mehr −, sondern er muß sich ihm als dem ‚Nichts' aussetzen. Nur so ist er Glaube" (146 m).

„Dieses ‚Nichts' . . . ist . . . das ‚Nichts' des Menschen selbst" (146 m). Das heißt: „Im Glauben vermag ich mich dieser Nichtigkeit meiner selbst ohne Vorbehalt auszusetzen, weil sich mir in ihr Gott offenbart" (146 u). Von diesem Glauben sagt Gogarten: „er ist die Rückkehr des Menschen in das ‚Nichts' und zugleich seine Herkunft daraus. Beides geschieht in dem Bekenntnis des Glaubens" (147 m) als Bekenntnis der Sünde. − Zunächst geht es Gogarten um die Rückkehr des Menschen in sein „Nichts"; von der Herkunft aus dem „Nichts" handelt der nächste Abschnitt (cf. 150−155; s. u. S. 57f.).

Dem Glauben steht die Sittlichkeit als Abwendung von Gott, als Sünde, gegenüber; denn das Sittliche hat auch mit dem „Nichts" zu tun, und zwar mit dem Bösen als dem Nichtigen, das jeden, der das Böse tut, dem „Nichts" verfallen läßt (cf. 148 o). Deshalb versucht das Sittliche, das „Nichts" zu überwinden. − Im Umgang mit dem „Nichts" wird der Gegensatz von Glauben und Unglauben sichtbar. Gogarten stellt deshalb Glauben und Sittlichkeit in ihrem Verhältnis zum „Nichts" gegenüber. Vor dem „Nichts" kommt der Mensch zu sich selbst. „Im Glauben kommt er zu sich selbst, indem er sich dem ‚Nichts' ohne jeden Vorbehalt aussetzt, im Sittlichen dagegen, indem er dieses durch sein Tun zu überwinden sucht" (148 u). — „Das ‚Nichts' des Glaubens geht den Menschen aus seinem, des Menschen, Ursprung heraus an; es widerfährt ihm von Gott her, der ihn schafft. Das ‚Nichts' dagegen, mit dem das Sittliche zu tun hat, geht den Menschen an als einen, der meint, in sich selbst gegründet zu sein, und der Gott gegenüber sein In-sich-selbst-Gegründetsein, seinen Bestand und sich selbst behaupten will" (149 m).

Weil man am Verständnis des „Nichts" den Gegensatz von Glauben und Sittlichkeit erkennen kann, kommt Gogarten zunächst auf den Umgang des Glaubens mit dem „Nichts" zurück als ‚Rückkehr ins „Nichts" ' und als ‚Herkunft aus dem „Nichts" '. Beide Male geht es um das Sein des Menschen. „Das eine Mal um sein Nichtsein oder, verständlicher, um sein Nicht-mehr-sein-Können vor Gott, infolge der Sünde, das andere Mal um sein Sein aus Gott oder sein Sein- und Bleibenkönnen vor Gott" (149f.). Um „das richtige Verständnis des Seins des Menschen aus Gott" (150 o) geht es nun.

Der Glaube als Herkunft aus dem „Nichts"

Gogarten entfaltet Luthers Verständnis des Menschen aus Gott anhand des Lutherschen Hoffnungsverständnisses. Hoffnung ist hier keine ‚Antizipation'[26], sondern ‚reinste Hoffnung', die den Menschen sich von den Werken abkehren läßt. Durch Trübsale wird der Mensch zum „Brauch" Gottes bereitet, „damit er (sc. der Mensch) aus allem Sichtbaren und Begreifbaren heraustrete und so geschickt werde, auf Gott allein zu vertrauen . . . und so für Gott brauchbar zu werden" (151 m; Gogarten mit WA 5,176f.). Der Mensch wird hier zunichte. Nur so kann es zu der ‚reinsten Hoffnung' kommen, nur so wird der Mensch ‚brauchbar' für Gott, wird er gottgerecht. Denn: „Das ‚Nichtsein' des Menschen . . . entspricht auf das genaueste dem Sein Gottes" (152 o). „So ist dieses „Nichts"-sein des Menschen vor Gott sein Sein aus Gott" (ibd.). Damit ist dasselbe gesagt, was Gogarten sonst am Verhältnis von Schöpfer und Geschöpf zeigt. Gott schafft aus dem Nichts, und nur für das Nichts ist Gott der

---

[26] So Moltmann ThdH z. B. S. 20 u: hier wird die Hoffnung zur Wünschelrute des weltverändernden Handelns. Deshalb kann Moltmann mit Luthers purissima spes nichts anfangen. (cf. aaO 107 u mit A 56 ibd.)

Schöpfer. Deshalb muß zu Nichts werden, was Gottes Geschöpf sein will (cf. 98 m; s. o. S. 51).

Das Sein des Menschen aus Gott „ereignet sich nach Luther einzig und allein in dem, was wir Glauben, Liebe und Hoffnung nennen" (152 m). Diese ‚Tugenden' dürfen nicht vom Handeln des Menschen her verstanden werden − wer kann sich schon zur Liebe auch nur aufraffen? −, sondern sie sind Gottes Handeln an uns. Sie sind personale Beziehungen. „Person sein vor Gott, das will besagen, daß in der Person, die der Hoffende ist, Gott in seiner aus dem ‚Nichts' alles schaffenden Gottheit gegenwärtig ist" (152 a. E.). Das Personsein ereignet sich „im Hoffen, Glauben und Lieben" (153 o), und es bleibt „in dem dadurch Bereitetwerden" (ibd.). Es ist ein Verhältnis, wie wir es aus der Verantwortungsstruktur schon kennen (s. o. S. 18 und 22 m). Deshalb kann sich der Mensch Gott auch verschließen.

Die Aporie der Sittlichkeit

„Wer sein Personsein und seine Selbständigkeit statt im ‚Brauche' Gottes in sich selbst gegründet sein läßt, muß sich dem ‚Nichts' verschließen, in das zurückkehrend und aus dem herkommend allein er Person und er selbst, nämlich der Selbständige im ‚Brauche' Gottes ist" (155 o). Die Abwehr des „Nichts" wird besonders dringlich im Bereich der Sittlichkeit als Abwehr von Schuld. Die Ausweglosigkeit wird klar, wenn das „Nichts" das „Nichts" des Menschen selbst ist, das zu einem Objekt gemacht wird, gegen das sich der Mensch wendet. Das sittliche Streben wird zur Verteidigung gegen das „Nichts" als Schuld. Das Gesetz, das zur Erkenntnis der Schuld führen soll, wird zur Bekämpfung der Schuld mißbraucht. Selbst wenn der Mensch die Sinnlosigkeit seiner sittlichen Anstrengungen zur Überwindung des „Nichts" einsieht, kommt er damit noch nicht in die Erkenntnis des „Nichts", mit dem der Glaube umgeht, sondern in das „Nichts" der Verzweiflung, dem letzten Festhalten des Menschen an sich selbst. In dem Bild vom Reittier − Gott oder Teufel reiten den Menschen, der dahin zu gehen hat, wohin er getrieben wird − zeigt Luther eine Aporie auf, die gerade die Vernunft nicht leugnen kann (cf. 159 o). Das Ende ist die Verzweiflung, und zwar an dem Gott, gegenüber dem sittliches Tun etwas gilt. Aber dieser Gott ist ein Idol. Für die verzweifelte Vernunft gilt, was vom Gewissen gilt (cf. 74 o; s. o. S. 47 o): sie hat Recht und Unrecht zugleich. Sie hat Recht, wenn sie an dem Idol verzweifelt,

Unrecht, weil sie dennoch an ihm festhält, und das heißt: an sich selbst festhält bis zur Verzweiflung.

Die Erkenntnis und das Bekenntnis des selbstverschuldeten „Nichts"seins

Im krassen Gegensatz zu dem Gedanken, die Einsicht der Vernunft in die Notwendigkeit des Weltgeschehens führe zur Verzweiflung, kann Luther auch sagen, daß eben diese Einsicht Grund des Glaubens sei (cf. 161 o). Dazu muß Gottes unerforschlicher Wille als unerforschlich stehen bleiben, aber gerade als unerforschlich verkündigt, gehört und verehrt werden. Das ist das Nein zum freien Willen in bezug auf das Heil. Luther verknüpft diese Verneinung des freien Willens mit der Verkündigung des Evangeliums. Es gilt den Unwürdigen. Bliebe auch nur eine Spur von freiem Willen gegenüber dem Evangelium, liefe doch wieder alles auf das menschliche Tun hinaus und Christus wäre verleugnet (cf. 163 o). So bekommen die Notwendigkeit des Weltgeschehens und das Evangelium eine gemeinsame Stoßrichtung: beide sind das uneingeschränkte Nein zum freien Willen.

Wer im Ernst nach dem Evangelium fragt, so hatten wir gehört (cf. c. 2; s. o. S. 39), gerät in die doppelte Bestimmtheit von Gesetz und Evangelium. Das Gesetz war dabei als die Unheimlichkeit der Welt verstanden (cf. 52—56). Hier wird die Unheimlichkeit erläutert, wenn Gogarten von den Menschen in der Welt sagt, daß sie in Gedanken geraten, „deren sie nicht Herr zu werden vermögen" (163 u), Gedanken, die nach der ‚Möglichkeit und Rechtfertigung der Existenz' fragen. In dieser Aporie kann es zum Glauben kommen, aber hier kann es auch zur Selbstbehauptung kommen bis zur Agonie.

Der Glaube, zu dem es durch das Wort Gottes in dieser Situation kommen kann, ist der Glaube an Gottes Gerechtigkeit, die für uns unbegreiflich ist (cf. 136; s. o. S. 54f.); denn die menschliche Vernunft „kann keine andere Gerechtigkeit denken als eine, die vom Tun, von den Werken des Menschen aus gedacht wird und diesen entspricht" (164f.). Jede andere Gerechtigkeit verneint die menschliche Existenz als sittliche und vernünftige Existenz in ihrem Zentrum. Die Notwendigkeit des Weltgeschehens und damit die Unbegreiflichkeit der Gerechtigkeit Gottes, das ist das Nein zum sittlich-vernünftigen Menschsein. Dieses Nein ist das „Nichts", „von

dem dieses Menschsein bis in seinen tiefsten Kern bedroht wird" (165 u).
Und eben dieses „Nichts" gehört unabtrennbar zum Glauben an Gottes
Gerechtigkeit (cf. 165f.). Denn der Glaube bekennt und erkennt: das
„Nichts" ist vom Menschen selbst verschuldet durch seine Selbstbehauptung. Es ist das „Nichts"sein des Menschen vor Gott. Des Menschen, der
bei sich selbst bleiben und sich selbst genügen will. „Erst diese Erkenntnis
ist die wirkliche und vorbehaltlose Rückkehr des Menschen in das ‚Nichts'
seiner selbst" (166 o; cf. 145—150).

Das Personsein des Menschen als Antwort

Aus der Erkenntnis des „Nichts" zum Glauben an die Gerechtigkeit
Gottes führt das Wort Gottes, und zwar das Wort Gottes, wie es mit dem
Deus ipse verbunden ist, mit dem allein wirkenden Gott und seinem
unerforschlichen Willen, der für den Menschen das „Nichts" bedeutet
(cf. 165; s. o. S. 59f.), „in der die Verzweiflung an aller Gerechtigkeit im
Weltgeschehen droht" (166 a. E.). Durch die Erkenntnis des „Nichts" —
„wie sie der Vernunft und dem Glauben an das Wort Gottes gemeinsam
ist" (167 o) — gewinnt der Mensch „diejenige Möglichkeit seiner selbst, in
die er je und je als das Geschöpf Gottes durch dessen Wort gerufen wird"
(167 m). Luther spricht hier von einer passiva aptitudo. Gogarten gibt
aptitudo mit „Geschicktsein" (cf. 167 o) wieder und erläutert: „dieses Geschicktsein ist die Eigentümlichkeit des Geschaffenseins und -werdens des
Menschen" (ibd.).
Wenn Gogarten dann sagt, daß dem Menschen diese Möglichkeit „nur
in der Freiheit, in der er ‚für' den anderen da ist und in der er sich ihm auch
verschließen kann" (167 u) zugänglich ist, dann gebraucht Gogarten den
Begriff „Freiheit" im Sinne einer Freiheit für . . ., eines Eingehens auf . . .
(cf. 154 o und 155 o): „Diese Freiheit hat Ihren Grund nicht in dem, der sie
besitzt, sondern in dem, ‚für' den sie frei ist, und nur als die ihm von
diesem gegebene vermag er sie sich zu nehmen" (167 u)[27]. Die Freiheit

---

[27] In dem gezierten „ich bin so frei", das früher gelegentlich den Griff zu einem
weiteren Stück Kuchen begleitete, ist noch ein Nachklang der Freiheit erhalten,
die vom Geber eröffnet und vom Empfangenden ergriffen (s. o.) oder verweigert
(„Nein, vielen Dank! Aber er ist wirklich ganz ausgezeichnet!") werden kann.

meint also ein Verhältnis, ein Eingreifen des Angebotenen und nicht die Freiheit als Eigenmächtigkeit.

Gogarten entfaltet die aptitudo des Menschen als Personsein (cf. 167 f.). Dabei meint er einen Begriff der Person, „der diese nicht als ein in ihr selbst begründetes Sein versteht, sondern als ein in der Beziehung einer anderen zu ihr begründetes Sein" (168 o). Die Beziehung des Gegenübers zu mir erschließt mir mein Personsein. – Wer die Freiheit zur aptitudo nicht ergreift und ‚sich auf sich selbst wendet‘, muß auf sich selbst gewendet bleiben. „Denn damit legt er sich fest auf das Verständnis des ihn bedrohenden ‚Nichts‘ als ein gegenständliches und als solches von ihm zu bekämpfendes, gegen das er sich mit Hilfe des sich zu eigen gemachten Willens, des *liberum arbitrium*, zu behaupten versucht. Das heißt, daß er mit seiner sittlichen Vernunft und einer Idee der Gerechtigkeit, wie jene sie zu denken vermag, die Frage nach der Möglichkeit und Rechtfertigung seines Menschseins in der Welt zu beantworten sucht" (168 u). Das „Nichts", das auch die Vernunft zu erkennen vermag und das gerade den Menschen gottgerecht, gottgemäß, für Gott passend sein ließ, bedroht jetzt die menschliche Existenz mit einer unüberwindlichen Sinnlosigkeit[28].

Der Glaube geht jedoch wieder mit dem „Nichts" um (cf. 169 o). Er erkennt es als vom Menschen selbst verschuldet. Dieses „Nichts" ist kein Gegenstand sittlicher Anstrengung, sondern es ist für den Glaubenden „das ‚Nichts‘ seiner selbst" (ibd.). Der Glaubende, der so in sein „Nichts" zurückkehrt und dessen sittliche Vernunft durch die Erkenntnis der Unfreiheit des Willens ‚völlig gedemütigt‘ ist, der Glaubende erreicht so den Ort, an dem er Gottes Wort hören kann. „Hier vermag er darum die Frage nach der Möglichkeit und Rechtfertigung seines Menschseins zu beantworten, indem er diese Möglichkeit und Rechtfertigung in der Anerkenntnis und dem Bekenntnis seines eigenen selbstverschuldeten ‚Nichts‘seins empfängt. Das heißt, seine Antwort auf diese Frage ist dann die Antwort auf das Wort Gottes, wie es ihn aus seinem ‚Nichts‘ in das Sein ruft" (169 m).

Um diese Sätze zu verstehen, gehen wir von der ‚Anerkenntnis und dem Bekenntnis seines eigenen selbstverschuldeten „Nichts"seins‘ aus. In dieser ‚vorbehaltlosen Rückkehr in das „Nichts" seiner selbst‘ empfängt der Mensch ‚die Möglichkeit und Rechtfertigung seines Menschseins‘, weil jetzt seine Existenz wieder aptus, gottgerecht, geworden ist; denn er, der vor Gott „Nichts" seiende Mensch, ist das auf den Schöpfer bezogene Ge-

---

[28] cf. WW 57 ff.; s. o. S. 7 ff. bei mir.

schöpf geworden. Und auch das nicht aus eigener Kraft, sondern durch das Wort Gottes, das als ‚Frage nach der Möglichkeit und Rechtfertigung des Menschseins begegnet und das untrennbar mit dem „Gott selbst" (cf. 166 u) verbunden ist, vor dem die sittliche Vernunft und so das Menschsein überhaupt, das heißt, vorbehaltlos zuschanden wird (cf. 165).

Die Antwort auf das Wort Gottes als Frage (sc. nach der Möglichkeit und Rechtfertigung des Menschseins) „kann nur gegeben werden in der Anfechtung durch den verzweifelten Sinn, den die Frage nach der Möglichkeit und Rechtfertigung des Menschseins hat, solange der Mensch versucht ist, sie in der Selbstbehauptung gegen das ihn bedrohende ‚Nichts' zu stellen und zu beantworten" (169 u). Denn nur die immer neue Anfechtung, angesichts des „ihn bedrohenden ‚Nichts' an sich selbst festzuhalten" (169 a. E.), also nur die ständige Anfechtung, es doch lieber wieder mit der sittlichen Vernunft gegen das „Nichts" zu versuchen, diese Anfechtung durch die Sittlichkeit „gibt seiner Antwort diejenige höchste Gewißheit, deren der Mensch überhaupt fähig ist. Denn in dieser Anfechtung (sc. durch die Sittlichkeit) wird ihm immer von neuem sein eigenes ‚Nichts'sein gewiß" (169f.; cf. R 3, 20 b). Denn selbst wenn ich alles leugnen kann, mein eigenes „Nichts"sein nicht, vor allem, wenn ich angefochten bin, mich selbst zu rechtfertigen.

Wenn Gogarten fortfährt: „Eben in diesem ‚Nichts' aber ist sein Glaube begründet. Denn die Gewißheit dieses meines ‚Nichts'seins vor Gott, das ist die Gewißheit der Gnade Gottes" (170 o), dann hat er nicht vergessen, daß es den Glauben an Gott „nicht anders gibt als durch das Wort Gottes" (166 m), aber durch das Wort Gottes, das nie vom Deus ipse getrennt der Vernunft preisgegeben wird (cf. 133 o). Und das heißt: das Wort Gottes geschieht immer neu als die anfechtende Frage, die aus dem Nichts heraus laut wird als Unheimlichkeit der Welt (cf. 52−56), als Gesetz im verus usus. Hier kommt es zum Treffen. „Und indem ich dieses mein, ‚Nichts'sein bekenne vor ihm, gebe ich Gott, was Gottes ist. Denn in diesem Bekenntnis gebe ich mich ihm ohne Vorbehalt, so wie er mich für sich fordert, auf daß er sich mir als mein Gott geben kann" (170 o). ‚Vorbehaltlos' wie sich allein der Glaube der Nichtigkeit aussetzen kann, „der ich als Sünder verfallen bin" (146 u; cf. 146f.); ‚Gott als mein Gott', weil er der Schöpfer ist, der den Menschen schafft, „indem er ihm sein Gott wird" (151 u; cf. 151 f.; s. o. S. 57f.). „Dieser Glaube, der in solcher Vorbehaltlosigkeit mit dem ‚Nichts' umgeht, ist der Glaube an die Gerechtigkeit Gottes" (170 m).

Der Mensch, der sich dem Urteil Gottes unterwirft und so durch die Unbegreiflichkeit des Willens Gottes in das selbstverschuldete „Nichts" zurückkehrt, gerade er ist es, „der sich aus dem ‚Nichts' empfängt, aus dem Gott ihn ruft, und was er in diesem Rufe wird, ist die Antwort auf diesen Ruf, die ohne ihn (sc. den Ruf) ohne Sinn und Wesen wäre. Diese Antwort aber ist er selbst, ist er, wie er Person ist vor Gott" (170 m).

‚Wie er Person ist', das heißt nicht: wie er Persönlichkeit ist; denn die Rückkehr des Menschen in sein selbstverschuldetes „Nichts" und die Herkunft aus dem „Nichts" ist kein Weg, durch die Finsternis zum Licht', ist kein Mittel, um sich selbst nun endgültig und in Ewigkeit in die Hand zu bekommen. Als ‚Personsein vor Gott' bin ich mir selbst entzogen und „habe" mich nur in dem stets neuen Empfangen. Die den Menschen formende Geschichte Gottes tritt an die Stelle der isolierten, individuellen, sich selbst genügenden Persönlichkeit.

Das Personsein geschieht in Beziehungen, ja, es ist selbst ein Netzwerk von Beziehungen und gerade kein bloßes Individuum, das losgelöst werden könnte aus seiner Welt. Das wesensmäßige Verknüpftsein der Person mit seiner Welt und so mit den anderen Menschen zeigt Gogarten besonders eindrucksvoll in seinem Buch „Die Kirche in der Welt"[29]. Hier ist die Gemeinschaft als ein personales Phänomen verstanden und die Person als ein Gemeinschaftsphänomen.

Das Bleiben in der Verantwortung

Wer Gogartens Begriff „Person" quantitativ versteht, wer sich also „Person" bei Gogarten als ein isoliertes Individuum vorstellt, der muß hier einen grenzenlosen Individualismus annehmen. Wir haben dagegen in den beiden vorangegangenen Kapiteln zwei vollkommen andere Aspekte herausgearbeitet. Erstens, daß bei Gogarten der Modus, die Art und Weise des Seins, den Ausschlag gibt (s. o. S. 34f.). Zweitens hat die geschichtliche Wirklichkeit einen durchgehend worthaften Charakter. Sie geschieht als Ruf und Antwort. Wir gehen auch jetzt davon aus, „Person" bei Gogarten nicht als eine Subjektportion, sondern als ein klar strukturiertes Bezugssystem, als ein Geschehen von Bezügen auffassen zu dürfen. Person ist kein

---

[29] Nicht näher bestimmte Zahlen ( ) gelten jetzt für Gogarten, Die Kirche in der Welt / abgekürzt: KW

Körperding, sondern ein Geschehen. Person ist kein isoliertes Ego, sondern ein Schnittpunkt von Bezügen.

Bisher hatte das Verantwortungsgeschehen in seiner Struktur und das Wort Gottes als der Ruf in die Verantwortung im Vordergrund gestanden. Jetzt soll das Bleiben in der Verantwortung für die Welt vor Gott Mittelpunkt werden. Dabei stoßen wir auf ein Phänomen, das sich nicht nur als zufällig historische, sondern als wesensmäßig notwendige Folge aus der ‚Geschichte Jesu‘, der Verantwortung für die Welt vor Gott, ergibt: die Kirche.

Die Freiheit ohne Ziel

Gogarten beginnt das erste Kapitel von „Die Kirche in der Welt" mit Beobachtungen zur Lage. Er stellt Verfallserscheinungen im Staat, beim Recht und bei der Moral fest und führt sie auf einen einzigen Mangel zurück, weil alle die drei Größen nicht aus sich selbst leben, „sondern aus einem sie ebenso wie die ganze Existenz des Menschen Umfassenden" (10 o). Gogarten fährt fort und stellt seine Ausgangsthese auf: „Eben dieses Umfassende fehlt heute " (ibd.).

Das letzte Umfassende war die Nation. Gogarten sieht in ihr den Versuch eines Rückgriffs auf die Antike, genauer: auf die mythische Zeit, in der der einzelne sich noch ganz selbstverständlich als Glied seines Volkes verstehen konnte. In der Neuzeit ist die Nation aber gerade nicht mehr die natürliche, schon immer vorgegebene Größe, sondern gerade das erstrebte, ersehnte und — bis in die Gegenwart — um fast jeden Preis erkämpfte Ideal. „Aus einer Wirklichkeit, die immer schon da ist und die alles Tun der aus und in ihr Lebenden bestimmt, wird eine Idee, die durch das Tun der Menschen, die sich für sie entscheiden, erst noch verwirklicht werden muß" (11 u). Das Nationale kann zum Nationalismus entarten. „Nationalistisch in diesem Sinn ist dergleichen erst, wenn das Volk, wenn die Nation sich in Analogie zu dem, was das Volk in der mythischen Welt war, als das die ganze Existenz des Menschen Umfassende versteht. Wenn also die nationale Selbstbehauptung mit dem Anspruch geschieht, in ihr gehe es um die letzte, alles umfassende und alle anderen Ordnungen begründende Ordnung des menschlichen Lebens" (12 m).

Der Nationalismus verfällt einer Illusion. Er glaubt, er selbst könnte eine Norm setzen, die dann für ihn etwas Vorgegebenes wäre. Das ist die alte

Götzen-Illusion: erst schnitzt man ihn, dann ruft man ihn um Hilfe an (s. u. S. 76 ff.). Aber: „Umfassende und begründende Macht dieser Art kann nur etwas haben, dem gegenüber der Mensch einer ist, der nicht in sich selbst gegründet ist, aus dem er vielmehr seine Existenz empfängt" (12 u). Es geht hier nicht um die Begründung einer Funktion des Menschen, sondern es geht um das, was die menschliche Welt als ganze, als Lebensraum für den Menschen begründet. „Nur eine Ordnung, in der er, vor und jenseits alles eigenen Tuns und jeder Verfügungsgewalt über sich und über die Dinge seiner Welt, in seinem Menschsein gehalten und gebunden ist, kann seine Welt vor dem Chaos bewahren" (12 f.).

Der Verwandlung des Volkes in die Nation entspricht die Verwandlung des menschlichen Weltverhältnisses: „aus dem Menschen, der ganz von seiner Welt umschlossen war, wird der Mensch, der seiner Welt selbständig gegenübertritt. Das ist der Mensch . . . der Gewissensfreiheit" (14 o). „Dieser in sich selbst, in seiner Freiheit gegründete, seiner Welt gegenüber mündige Mensch ist es, durch den das Volk zur Nation im Sinn des Nationalismus geworden ist" (15 o). Als die Staaten sich nicht mehr auf das in sich zerrissene Christentum gründen können, sondern technisch-vernünftig ausgelegt werden müssen, übernimmt der Nationalismus die Rolle der Staatsreligion und prägt den Staat zur weltanschaulichen Größe. Daneben wirkt als zweites Motiv ein säkularisiertes Freiheits- und Menschheitsideal, wie es sich in der Parole der französischen Revolution ausgesprochen hat. „Der Mensch dieser Freiheit hat kein Gegenüber mehr, das ihn bindet. Es gibt für ihn nur noch Bindungen, die er sich selbst auferlegt, denen gegenüber er sich darum im letzten frei weiß. Für diesen Menschen ist daher seinem Wesen nach die Welt, wie immer sie auch verstanden werden mag, ob als die natürliche oder die geschichtliche, nicht mehr die ihn umschließende. Er steht ihr als der freie, selbständige Mensch gegenüber" (18 m).

Daraus ergibt sich eine für den neuzeitlichen Menschen verhängnisvolle Aporie: er kann nicht mehr von der Welt umfaßt werden, und doch kann er ohne Welt nicht sein. Welt gibt es aber nicht ohne etwas, das die Welt umfaßt und vor dem Chaos bewahrt. Hier geht es ja nicht bloß um die Naturwelt, sondern um die geschichtliche Welt, für die der Mensch verantwortlich geworden ist. Weil das Vergangene die Welt nicht mehr umfassen kann, setzt der Mensch auf die Zukunft. Seine Welt soll dadurch ein Umfassendes, einen Sinn empfangen, daß sie ein Ziel bekommt, eben eine Idee. Aus der Nation wird die nationale Idee. „Das Nationale wird dadurch zu einer politischen Theorie, die mit Hilfe des Staatsapparates und einer propagandistischen Technik und, wenn die Mittel dazu gegeben sind, durch den Zwang eines verhüllten oder offenen Terrors durchgesetzt wird. Der Mensch wird dabei, ganz gleich, ob er Subjekt oder Objekt dieses Vorgangs ist, zum Werkzeug der Theorie" (19 o). Wenn aus dem Nationalen das Umfassende gewonnen werden soll, das wirklich umfassend ist, darf es weder nach außen, noch nach innen etwas dulden, das die Unfehlbarkeit des umfassenden Anspruchs erschüttern könnte. Das gilt nicht nur für die Idee der Nation, sondern für alle Ideen, die einen weltumfassenden Anspruch erheben. Das Ende ist in jedem Falle der totalitäre Staat, ganz gleich in welcher Farbe er seine Fahnen flattern läßt.

Gogarten schrieb sein Buch vor etwa dreißig Jahren. Damals war wenigstens ein ‚Ziel der Geschichte' bloßgestellt und die Aporie des neuzeitlichen Menschen wiedergewonnen. Damals blickte man auf die Kirche, ob sie wohl einen Ausweg wüßte. Konnte sie nicht ein Umfassendes werden wie einst? – Gogarten lehnte schon damals diese Alternative ab. Die weltanschauliche Freiheit des Menschen in der Neuzeit und die Kirche als welthafte Größe schließen einander aus. Die Freiheit als neuzeitliche Idee und die Kirche als Weltmacht müßten in einer dem Mittelalter nachgebildeten Welt sich gegenseitig zerstören. Aber gibt es die Kirche nur als welthaft-klerikale Größe und die Freiheit nur als Idee?

Ursprünglich war die Freiheit des Menschen gegenüber seiner Welt vor allem die ‚Freiheit eines Christenmenschen' (s. u. S. 67f.). „Sie ist . . . zuerst und vor allem . . . die Freiheit für und zu Gott" (22 m). „Sie ist weiter die Freiheit von der Welt" (ibd.) und das heißt, „daß die Welt als Geschöpf und alle Mächte in ihr als geschöpfliche Mächte erkannt werden, denen der von Gott Gebundene nicht wie Göttern dienen darf, sondern über die zu herrschen er berufen ist. Und so ist diese Freiheit drittens die Freiheit für die Welt, die ihm, dem aus Gott Lebenden zur Schöpfung Gottes wird" (22 u).

Wird die Freiheit säkularisiert, bleibt also nur die Freiheit von der Welt, dann ist der Mensch gezwungen, „die Welt aus seinem eigenen Denken und Verstehen als ein sinnvolles Ganzes zu begreifen" (23 u). Das einzige Mittel, um die Welt für das Handeln zu erfassen, ist der Verstand, und der ist analytisch. Die Welt wird in immer kleinere Stücke zerlegt, bis zum atomaren Chaos. Und doch kann der moderne Mensch – selbst wenn er wollte – nicht mehr auf seine Freiheit verzichten. Ein Zurück in das Mittelalter gibt es nicht, weil es kein Zurück aus der Verantwortung geben kann, am wenigsten für den Christen. Nur in der Verantwortung für die Welt vermag er die Verantwortung vor Gott wahrzunehmen. Eine Kirche als weltumfassende Größe, die unsere Verantwortung für die Welt einschränkt, bedroht zugleich in der Verantwortung für die Welt unsere Verantwortung vor Gott. In einer solchen Kirche gäbe es keine Freiheit für Gott (cf. 26 m). Es bleibt bei der Säkularisierung. „Denn die Säkularisierung der Welt und des Verhältnisses des Menschen zu ihr widerspricht nicht nur nicht dem christlichen Glauben, sondern sie ist seine legitime Folge" (26 a. E.). Diese Gogartensche These wird uns nicht mehr anstößig klingen, wenn wir die Verantwortungsstruktur dabei mit im Blick behalten, wie Gogarten sie uns bisher dargelegt hat. „Die Säkularisierung hat ihren Grund in der Freiheit von der Welt, die eine Folge der im Glauben erfahrenen Freiheit für Gott ist. Diese Freiheit der Welt gegenüber bedeutet, . . . daß die Welt als Geschöpf und alle Mächte in ihr als geschöpfliche Mächte erkannt werden" (27 o). Der Mensch „bekommt die Möglichkeit, die Welt, die Dinge und Mächte in ihr, ihre Ordnungen und Notwendigkeiten und die Zusammenhänge, in denen sie stehen, kraft seiner Vernunft kritisch zu begreifen" (ibd.).

Gogarten entfaltet hier seine zentralen Aussagen zur Säkularisation. Dabei weist er auf zwei Quellen für den freien Gebrauch der Vernunft hin: auf die griechische Antike und den christlichen Glauben. Der Glaube löste den Menschen besonders tiefgreifend aus der mythischen Welt, weil er das Gottesverhältnis des Menschen aus seinen Bindungen an die Welt befreite. Damit ist die Vernunft freigesetzt, aber zunächst nur potentiell, wie das Mittelalter zeigt. Erst bei Luther, wo der Glaube sich von der Weltanschauung abzuheben beginnt, wird die Vernunft aktualisiert. – Neben Luther greift die Renaissance auf die andere Quelle der Freiheit für die Vernunft zurück, auf die Antike.

Ist die Vernunft erst einmal freigesetzt, kann sie für sich in ihrem welthaften Bereich bestehen. Der Glaube darf sie hier nicht bevormunden; denn das Weltverhältnis des Menschen ist ausschließlich eine Sache der sittlichen Vernunft. Umgekehrt ist nur das Weltverhältnis des Menschen Sache der Vernunft. Der Glaube muß der Vernunft das Recht bestreiten, auch für das Gottesverhältnis zuständig zu sein; denn das hieße, Gott wieder zu einem Teil der Welt zu machen.

So entschieden Gogarten die Unabhängigkeit des Glaubens von der Aktualisierung der Vernunft und die Freiheit der Vernunft vom Glauben betont, und damit die Säkularisierung bejaht, so entschieden wendet er sich gegen ihre Deformierung zur Weltanschauung.

Damit hat Gogarten erst die Spannungen angedeutet, die im Verhältnis des Menschen zu Gott und zur Welt auszuhalten sind. Ebenso ist die Kirche nur negativ bestimmt: sie darf nicht zu einer weltumfassenden Größe werden, wie umgekehrt die Freiheit der Vernunft nicht zu einer Idee werden darf. Die Bedeutung der Kirche im Spannungsfeld menschlicher Freiheit und menschlicher Verantwortung wird nun zu klären sein; denn die Kirche als ein Geschehen von Verantwortung ist die Art und Weise, wie Menschen in der Verantwortung bleiben. Dafür genügt aber unser gegenwärtiges Verständnis der Kirche nicht (cf. 32 ff.). Wir müssen wieder beim Neuen Testament ansetzen, um die Kirche in ihrem ursprünglichen Sinne zurückzugewinnen.

Die Kirche als Aufbruch

Innerhalb der antiken Welt nimmt die Kirche eine Stellung ein, durch die sie etwas völlig Neues ist. Die Kultgemeinschaft, das Herz jedes antiken Volkes, löst sich aus seinem Leib, dem Volk, heraus. Ein so pathologisches Bild kann wenigstens andeuten, was geschah, als Kirche im Sinne des Neuen Testaments entstand. Wichtig ist auch hier wieder die Art und Weise, in der die Kirche aus dem Volk heraustrat, wie sie „ein Gebilde überweltlicher Art" (38 o) wurde. Denn „diese Überweltlichkeit ist nicht die einer räumlichen oder zeitlichen Neben- oder Überordnung, sondern sie bedeutet, daß, wo Kirche ist, alles Welthafte sich nicht mehr nur vor der Welt, sondern vor etwas, was nicht Welt ist, zu rechtfertigen hat, daß die Geschlossenheit, die zum Wesen der Welt gehört, und durch die sie erst recht eigentlich Welt, Kosmos im griechischen Sinne ist, zerrissen, daß die Welt gegen ihre eigenste Tendenz offen gehalten wird " (39 o). Wohlgemerkt: „. . . offen gehalten . . .", sagt Gogarten. Den pathologischen Zustand, daß die Welt einen Riß bekommt, daß ihre Ordnung verletzt, tief verletzt wird, all das kannte die antike Welt. Aber ihr ging es stets darum, das Chaos abzuwehren, die Ordnung neu herzustellen, den Bestand der Welt neu zu sichern. Die bestehende Welt war die Regel und das Ziel. Durchbrach ein Mensch diese Ordnung, war es Frevel; durchbrach ein Gott die Ordnung der Menschen, war es Gnade oder Strafe. Selbst das Tragische konnte nur im Rahmen der Polis seine Gestalt gewinnen. Aber hier, durch die Kirche, wird die Welt bleibend verletzt.

Gogarten betont, die Kirche habe gerade nicht die scheinbar radikale Lösung gewählt, wie es die Gnosis versucht hat, und die Welt als Werk eines Gegengottes verneint. Für die Kirche bleibt die Welt Gottes Schöpfung und die Ordnung der Welt bleibt Ordnung, aber nur noch für das Verhältnis zur Welt.

Die Kirche begreift sich als das wahre Volk, nicht als Kultverein. Gogarten arbeitet mit Hilfe der paulinischen, auch der deuteropaulinischen Schriften, und des Johannes-Evangeliums das neutestamentliche Selbstverständnis der Kirche heraus. Dabei sind die für Gogarten wesentlichen Grundelemente trotz mancherlei Verschiedenheiten in den einzelnen Gedankenschritten in den paulinischen und johanneischen Texten aufweisbar. Die Kirche ist Geschöpf Gottes wie Israel, ja, sie ist das eigentliche Israel. Sie ist der Ort der Offenbarung, das Geschehen der Offenbarung selbst. Wer zur Kirche gehört, ist Glied am Leibe Christi. Der Mensch und seine Welt, beide werden in der Kirche „offenbar als die Schöpfung Gottes, die sie ursprünglich sind" (63 u). Die Gemeinde ist „zur Schöpfung zurückgerufene Welt" (82 u). Das heißt aber, die Wirklichkeit der Kirche „ist nicht eine natur- oder substanzhaft zu verstehende, sondern die im strengen Sinn personale Wirklichkeit des menschlichen Lebens. Denn das Geschehen, von dem hier die Rede ist, ereignet sich zwischen Personen" (85 m).

Das geforderte und das geschenkte Personsein

Wir müssen die Präposition „zwischen" vor allem anderen festhalten. Das Personsein ist nicht etwas Inneres, womöglich gar Subjektives oder das Sein einer Persönlichkeit, sondern das Personsein ist in einem Zwischen. Es ist das Geschehen, der Vollzug eines Verhältnisses, also auch kein Zustand, kein Verbindungsstück wie eine Brücke zwischen zwei Pfeilern. Hier begegnet vielmehr die Verantwortungsstruktur, wenn auch in einer abgewandelten Gestalt.

Dementsprechend nennt Gogarten für die Beziehungen zwischen Personen dieselben Bedingungen wie für das Geschehen der Verantwortung: die Freiheit jedes der beiden und, „daß die Person je ihre eigene Welt hat" (85 u; cf. WW 128–134). Statt von Verantwortung spricht Gogarten hier formaler von einem ,sich einander öffnen' (85 a. E.), und er präzisiert das ,sich öffnen' als ein Widerfahrnis, so daß es genauer wäre, von einem Geöffnetwerden zu reden, wenn dadurch nicht umgekehrt die Freiheit der

6*

Person, sich öffnen zu lassen, abgeblendet würde. Wer sich so jemandem öffnet, empfängt sich vom anderen. Er wird zum Beispiel verwundbar durch das Ja oder Nein des anderen. Die Verletzbarkeit eines Seins in dem „Zwischen" läßt uns immer wieder die ‚Verschlossenheit in unsere Welt' ergreifen. In unserer Freiheit als Person entscheiden wir uns gegen unser Personsein, gegen jenes ‚Zwischensein' und verschließen uns in die je eigene Welt.

Bevor Gogarten die Folge unseres widersinnigen Verhaltens – als Person sich gegen das Personsein entscheiden – aufzeigt, skizziert er die je eigene Welt in ihrem Verhältnis zur bestehenden Welt oder, wie er es hier sagt: zur „Welt im geschichtlichen Sinne" (87 o). Die je eigene Welt „ist ein geistiger Bereich, ein System von Beziehungen, das zwar in der Person, der es zu eigen ist, seinen Mittelpunkt hat, das sich aber mit ungezählten anderen überschneidet" (86 u). Die je eigene Welt ist „um des Menschen willen da" (88 o). Er ist als Person ihr Mittelpunkt, ihr Sinnzentrum. Vom Personsein her empfängt die Welt ihre Einheit und Ganzheit.

Die bestehende Welt umfaßt die Fülle der je eigenen Welten. Sie kann ein geordnetes Ganzes nur aufgrund eines Gesetzes sein, das in ihr herrscht. „Dieses Gesetz ist darum der Garant sowohl der eignen großen Welt wie der ungezählten kleinen Welten der Einzelnen, aus denen sich jene zusammensetzt" (87 o). Was liegt näher, als sich aus dem Gesetz der bestehenden Welt zu verstehen und gut zu nennen, was man gut nennt, und böse, was man böse nennt? – So weiß man wenigstens, woran man ist, und zwar im Voraus. Wer sich so für die Verschlossenheit in sich selbst mit Hilfe des Gesetzes der bestehenden Welt entschieden hat, der hat sich gegen sein Personsein entschieden, das heißt: gegen das eigene Verantworten.

Wenn das Personsein das Zentrum der je eigenen Welt ist, bedeutet die Entscheidung gegen das Personsein die Entscheidung gegen den Sinn der je eigenen Welt und so gegen ihre Ganzheit. Aber nicht nur der je eigenen Welt, sondern auch der bestehenden Welt, die ja aus den je eigenen Welten ist. Die bestehende Welt „wird aus einer Welt des Menschen zu einer ‚Welt' der Dinge" (88 o). – „Wo menschliches Leben sein sollte, kommen die toten Dinge zur Herrschaft und an die Stelle lebendiger Ordnung tritt der Mechanismus von Druck und Stoß" (88 m).

Das Personsein des Menschen ist Thema des Neuen Testaments. Niemand wird jetzt noch annehmen dürfen, Gogarten wollte nun doch wieder das individuelle Seelenheil in den Mittelpunkt rücken. Es sollte klar sein, daß vielmehr nur eine ‚Wende der Welt', eine Überwindung des entarteten Gesetzes der bestehenden Welt Personsein neu erschließen kann. „Und daß dieses Personsein des Menschen in der Welt wieder eine Wirklichkeit ist, das meint das Neue Testament, wenn es von Kirche spricht. Daß es eine Wirklichkeit wird in der Welt, das ereignet sich in der Verkündigung der Kirche. Und darum ist die neutestamentliche Kirche die Kirche des Wortes" (89 a. E.).

Wort als Wesen der Kirche muß expliziert werden. Es geht nicht um das austauschbare, bezeichnende Wort, sondern um das Wort als Zuwendung zwischen (!) zwei Personen. „Wo ein Wort dieser Art gesprochen und gehört wird, da werden die Grenzen niedergelegt und die Welt aus ihrer Verschlossenheit erlöst" (92 o). Ein solches Wort ist nicht auf das Sprechen beschränkt, sondern geschieht, „auch ohne daß es lautlich gesprochen wird, überall, wo ein Mensch sich als Person einem andern öffnet und mit seinem ganzen Sein zuwendet" (92 m). Aber, ‚wes das Herz voll ist . . .', gilt auch da, wo zunächst ein Blick genügen mag.

Von dem vollen Wort, das den Menschen und den zeichengebenden Schimpansen voneinander abgrenzt, muß man sagen, daß es „die Grundverfassung der menschlichen Existenz" (92 u) ist, weil der Mensch verantwortlich ist. Verantwortlich nicht nur für sein Tun. Die Verantwortung für das Tun entspricht dem bezeichnenden Wort, bei dem die Person höchstens als Funktion bedacht wird. In der Verantwortung, die den Menschen einschließt, zeigt sich, „daß ich nicht etwas für mich bin, sondern daß ich einem anderen gehöre und zwar wie eben nur eine Person einer anderen gehören kann" (93 u). In dieser Verantwortung ist die Existenz sich selbst erschlossen, weiß sie von sich selbst, ja – wenn eine leichte Sprachklitterung gestattet ist: weiß sie sich selbst. „Im Gesprochen- und Gehörtwerden dieses Wortes geschieht menschliche Existenz" (93 a. E.).

Auch das Wort der Kirche als Wort Gottes ist von derselben Art wie das Menschenwort, weil es zu den Menschen und durch Jesus von Nazareth gesprochen ist. Jesus darf dabei als Wort Gottes nicht als moralisch-religiöser Anspruch mißverstanden werden, sondern die Wirklichkeit Jesu „wirkt sich selbst durch die Kraft des ursprünglich in ihr gesprochenen Wortes in das Leben derer ein, die es hören und an es glauben" (95 u). ‚Wir müssen also zwischen zweierlei Verständnis des Wortes Gottes unterscheiden' (cf. 96 m). Es genügt nicht die Unterscheidung zwischen eigentlichem und uneigentlichem Wort, sondern innerhalb des eigentlichen Wortes sind zwei Weisen des Verständnisses zu beachten.

Das eigentliche Verständnis des eigentlichen Wortes faßt das Wort als Gabe auf, das uneigentliche Verständnis des eigentlichen Wortes sieht in dem Wort nur die Forderung. Hier wird das Wort so vorgestellt, als käme es nachträglich zur Existenz hinzu, um vom Menschen verwirklicht zu werden. Wird das eigentliche Wort eigentlich verstanden, also als Gabe, dann tritt es nicht nachträglich zur Existenz hinzu – so könnte man den Ausdruck „Gabe" mißverstehen –, sondern es gibt dann keine Existenz ohne dieses Wort. Aber sein ursprünglicher Charakter als Gabe ist schon immer verborgen und in eine Forderung verkehrt. „Das Problem besteht dann also darin, daß jene Verborgenheit und Verkehrung des Wortes und der daraus folgenden Verschlossenheit der menschlichen Existenz in sich selbst aufgedeckt wird" (98 o).

Auch das Wort der Kirche ist von der Art, daß es der Kirche „von ihrem Ursprung her eingestiftet ist und das als die ihr innewohnende Worthaftigkeit ihr Kern und ihre eigentliche Wirklichkeit ist. Dieses Wort ist der Kirche gegeben in der Verkündigung von Jesus Christus: indem in ihr Jesus Christus verkündigt wird, ist er in ihr gegenwärtig" (98 m). Nicht als Vorbild, sondern als Ereignis, das in Kreuz und Auferweckung sein Zentrum hat und das nicht im Bereich der Dinge, sondern im personalen Bereich geschieht. Um das Christusgeschehen davor zu bewahren, zu einer Tatsache („Heilstatsache") degradiert zu werden, geht Gogarten so weit, der „Objektivität"-der-Tatsachen eine – leider allzu mißverständliche – „Subjektivität"-des-Gehorsams-Jesu-vor-Gott entgegenzustellen, ohne dem Leser ein: „Ich muß menschlich davon reden um der Schwachheit willen eures Fleisches" (R 6, 19) warnend voranzustellen.

Die Konfrontation der Verkündigung mit der Geschichte

Jesus Christus als das Wort Gottes, das heißt als der Gekreuzigte und Auferweckte, sagt, „was von Gott her in und durch Jesus Christus geschieht. Nämlich daß er sein Wort in und zu einer Welt spricht, die diesem bis in ihr tiefstes Selbstbewußtsein verschlossen ist, ja, die ihm nirgends hoffnungsloser verschlossen ist als dort, wo sie meint, ihm mit ihrer Frömmigkeit geöffnet zu sein, mit der sie sich darum aber auch dem Worte am leidenschaftlichsten widersetzt" (102 m). – Wir kennen den Topos von der Frömmigkeit als dem Zentrum des Widerspruchs gegen Gott (s. o. S.

13). Hier führt Gogarten den Gedanken durch am Thema Leben als Leben, ‚das mit Christus in die Welt kam' und ‚Leben aus der Welt'. Das Leben aus der Welt ist das der Leistung und des Rühmens. Es ist bedingtes Leben, das dem uneigentlichen Verständnis des eigentlichen Wortes entspricht.

Das in Christus offenbare Leben kann nur als ein Sichempfangen verstanden werden entsprechend dem eigentlichen Verständnis des eigentlichen Wortes als Gabe. Auch der Ausdruck: „Gabe" paßt, wie gesagt, nicht ganz, weil eine Gabe sich vom Geber ablösen läßt. Hier, im Leben, das Christus offenbar macht, geht es aber um das „Zwischen", um das Gottesverhältnis des Menschen, also um Gerechtigkeit vor Gott und Vergebung der Sünden. Gogarten kann deshalb „Gerechtigkeit Gottes" bei Paulus und das Personsein, von dem er, Gogarten, hier spricht, gleichsetzen. „Personsein ist dasjenige Sein, das ich empfange im Hören des Wortes, in dem sich mir ein anderer verspricht" (105 u). Gegenüber einem anderen Menschen wird das Bewußtsein der Nichtigkeit des Selbstseins ‚nur relativ sein' (cf. 185 f.), gegenüber Gott ist es schlechthinnige Nichtigkeit (s. o. S. 61 ff.). Die Offenbarung der völligen Nichtigkeit ist in Christi Kreuzgeschehen. Die Teilhabe daran ist nur möglich in dem eigenen Zunichtewerden. Und das ist es auch, was der Welt sichtbar wird. Deshalb ist und bleibt der Gekreuzigte Anstoß und Torheit (cf. 107).

Die personale Wirklichkeit, die sich in dem Wort der Kirche ereignet, ist — wie wir sahen — schon von einem falschen, dinghaften Wortverständnis bedroht. Auch als forderndes Vorbild gesehen wird die personale Wirklichkeit verfehlt. Sie ist nur als Gabe angemessen verstanden. Sie ist Jesu Personsein vor Gott, an dem wir teilhaben sollen durch ein Geschehen, das uns widerfährt: durch das Wort Gottes als Kraft Gottes (cf. R 1, 16), die das Nichtseiende ruft, daß es sei (cf. R 4, 17). Und „was dieses Wort zu dem macht, was es ist, ist ja die in ihm stattfindende Beziehung Gottes zu mir, sein Verspruch, durch den er sich mir zum Gott gibt" (111 o). Gogarten hat den Vorgang des Verspruchs in seinem Buch „Luthers Theologie" als Rückkehr in das Nichts und als Herkunft aus dem Nichts beschrieben (s. o. S. 56 ff.). Der Versuch selbst begegnet uns dort als die Frage nach der Möglichkeit und Rechtfertigung der menschlichen Existenz. Die Antwort war das Empfangen der Möglichkeit und Rechtfertigung, und zwar als Bekenntnis meines selbstverschuldeten Nichtseins, also die Rückkehr in das Nichts, die jedoch immer zugleich die Herkunft aus dem Nichts und deshalb immer zugleich Lobpreis ist. Wer jemals im letzten Augenblick auch nur von einer selbstverschuldeten Dummheit bewahrt worden ist, der kann sich vorstellen, daß ein solches Bekenntnis und solch ein Lobpreis zusammen laut werden. Vor diesem Hintergrund müssen wir es verstehen, wenn Gogarten sagt, als Kraft Gottes, die unmittelbar durch das Wort an dem wirkt, der es hört, muß das Evangelium „von einem Menschen als Antwort auf das Wort, als Bekenntnis zu diesem Wort gesprochen" (111 m) werden. Von dem antwortenden Menschenwort gilt: „wo das Evangelium in diesem Sinn als Antwort, als Bekenntnis zu Gottes Wort verkündigt wird, da ist Kirche, da geschieht Kirche" (ibd.).

Hier muß sofort vor ,schönen Seelen' gewarnt werden! Denn was hier als Wort Gottes geschieht, das widerfährt, das ist ,neue Schöpfung', das ist ,in Christus sein' und es ist „das Subjekt (!) der Verkündigung in der Kirche" (113 m). Ich werde nach der Möglichkeit und Rechtfertigung meiner Existenz gefragt, ich bin der Angefochtene, der zur Rede gestellte, der sich als der Nichtige für seinen Schöpfer und Erlöser entscheiden soll. Ich bin also das „Objekt" dieses Wortes und nicht sein Subjekt. In der anfechtenden Frage und der sich selbst durchsichtig werdenden Antwort ereignet sich das Gottesverhältnis, also das Evangelium. Ein mich heilsam anfechtendes Handeln Gottes in seinem Wort und daß ich dadurch gnädig befreit und erschlossen bin, das ist Thema der Verkündigung. „In dieser Verkündigung erschließt der, der verkündigt, sich in seinem von Gott empfangenen Personsein denen, zu denen er spricht, und diese erschließen sich ebenso ihm und den mit ihnen Versammelten" (113 u). Noch einmal sei betont: hier werden keine Seelen ausgebreitet. Weder schöne, noch gar unschöne. Denn was soll der ausbreiten, der in sein selbstverschuldetes Nichts zurückgekehrt ist und von dort herkommt? – Nichts. Und den Ruf, der das Nichtsseiende ruft, das es sei, aber ihn nur als meine Antwort auf den Ruf (s. u. S. 79f.).

Am Beispiel der Paulusbriefe zeigt Gogarten, daß neben dem Ruf des Evangeliums menschliche Überlegungen, theologische Lehre und Besinnung notwendig mit der Verkündigung verbunden sind. Notwendig und nicht nur als Schlacken, die dem eigentlichen Gotteswort leider noch anhaften. Denn die Verkündigung der Kirche geschieht in der Welt, die nicht abgeschrieben, sondern neu als Gottes Schöpfung verstanden wird. Der Mensch, der in der Welt aus dem Evangelium lebt, muß Klarheit darüber gewinnen, wie er sich in seiner doppelten Bestimmtheit zu verstehen hat. Ist er in der Welt, muß er die Bedeutung klären, die das Gesetz noch für ihn hat; denn keine Welt ist ohne Gesetz. Die Klärung der

Begriffe wie Gesetz, Sünde und so weiter ist Aufgabe der Theologie
(cf. 116 f.). Da sich die Begriffe ständig weiter entwickeln – die Welt ist
geschichtlich –, muß die Theologie immer neu ansetzen. Es gibt „kein Verständnis des Evangeliums ohne das Verständnis der bestimmten geschichtlichen Welt, die eben die Welt dieses bestimmten konkreten Menschen ist"
(117 m). Das Evangelium bedarf also der ständigen Konfrontation mit der
jeweils geschichtlich bestehenden Welt.

Daß Jesus Christus als Vorbild mißverstanden werden kann, liegt im
Wort Gottes selbst. Es ist immer zugleich Gesetz und Evangelium, Gabe
und Forderung. Wer den Ruf zur Verantwortung vor Gott nicht als Ruf
zum Empfangen der Existenz versteht, sondern meint, seine Existenz
herstellen zu müssen, der trennt Gesetz und Evangelium so, daß ihm nur
noch das Gesetz bleibt. Wer sich so für die Rechtfertigung aus eigener
Leistung entschieden hat, der „ist damit seiner Welt verfallen" (119 o), weil
er sich für seine Selbstmächtigkeit entschieden hat und damit für das ihm
Verfügbare: die Welt. Dann versteht er das Gesetz als Gesetz der Welt.

Wenn das Gesetz mißbraucht wird, die Welt in sich selbst zu verschließen, dann ist sein Gut und Böse das der Welt: „Gut ist hier das, was
die Welt in ihrer in sich geschlossenen Ordnung erhält, und böse alles, was
diese Ordnung stört" (119 u). So führt das Gesetz nicht zum Evangelium.

Gottes Gesetz, wie es mit dem Evangelium verbunden ist, fordert allein
den Glauben. Höre ich diese Forderung, dann geht die sorgfältig verschlossene Welt der Selbstbehauptung zu Bruch, weil das Gesetz meine Sünde –
eben die Verschlossenheit gegen Gott – aufdeckt. Obwohl es in der
Verkündigung der Kirche um das ewige Leben des Menschen geht (cf.
121 f.) und nicht um das zeitlich-irdische Leben und schon gar nicht um das
zeitliche Heil, obwohl das Wort Gottes also uns selbst meint, „meint es uns
als solche in unserm zeitlich-irdischen Leben" (122 o). Und das heißt
zunächst, „daß wir es in aller Klarheit als zeitlich-irdisches Leben, als
Leben, das in der Welt gelebt wird und werden soll, erkennen" (122 m).

Das zeitlich-irdische Leben ist wie die geschichtliche Welt ständig im
Wandel. Es läßt zwar eine Abstraktion in Strukturen zu, aber es selbst wird
nur in seinem gelebten Vollzug sichtbar. Besonders in den Nöten seiner
Welt, also da, wo es um den Bestand seiner Welt und ihrer Ordnung
kämpft, kommt es gesammelt in den Blick. Hier, in der Aporie des
zeitlich-irdischen Lebens berühren sich Verkündigung und geschichtliches
Leben, Verkündigung und Geschichte, weil der, der verkündigt, wenn er es
ehrlich meint, in denselben Aporien seiner Zeit zu kämpfen hat. Hier gilt

es, die ‚Reinheit des Wortes Gottes als Gesetz und als Evangelium‘
(cf. 123 o) zu wahren, das heißt, Gesetz und Evangelium zu unterscheiden
und so die jeweilige Aporie als Handeln Gottes auszulegen, und zwar
verantwortlich antwortend in der Konfrontation mit der Auslegung eben
dieser Aporie durch das Selbstverständnis der Welt. Die Art und Weise, in
der das Evangelium mit dem jeweiligen Weltverständnis konfrontiert wird,
ist die Unterscheidung von Gesetz und Evangelium in der jeweiligen Aporie
der Stunde.

Der Dienst der Kirche an einer illusionären Welt

Formal kann Gogarten deshalb sagen, die Kirche als Geschehen der
Verkündigung leiste zweierlei: „Erstens verhilft sie ihr zu der Erkenntnis,
daß sie Welt, nur Welt ist. Indem sie das tut, erschließt sie ihr aber zugleich die
andere Erkenntnis, daß sie Gottes Schöpfung ist" (127 o). „Welt" expliziert
Gogarten als geschichtliche Welt einschließlich der Naturwelt. Die Welt des
nachchristlichen Menschen umschließt ihn nicht mehr, sondern er ist verantwortlich für die Welt (cf. 14–20; s. o. S. 66f.). „Die Bindungen und
Autoritäten, die es in ihr gibt, haben darum nur relative Gültigkeit" (128 o).
Es gilt diese Welt mehr und mehr zu vervollkommnen. Wir erinnern uns,
daß die Verantwortung für die Welt – nach Gogarten – dem christlichen
Glauben entsprungen ist, und zwar der Erkenntnis, das Personsein vor
Gott verwirkt zu haben und der Welt deshalb verfallen zu sein. Sie wird
dann zur „Welt" als Gegensatz zu Gott, hört aber im christlichen Glauben
nie auf, Gottes Schöpfung zu sein. Umgekehrt bleibt sie auch für den
Glaubenden ständige Versuchung, sich wieder aus ihr allein zu verstehen.

Die Freiheit des Glaubens von der Welt für Gott ist ohne den Glauben
bloße Freiheit von der Welt (cf. 22ff.), aber in Verantwortung für die Welt.
Gogarten wird zeigen, daß die Aufgabe, die dem Menschen ohne den
Glauben gestellt ist, die Welt „aus seinem eigenen Denken und Verstehen
als ein sinnvolles Ganze zu begreifen" (130 m), für den Menschen unlösbar
ist (cf. 24).

Der Dienst der Kirche, die zur Erkenntnis verhelfen soll, das die Welt
nur Welt ist, bedeutet in der Neuzeit – anders als für die Antike und das
Mittelalter –, den Menschen aus seiner Isolierung gegenüber der Welt zu
befreien, in der er durch seine Selbstmächtigkeit geraten ist und die er nicht
aufheben darf; denn sie ist ja seine Verantwortung für die Welt, wenn auch

ohne Verantwortung vor Gott. Die Welt, für die der neuzeitliche Mensch unabweisbar verantwortlich ist, hat zwei Aspekte. Als Naturwelt ist sie entgöttert und bloße Welt als Material menschlichen Tuns. Aber als Geschichtswelt, eben als das, was er aus ihr macht, dient die Welt und der Fortschritt ihrer Entwicklung dem neuzeitlichen Menschen zur Rechtfertigung. Daran ändert auch kein Fortschrittspessimismus etwas, denn er ist auch „nicht die Erkenntnis, daß über die Rechtfertigung des Menschen und den Sinn seines Lebens nicht durch eine geglückte oder mißglückte Kulturentwicklung entschieden wird, sondern daß das Fragen völlig anderer Art ist" (132 a. E.).

Wenn die Kirche dazu helfen soll, daß ‚die Welt nur Welt' bleibt, dann muß sie den Menschen zur Erkenntnis helfen, daß die Welt kein Mittel für seine Rechtfertigung ist. Stellt sich dem Menschen die Sinnfrage seiner Existenz, wird er versuchen, sich durch die Welt zu rechtfertigen. Er, der für die Welt verantwortlich ist, versucht, sich selbst durch sein Handeln an der Welt zu rechtfertigen. Er unterwirft sich damit ihrem Gesetz als Maßstab für seine Rechtfertigung und wird so vor der Welt verantwortlich.

Selbst wenn man davon absehen wollte, daß echte Verantwortung nur zwischen Personen möglich ist (cf. WW 129), die seltsame Doppelbindung des Menschen an seine Welt — zugleich für sie und vor ihr verantwortlich — verzerrt sein Weltverhältnis. Was er tut, dient nie allein der Sache, sondern wertet ihn selbst als Menschen auf oder ab. Die Dinge bekommen ein Gewicht, das ihnen nicht zusteht. Sie werden — wie Gogarten diesen Mißbrauch nennt — illusionär. „Das ist dann auch der Grund dafür, daß dieser neuzeitliche Mensch seiner Welt gegenüber in einer tiefen und unüberwindbaren Isolierung lebt" (135 u; s. o. S. 65 f.).

Der Mensch kann die Isolierung von sich aus nicht durchbrechen und die Illusion nicht einmal durchschauen. ‚Dabei bleibt die Welt sie selbst'. „Ihr Grundgefüge, ihr Gesetz wird dadurch nicht aufgehoben" (135 f.). Will er sich durch die Welt rechtfertigen, „verdirbt er im Zusammenstoß mit dem Gesetz der Welt" (136 m). „Also nicht die Welt muß geändert werden, damit sie dem Menschen wieder die Welt, nur Welt ist, sondern dieser muß zurecht gebracht werden" (136 u). Er ist es, der das Gesetz der Welt immer neu und in sich widerspruchsvoll zur Sprache bringt, vor allem dadurch, daß er es absolut setzt. Das Gesetz der Welt gilt für das zeitlich-irdische Leben, und der Mensch versteht „das Leben in der Welt als das Leben schlechthin" (137 m). Wie falsch eine solche Sicht ist, wird deutlich, wenn man wieder das Phänomen der Rechtfertigung betrachtet.

Vor der Welt und ihrem Gesetz bin ich für das bedingte Leben verantwortlich, für die Erfüllung meiner Rollen, für mein Tun, aber nicht für mich
selbst, der ich immer mehr bin als ein Rollenträger.

Wie fern Gogarten hier jeder bloßen Spekulation ist, zeigt sich deutlich
zum Beispiel an der Funktionalisierung des Menschen, ganz gleich, ob er
benutzt oder betreut wird. Er wird zum Teil eines Systems. Je umfassender
das System, je höher das Ziel gesteckt ist, von dem die Rechtfertigung
herkommt, desto mehr gerät das Gesetz der Welt ‚aus seinen Gelenken‘.
Hier, gegenüber den Idealen, Geschichtszielen, gegenüber den ach so
konkreten Utopien, hier hat die Kirche dem Menschen zur Erkenntnis zu
helfen, „daß seine Welt Welt ist, nur Welt und nicht jenes wie den
Menschen selbst irreführende, so die Dinge verzerrende Gebilde einer
illusionären Vollkommenheit" (139 o). Diese Erkenntnis geschieht durch
das Wort Gottes, „aus dem er sich selbst empfängt und durch das er in dem
daraus empfangenen Personsein bestätigt und gerechtfertigt wird" (ibd.).
Das Personsein vor Gott ist kein neuer Bestand, sondern ein Bleiben, ein
immer neues Ergreifen der Treue Gottes (cf. 130; s. o. S. 7 o).

Im Blick auf Luther hatte Gogarten von einem ‚immer wieder und von
neuem zu Bruch Gehen‘ gesprochen (cf. LTH 4 f.). Das gilt für jeden. Es
geht bei dem Personsein vor Gott um den ständig neuen Aufbruch, aber
nicht zu den buntbemalten Utopien hin, sondern als „ein Verlassen der
Welt, ein Loslassen von ihr, ein Sichherausreißen aus der freilich macabren
Sicherheit, die sie ihm bietet" (139 a. E.). Noch einmal sei betont: das ist
keine Weltflucht, sondern ist Freiheit von der illusionären Welt als Freiheit
für die Welt, als Freiheit für den Dienst, und zwar nicht an Idealen,
sondern am Menschen in seiner Welt, der schon immer Hilfe braucht.
„Diese Freiheit kann ihm, der von der Welt her kommt, nie anders
erscheinen denn als ein Versinken, ein Sinnloswerden der Welt, in der er bis
dahin den Sinn seines Lebens zu finden meinte. Das Ergreifen dieser Freiheit
scheint ein Greifen ins absolute Leere zu sein" (140 o). – Auch die Freiheit
von den Idealen kann Entzugserscheinungen hervorrufen, die den Menschen
wieder unter das Gesetz der Welt zurückführen. Wer es nicht wagt, sich
rechtfertigen zu lassen, der muß sich unweigerlich selbst rechtfertigen, ohne
es zu können.

Nach Gogarten hat die Kirche der Welt zweierlei zu leisten, nämlich
‚die Erkenntnis, daß die Welt nur Welt ist‘ und dadurch die zweite, in der
ersten enthaltene Erkenntnis zu erschließen, ‚daß die Welt Gottes Schöpfung ist‘ (cf. 127 o). Bisher ging· es um die erste Erkenntnis: Welt ist nur

Welt. (cf. 133—140) jetzt geht es um die zweite Erkenntnis: die Welt ist Gottes Schöpfung (cf. 141—145).

„Welt" meint in beiden Fällen, als bloße Welt und als Schöpfung, die je eigene Welt, wie sie Voraussetzung des Personseins ist (cf. 85 u). Die je eigene Welt als Gottes Schöpfung heißt, „daß der Mensch sich aus ihr heraus Gott öffnet" (141 m). Wo das geschieht, ist das Gottes- und das Weltverhältnis des Menschen dem Willen Gottes gemäß.

Hier, wo es um das Weltverhältnis des Christen geht, zeigt sich, daß Gogarten die uns begegnende Wirklichkeit auslegt und kein Phantasiegemälde entwirft. Mag unser Gottesverhältnis durch das Hören des Wortes neu erschlossen sein, das Weltverhältnis ist damit noch nicht ‚automatisch' neu: „Mit dem aus Gottes Wort empfangenen Personsein haben wir auch die Freiheit der Welt gegenüber neu erhalten. Damit ist unser Verhältnis zu ihr neu in unsere Entscheidung gestellt" (142 o).

Das Personsein, das wir aus Gottes Wort neu empfangen, ist unser verwirktes (sic!) Personsein, „das uns durch Gottes Offenbarung in Jesus Christus neu erschlossen ist" (142 o). Deshalb gilt der Imperativ, diesen alten Adam zu ersäufen — täglich! —, ihn immer neu zu kreuzigen, kurz: sich selbst ständig neu gegen das Leben aus der Welt und für ein Leben in und mit den Dingen der Welt zu entscheiden. Das neue Leben ist also ein ständig neues Werden (s. o. S. 50 f.). Es bleibt unverfügbar und diese seine Unverfügbarkeit, das ist seine Neuheit. Wer in dieser Bewegung bleibt, in diesem Personsein als Verantwortlichsein, erst für den ist auch das Weltverhältnis neu und ganz geworden. „Und die Welt wird ihm wieder zur Schöpfung" (143 u).

Schon der Gedanke, das neue Sein im Glauben nicht als ein Haben, sondern als ein immer neues Ergreifen verstehen zu sollen, ist schwierig genug. Noch ungewohnter ist aber die Verknüpfung dieses Gedankens vom neuen Sein mit dem, daß die Welt nicht einfach Schöpfung ist, sondern Schöpfung wird. Das klingt wie ‚Einübung ins Christentum' und ist auch so etwas. Aber obwohl es um das Weltverhältnis geht, ist hier nicht von der Einübung christlichen Verhaltens die Rede, sondern von der Gotteserkenntnis. Wer gegen alle Versuchungen, sich doch wieder aus der Welt zu verstehen und so sich zu rechtfertigen, in der Abkehr von der bestehenden Welt bleibt, der wird verständiger und erfahrener im Handeln Gottes des Schöpfers.

Die Gotteserkenntnis, von der Gogarten redet, ist kein „spekulierendes Konstruieren von unkontrollierbaren Zusammenhängen" (144 m), sondern es ist der Vollzug der Verantwortung für die je eigene Welt vor Gott. Gogarten drückt das hier abweichend von seiner uns gewohnten Begrifflichkeit so aus: „Es (sc. das Erkennen von Gottes unsichtbaren Wesen) ist vielmehr ein Erkennen, das geschieht, indem einer im Empfangen seines Personseins aus dem Worte Gottes das Gesetz der Welt erfüllt, die ihm als Person zugeordnet ist" (ibd.). Wir müssen uns vorsehen, das ‚Gesetz der Welt' als einen überschaubaren Kodex vorzustellen. Es ist vielmehr das „Grundgefüge" der Welt (cf. 136 o), an dem der Mensch scheitert, wenn er damit zusammenstößt (cf. 136 m) bei seinem Versuch, sich mit Hilfe des Gesetzes zu rechtfertigen. Sagt Gogarten – mit Paulus –, daß der Mensch im Nachdenken über die Werke Gottes, besonders über das Gesetz der Welt, ‚Gottes unschaubares Wesen' erkennen kann (cf. 143 f.), dann dürfte klar sein, daß wir unter ‚Gesetz der Welt' das Wort Gottes zu verstehen haben, das uns im ‚freien Walten Gottes im Geschehen der Welt' (cf. WW z. B. 123 o) begegnet. „In der . . . Erfüllung des Gesetzes", das heißt, in der Wahrnehmung der Verantwortung für die je eigene Welt, „erkennt er", der vor Gott gerechte Mensch, der dem Ruf in die Verantwortung folgt und so sein ‚Fleisch kreuzigt' (cf. 142 m), „daß diese der Welt in Gottes Schöpfersein gegebene unsichtbare Einheit und Ganzheit dem ihm in Gottes Wort erschlossenen Personsein entspricht: seine Welt, die ihm gegeben ist, um vor Gott Person sein zu können, ist Gottes Welt und Gott hat sie daraufhin geschaffen, daß er Person sei vor ihm" (144 f.).

Daß die Welt so wieder Schöpfung wird, mehr und mehr wird, daraus folgt also ein Erfahrungswissen ohne Illusionen; denn unser Personsein vor Gott, in dem wir bleiben müssen, damit die Welt wieder Schöpfung werden kann – unser Personsein ist in Christus erschlossen und das heißt immer: im Gekreuzigten. In ihm erkennen wir unser Geschick wieder (cf. WW 68 ff.). Er ist der Schlüssel, der das Gott fremde Werk, das opus alienum, als Gottes eigentliches Werk, als opus proprium, erschließt (cf. LTH 99 f.). So erschließt er mir die je eigene Welt als Gottes Schöpfung.

Das In-der-Welt-sein der Kirche

Die Kirche hilft zu der Erkenntnis, daß die Welt nur Welt und so Gottes Schöpfung ist (cf. 128 o). Gogarten klärt im folgenden das Verhältnis der Kirche zur Welt. Zunächst wehrt er die Vorstellung ab, die Kirche könnte Kirche bleiben, wenn sie zugleich eine die Welt umfassende

Gesetzesmacht sein wollte, die es aufgrund göttlicher Offenbarung besser wisse (cf. 123 und 149). Eine solche Kirche ist ein welthaftes Gebilde, und das Gesetz hat das letzte Wort, so daß die Welt sich in sich selbst gegen Gott verschließen kann.

Gogarten betont, das Gesetz sei, in welcher Gestalt auch immer, göttlich aber zweideutig, das heißt: der Mensch kann es auf zweierlei Weise handhaben. Entweder läßt er sich vom Gesetz anfechten, oder er mißt am Gesetz seine eigene Vollkommenheit und verschließt sich Gott. Eine Kirche als Gesetzesmacht und Weltmaßstab kann sich noch so überweltlich-ewig darstellen, als Maß für den Menschen ist sie ein welthaftes Gebilde; denn Welt ist ‚Maß und Wert'. Ihr Grundcharakter ist anerkannte Gültigkeit.

Der Charakter von Kirche entscheidet sich deshalb an der Art und Weise, wie sie in der Welt ist und das heißt, wie sie mit dem Gesetz umgeht. Sie ist – wie die Welt – unter dem Gesetz (cf. 150 a. E.), aber sie versteht es anders „als die sich mit Hilfe des Gesetzes in sich verschließende Welt" (151 o).

Das Geschehen der göttlichen Offenbarung läßt Kirche Kirche sein. „Aber dieses Geschehen meint ja nicht den isolierten, für sich seienden und in der bloßen Beziehung auf sich glaubenden Menschen. Wo und wie immer Offenbarung geschieht, meint und trifft sie den mit seinem Nächsten eben im Geschehen der Offenbarung verbundenen und für ihn erschlossenen Menschen" (151 o). Der Satz wird deutlicher, wenn wir uns an das Ereignis der je eigenen Welt erinnern, in der der Mensch seinem Geschick begegnet (cf. WW c. 14, bes. 143 f., 145 f. und 148 f.; s. o. S. 28–31). Hier ist der Ort der Offenbarung; denn hier ist es, wo es zum Bitten und Glauben kommen kann, und hier ist durch Jesu Gehorsam die ‚Wende der Welt' geschehen, die als frohmachende Botschaft Menschen auch in ihrer Verantwortung für einander zusammenschließt.

Wenn die Kirche das Wort Gottes „hört und verkündigt und nicht irgend etwas anderes" (151 u), ergibt sich daraus eine Kette von Konsequenzen, die – um der Reinheit des Evangeliums willen – zur Ausbildung der Kirche als Institution führt, die sich wiederum durch ihre „Lehre" von der Welt und von anderen Gebilden abgrenzt, die auch Kirche zu sein beanspruchen. Die Kette beginnt bei der göttlichen Offenbarung, die ‚im Hören und Sagen des Wortes Gottes geschieht' (cf. S. 153 o). Das Wort Gottes, das im Bekenntnis zum Wort Gottes und ‚in der verkündigenden Lehre von ihm' (cf. 111 m, 115 o und 153 o) ‚der Kirche zu eigen wird' und mit dem sie sich als Kirche abgrenzt, dieses weltbezogene Wort „ist immer

Gesetz" (153 o). Und als Gesetz ist es zweideutig im Blick auf seinen Gebrauch. Zweifellos will die Kirche als Institution sich durch die Erfüllung des Gesetzes behaupten. Bliebe es dabei, wäre die Kirche wieder ein nur welthaftes Gebilde. Paulus hat – nach Gogarten (cf. 153 f.) – den eigentlichen Sinn des Gesetzes darin gesehen, die Sünde zu offenbaren. Das geschieht aber nur durch das Gesetz, wenn es als Wort Gottes gehört wird, wenn es also verbunden mit dem Evangelium gehört wird. Umgekehrt kann das „Evangelium nur dann in seiner Reinheit als Gabe empfangen werden, wenn es zugleich als Gesetz begriffen wird" (154 m). Das verwirrende Verhältnis von Gesetz und Evangelium wird klarer, wenn wir uns an Gogartens Verständnis des Wortes Gottes erinnern (cf. LTH 169 f.; s. o. S. 71 f.). Als anfechtende Frage nach der Möglichkeit und Rechtfertigung der Existenz, die zur Erkenntnis der Nichtigkeit der Existenz führt, ist das Wort Gottes als Gesetz zugleich schon die Zuwendung des Schöpfers zum Menschen, also Evangelium, das lebendig macht, indem es uns tötet. Dieses Schöpferwort, das als anfechtende Frage begegnet, kann und wird immer wieder als Herausforderung zur Selbstverwirklichung mißverstanden werden.

Die Zweideutigkeit des Gesetzes, anzufechten, um die Nichtigkeit aufzudecken, und so scheinbar aufzurufen, endlich etwas zu tun – diese Zweideutigkeit eignet dem Gesetz in jeder Gestalt (cf. 154 m; 149 a. E.), also auch dem Bekenntnis der Kirche als Gesetz, das die Reinheit der Verkündigung gegen Irrlehren sichern soll. Dabei geht es weniger um Lehren, die von außen in die Kirche eindringen (cf. 154 u) als vielmehr, die aus der Lehre der Kirche selbst kommen und das Verhältnis von Gesetz und Evangelium betreffen (cf. 155 o). Um diese Irrlehren abwehren zu können, muß die Kirche sagen, „was das reine Evangelium ist, das heißt das in der rechten Weise vom Gesetz unterschiedene Evangelium" (155 u). – „Aber eben dieses Evangelium braucht die Kirche nun, indem sie es als für sie gültiges Bekenntnis und Normierung ihrer Verkündigung braucht, als Gesetz" (ibd.). Wollte sich die Kirche aber damit begnügen, ihr Lehrgesetz zu erfüllen, wäre sie schon ein welthaftes Gebilde, eine Weltanschauungsgemeinschaft. Das Bekenntnis als Lehrgesetz muß also noch auf eine zweite Weise verstanden werden, die mehr ist als eine Richtlinie für den innerkirchlichen Dienstgebrauch.

Bisher war von der Kirche als Institution die Rede. Gogarten fragt jetzt, „wie die Kirche, insofern sie nicht nur eine Institution ist, das von der Institution als Lehrgesetz gebrauchte Bekenntnis versteht. Versteht sie es als

Kirche und so, daß sie dabei Kirche bleibt, dann wird sie es so verstehen, wie es als Gottesgesetz in seinem Bezug auf die Welt allein verstanden werden darf. Nämlich daß es die Sünde offenbart. Das kann in diesem Fall nur die Sünde der Kirche sein" (156 u). Gogarten erinnert zunächst daran, daß die Kirche „das Geschehen der göttlichen Offenbarung" ist (ibd.). Dann entfaltet er das Geschehen der Kirche als personale Wirklichkeit (cf. als Parallele 141–145). Wird durch das Hören des Wortes Gottes die Welt wieder als Schöpfung offenbar (cf. 143 f. und 156 u), dann ist die Kirche „die als Schöpfung restituierte Welt" (156 u).

Das Geschehen der Kirche vollzieht sich jedoch in „realen, konkreten Menschen" (157 o), das heißt in den Menschen, die „immer auch noch die ,alten' Menschen sind" (ibd.). Deshalb „ist die Kirche immer auch noch in sich verschlossene Welt" (ibd.). aber die Kirche erkennt die tödliche Gefahr der Verschlossenheit und ist deshalb darauf aus, ihr Verschlossensein zu verlassen, während die Welt bemüht ist, sich immer nur noch fester zu verschließen. Die Kirche gibt sich also ihr Bekenntnis als Lehrgesetz vor allem, um der Verschlossenheit überführt zu werden. Das ist der eigentliche Gebrauch des Lehrgesetzes, der weit über eine Richtlinienfunktion für Verkündigung und Lehre hinausgeht. So war es vom Anfang an, wie Gogarten an der Lehre vom Gesetz bei Paulus zeigt, der ,Juden und Griechen' gleichermaßen durch das Gesetz überführt als in sich selbst verschlossen und allein durch den Glauben gerechtfertigt.

In einem letzten Absatz faßt Gogarten das Verhältnis von ,Kirche und Gesetz' zusammen, wenn er beinahe hinterherklappend davon spricht, daß ein Lehrgesetz in der Kirche natürlich auch die Funktion einer praktischen Richtlinie hat. Doch im nächsten Augenblick zeigt Gogarten die stets virulente, diabolische Gefahr, aus einem ganz alltäglichen Kirchenleitungsbeschluß doch wieder einen Maßstab für unsere Vollkommenheit zu gewinnen. Jedes Gesetz, auch die harmloseste Bestimmung bleibt also nicht nur zwiespältig, sondern auch zweischneidig.

Die Befreiung des Gesetzes von der Verzerrung durch die Rechtfertigung

Gogarten erläutert sein Verständnis der Kirche in dem Satz, „daß die als Kirche zur Schöpfung restituierte Welt auch immer noch in sich verschlossene Welt ist" (161 o). Wenn er den nächsten Absatz mit den Worten beginnt: „Sprechen wir von der Kirche, so sprechen wir von dem Menschen, in und an dem Kirche geschieht" (ibd.), dann gibt uns Gogarten den Schlüssel für sein Kirchenverständnis. Er interpretiert die Kirche anthropologisch. Nach dem, was wir bei ihm von der menschlichen Verantwortungsstruktur und ihrem Geschehen lernen konnten, braucht der Gedanke, Gogarten könnte von der Kirche anthropozentrisch reden, nicht einmal mehr abgewiesen zu werden. Halten wir uns an den anthropologischen Leitfaden, werden die Aussagen über die Kirche sehr schnell durchsichtig. Ihre Wirklichkeit als personale Wirklichkeit geschieht – wie die geschichtliche Wirklichkeit überhaupt – in der Art und Weise der Verantwortung.

Weil der Mensch aus der Kirche – nicht die Kirche vom Menschen – seine Existenz empfängt durch ‚das Wort eines Menschen an den Bruder' (cf. 151), kann Gogarten zunächst vom Verhältnis des ‚alten Menschen' zum ‚neuen Menschen' reden (cf. 161–164) und diese personale Struktur auf die personale Wirklichkeit der Kirche anwenden (164 m), um zu klären, wie die Kirche in der Welt ist, die selbst auch immer noch in sich verschlossene Welt ist, ohne deshalb ein welthaftes Gebilde sein zu müssen (164–169).

Für den Menschen betont Gogarten die Kontinuität zwischen dem, „der er aus der in sich verschlossenen Welt war" (161 u), und dem, der aus dem Wort Gottes sein Personsein empfängt. Es ist die Kontinuität, wie sie in Luthers Formel simul iustus et peccator, ‚Gerechter und Sünder zugleich', festgehalten wird. Der Gerechtfertigte ist der Sünder. Gott macht gerecht, indem er beschuldigt. Der gedemütigte Zöllner, der vom Tempel steigt, er ist der gottgerechte. Gogarten kann deshalb eine Parallele ziehen zwischen dem Selfmademan weltlicher und christlicher Werkgerechtigkeit. Beide leben in einer illusionären Welt (cf. 162 mit 135; s. u. S. 89).

Der ‚alte' wie der ‚neue' Mensch leben in derselben Welt, aber mit dem Personsein aus dem Worte Gottes empfängt der Mensch als sein neues Weltverhältnis die Freiheit gegenüber der Welt. In seinem Personsein vor Gott erkennt er jetzt erst ganz sein Sündersein, aber als das Sündersein, dem sich Gott zugewendet hat. Die Freiheit des ‚neuen' Menschen gegenüber dem ‚alten' Menschen ist keine Trennung, sondern die durch Gottes Wort gewirkte Unterscheidung zwischen Lüge (Selbstbehauptung in der Verschlossenheit gegen Gott) und der Wahrheit (Sündersein vor Gott), zwischen Pharisäer und Zöllner.

Abschließend betont Gogarten, daß der neue Mensch sein Personsein nur im Empfangen hat. „In diesem Empfangen aber streckt er sich aus der verschlossenen Welt dem entgegen, von dem er sich als Person empfängt"

(164 o). – Die gleiche Grundbewegung des simul iustus et peccator bestimmt die Kirche, nämlich als welthaftes Gebilde, das heißt, als in sich verschlossene Welt (peccator) und zugleich (simul) als nicht welthaftes Gebilde (iustus). Welthaft ist die Kirche als Institution. Alles, was sich durch menschliches Tun rechtlich regeln läßt und was deshalb „nicht die Rechtfertigung des Menschen vor Gott" (164 u) betrifft, ist welthaft. Schwieriger wird die Unterscheidung zwischen welthaft und nicht welthaft erst bei dem Lehrgesetz, das „eine Formulierung (sc. ist), in der die Kirche zu bestimmten Zeiten ihr Verständnis des Wortes Gottes festgelegt hat" (165 o). Im Gebrauch des Lehrgesetzes, des Bekenntnisses der Kirche, steht ihr ‚Personsein vor Gott‘ auf dem Spiel. Jedes bekenntnismäßige Handeln, das den Bestand der Kirche sichern soll, ist blanke Werkgerechtigkeit. Vielmehr will das Bekenntnis als Lehrgesetz die Kirche immer neu radikal in Frage stellen, indem es ihre Sünde (Verschlossenheit) aufdeckt.

Die Kirche kann sich nur dann so radikal in Frage stellen lassen, wenn für sie „das Bekenntnis das antwortende Hören des Evangeliums ist. Andererseits kann sie das Evangelium nur hören, indem sie sich durch das Gesetz als in sich verschlossene Welt offenbar wird" (165 u). Das heißt: das Bekenntnis muß als Bekenntnis zum reinen Evangelium (cf. 155 u) anfechtende Zuwendung sein. Zuwendung als Frage nach der Möglichkeit und Rechtfertigung auch der Kirche (cf. LTH 169 f.); anfechtend als Versuchung, durch besonders reine Lehre und Wiederbelebungen kirchlichen Lebens die eigene Verschlossenheit nicht bekennen zu müssen. Läßt sich die Kirche jedoch durch das Wort Gottes überführen, wird sie „offenbar als in sich verschlossene Welt, die einzig und allein durch dieses Wort und durch nichts anderes Kirche ist" (166 o). „Nur so ist die Kirche wieder zur Schöpfung restituierte Welt" (ibd.). Aber eben Welt und das heißt, „mit der geschichtlichen Wirklichkeit verbunden" (166 m). Weil die Kirche in der geschichtlichen Welt ist, ja, selbst geschichtliche ‚auch immer noch in sich verschlossene Welt‘ ist, bleibt das Bekenntnis als Lehrgesetz eine ständig zu leistende Aufgabe der Theologie. Gelingt es der Theologie einer Zeit nicht, ihr Bekenntnis festzulegen und meint sie vielleicht sogar, auf dem Boden des Bekenntnisses von gestern stehen bleiben zu sollen, dann wird sie die gegenwärtige Kirche einer längst vergangenen Art und Weise der Verschlossenheit bezichtigen, ohne sie überführen zu können. Der Anklage fehlt die Kraft der Evidenz.

Als ‚auch immer noch in sich verschlossene Welt‘ droht der Kirche zweifach die Gefahr eines Mißbrauchs des Gesetzes, nämlich sich wie die

7*

Welt nur noch fester in sich selbst zu verschließen. „Erstens durch das Gesetz, das ihr, der Kirche, gilt, und zweitens durch das Gesetz, das in der Welt gilt und mit dessen Hilfe diese sich in sich verschließt" (167 m). Nur die anfechtende Zuwendung des Wortes Gottes als Gesetz und Evangelium kann die Kirche davor bewahren, beide Gesetze, das Lehrgesetz und das Gesetz der Welt, zu identifizieren, um aus der Erfüllung ihren Bestand zu sichern.

Das Gesetz der Welt ist bei Gogarten keineswegs abgewertet, sondern es ist „das Grundgefüge, die Grundordnung der Welt, das, was die Welt eine Welt sein läßt, worin sie ihre Einheit und Ganzheit hat" (167 m). Vom Gesetz selbst unterscheidet Gogarten die Erkenntnis des Gesetzes durch den Menschen. Das menschliche Gesetzesverständnis ist immer nur partiell und wandelt sich im Laufe der Geschichte, während das Grundgefüge der Welt selbst unaufhebbar ist. „Daß dieses Grundgefüge, dieses Gesetz der Welt durch nichts aufgehoben werden kann, das ist Voraussetzung für die Herrschaft des Menschen über die Dinge und Verhältnisse in ihr" (167 u).

Das bedeutet aber, der Mensch steht und fällt mit seiner Erkenntnis des Gesetzes. Für den nachchristlichen Menschen hat sich die Situation noch weiter verschärft, weil er meint, die ihn mit dem Glauben verlorengegangene Einheit und Ganzheit der Welt durch ein Handeln gemäß dem Gesetz der Welt bewahren zu müssen (cf. 167 f. und 127–132). Jede Tat stillt dann nicht mehr nur ein Bedürfnis oder wendet eine Not ab, sondern alles erhebt sich über das bloß Vordergründige und dient zugleich einem höheren Ziele, kurz: das Weltverhältnis wird illusionär.

Als ‚auch immer noch in sich verschlossene Welt' ist die Kirche vom Gesetz der Welt und seinem jeweiligen Verständnis unmittelbar betroffen. Als in sich verschlossene Welt ist sie mit der in sich verschlossenen Welt solidarisch. Sie ist Sünderin unter Sündern. Hier zeigt sich, daß Gogartens Bestimmung der Kirche als Welt (peccator) und zugleich (simul) als nicht welthaft (iustus), unser Kirchenverständnis vor jedem Klerikalismus – auch vor jedem Polit- und Sozialklerikalismus – bewahren kann. Diese Kirche steht in dem „geschichtlichen Kampf um das Gesetz der Welt und sein Verständnis" (168 m) genauso mühselig und beladen da wie jeder andere auch. Sie kann sein „richtiges Verständnis nur auf dieselbe Weise gewinnen wie die Welt auch. Nämlich mit Hilfe vernünftiger Wahrnehmung" (168 u). Und doch kann die Kirche einen entscheidenden Beitrag leisten. Während die Gesetzeserkenntnis der Welt durch die Sorge um die Einheit und Ganzheit der Welt verzerrt wird, kann die Kirche, wenn sie ‚im Hören des

Wortes Gottes bleibt' (cf. 169 a. E.), ohne die Sorge um die Einheit und Ganzheit der Welt nach dem Gesetz der Welt fragen. „Denn um diese (sc. Einheit und Ganzheit der Welt) weiß sie, wie man allein um sie wissen kann, im Empfangen des Personenseins" (169 a. E.).

Die Geschichtlichkeit des Sünderseins der Kirche

Die Sorge um ihre Einheit und Ganzheit treibt die Welt dazu, mit Hilfe des in ihr geltenden Gesetzes diese Einheit und Ganzheit selbst herzustellen, das heißt aber, sich in sich selbst zu verschließen. Das ist kein Übermut, sondern – aus der Sicht der Welt – Notwehr, nämlich Abwehr des Chaos, das die Welt bedroht, wenn die Einheit und Ganzheit zerfällt. Die Bedrohungen wandeln sich und mit ihnen die Abwehrversuche mit Hilfe ihres Gesetzes, genauer: mit Hilfe ihres jeweiligen Verständnisses des Gesetzes der Welt. Das Gesetz der Welt wird hier auf die Abwehr des Chaos hin befragt, auf einen Weg also, wie die Einheit und Ganzheit der Welt gesichert oder zurückgewonnen werden kann, wie es möglich ist, sich als Welt in sich selbst zu verschließen.

Die Kirche als ‚auch immer noch in sich verschlossene Welt' (cf. peccator) ist von dem Verständnis des Gesetzes der Welt unmittelbar betroffen. Sie kann aber nur Kirche bleiben, wenn ihr Personsein, das sie aus Gottes Wort empfängt, erschlossen bleibt. Ein Weg, der sich auf den ersten Blick anbietet, scheidet für die Kirche sofort aus, wenn sie Kirche im Sinne des neutestamentlichen Kirchenverständnisses bleiben will. Sie kann nicht in die Sonderwirklichkeit eines ‚geoffenbarten' Gesetzes fliehen, mit dessen Hilfe sie die Verschlossenheit der Welt gegen Gott entgehen könnte. Der Weg einer besonderen, vielleicht sogar durch Offenbarung abgesicherten christlichen Ethik ist der Weg, den Paulus im Kampf um das Gesetzesverständnis verworfen hat. Denn es ging ihm, und es geht uns heute noch an dieser Stelle um das Evangelium selbst.

Ist der Weg in eine Sonderwirklichkeit unverantwortbar gegenüber Kirche und Welt, dann bleibt der Weg der Solidarität der Kirche mit der Welt und der Kontinuität zwischen Kirche als ‚auch immer noch in sich verschlossener Welt' und Kirche als ‚Personsein aus dem antwortenden Hören des Wortes Gottes', wie ihn Gogarten bisher aufgezeigt hat. Das Wort Gottes begegnet hier als Gesetz und Evangelium, und zwar als Gesetz, das die Verschlossenheit der Welt in sich selbst trifft (s. o. S. 81), also kein erfüllbares Gesetz ist, sondern ein Gesetz das tötet, um lebendig zu machen. Wir waren dieser Denkfigur der Lutherschen Rechtfertigungslehre bei Gogarten schon mehrfach begegnet. Ebenso hatten wir vorhin schon von dem Gesetz der Welt als Grundgefüge der Welt (cf. 167f.; s. o. S. 86f.) gehört und davon, daß der Mensch in der Sorge um die Einheit und Ganzheit der Welt das Gesetz der Welt nur verzerrt wahrnimmt, und wenn er es anwendet, mißbraucht. Demgegenüber ist die Kirche, solange sie Kirche bleibt, nicht von der Sorge um die Einheit und Ganzheit der Welt besessen. (cf. 168f.; s. o. S.87). Die Kirche befragt – im Unterschied zur Welt – das ‚bedingte Gesetz der Welt' (cf. 173 o) nur auf die Dinge und Verhältnisse, wie sie in der Welt bald so, bald so geregelt sind. „In dieser Erkenntnis bewährt die Kirche ihre Solidarität mit der Welt, die alles andere bedeutet, als daß sie sich mit der Welt identifiziert" (174 o). Die Kirche ist solidarisch, weil sie wie die Welt unter dem Gesetz der Welt steht, und zwar in der jeweiligen Ausprägung der Erkenntnis des Gesetzes der Welt; die Kirche ist nicht identisch mit der Welt, weil sie ihr Tun frei hält von jeder Ambition, sich damit zu rechtfertigen. – „Zugleich aber bewährt die Kirche mit dieser Erkenntnis die Kontinuität zwischen sich, insofern sie Kirche ist im Hören des Wortes Gottes, und insofern sie auch noch in sich verschlossene Welt ist, ohne die sie nicht Kirche wäre" (174 o). Sie flieht eben nicht in ein besseres Sondergesetz, vielmehr ist diese nüchterne, vernünftige, unverzerrte Erkenntnis des Gesetzes der Welt in seiner jeweiligen Ausprägung „zugleich die Erkenntnis des Wortes Gottes" (ibd.), das heißt, die Erkenntnis von Gesetz und Evangelium.

Gogarten hatte das Wort Gottes als Gesetz abgehoben vom Gesetz der Welt und dessen jeweiligem Verständnis durch die Welt (cf. 172f.). Wenn er jetzt die Erkenntnis des Weltgesetzes durch die Kirche mit der Erkenntnis des Wortes Gottes verbindet, verwirrt das zunächst; denn das Gesetz als Wort Gottes ist das tötende Gesetz, das der Mensch nicht erfüllen kann, während das Gesetz der Welt ja gerade auf Erfüllung aus ist – und mit Recht. Die Verbindung läßt sich jedoch klären.

Die Welt bemüht sich nicht nur, mit ihrem Verständnis des Weltgesetzes das, was eben nötig ist, zu ordnen, sondern sie versucht, die Einheit und Ganzheit der Welt mit Hilfe ihres Gesetzesverständnisses zu erringen. Dadurch verschließt sich die Welt in sich selbst. Das ist ihr Sündersein, und das ist auch das Sündersein der Kirche, die selbst ‚auch immer noch in sich verschlossene Welt' ist. Weil aber die Versuche, sich zu verschließen Notwehr sind, also immer auf andrängende unabweisbare Nöte reagieren, ist die Verschlossenheit von Welt und Kirche als Welt jeweils durch die Abwehr neu bestimmt. Das heißt: auch die Sünde der Kirche, ihr Verschlossensein, ist geschichtlich. Soll das Wort Gottes als Gesetz die Sünde der Kirche aufdecken, muß sich die Kirche zum reinen Evangelium bekennen und das Evangelium als Lehrgesetz gebrauchen, das die Sünde der Kirche aufdeckt, so wie Paulus es gegenüber den Judenchristen getan hat (cf. 157 f.). Solch ein Bekenntnis setzt aber gerade die Erkenntnis des jeweiligen Gesetzesverständnisses vom Gesetz der Welt voraus, wenn das Bekenntnis die wirkliche, die jeweilige Verschlossenheit der Kirche aufdecken will. Nur wenn das Sündersein erschlossen wird, wird das Personsein der Kirche vor Gott erschlossen. Damit hat Gogarten zu den bisherigen Aspekten des Bekenntnisses dessen Geschichtlichkeit expliziert. Nur ein gegenwärtiges Bekenntnis kann die gegenwärtige Art und Weise der Verschlossenheit der Kirche in sich selbst aufdecken und so der Kirche ihr gegenwärtiges Personsein vor Gott erschließen. Luther hätte zum Beispiel der Kirche und der Welt seiner Zeit nicht geholfen, wenn er nur die paulinische Polemik gegen die Beschneidung wiederholt hätte.

„Es gibt also keine echte Bekenntnisbildung der Kirche ohne die engste Verbindung der Kirche mit der Geschichte" (175 o). Gogarten faßt Geschichte hier als den „unaufhörliche(n) Kampf des Menschengeschlechts darum, daß seine Welt Welt bleibt" (175 m). Das Ziel ist die Einheit und Ganzheit der Welt, also gerade die Maßlosigkeit, die das Weltverhältnis des Menschen illusorisch-doktrinär werden läßt (cf. 169 o). ‚Die einzige Hilfe ist die Kirche‘, wenn sie Kirche bleibt. Sie ist dann „der ebenso unaufhörliche Kampf darum, daß seine Welt nur Welt bleibe und sie wieder zur Schöpfung werde" (175 f.).

Die illusionslose Kirche

Es ist fast aussichtslos, wenn man das Wort ‚Kirche‘ hört, an etwas anderes zu denken, als an die Kirchen, obwohl jede Kirche daran festhält, daß es nur eine wahre Kirche geben kann. Die eine oder andere der Kirchen wagt es noch heute, sich mit dieser einen wahren Kirche zu identifizieren, aber die Mehrheit der Kirchen vermutet wohl eher als wahre Kirche eine Art Durchschnitts-Kirche, die quer durch die Konfessionen läuft, um jeweils die ‚wahren‘ Christen − wer immer das auch sein mag −, in sich aufzunehmen.

Gegenüber diesem herrschenden Kirchenverständnis mit all seinen ökumenischen Konsequenzen redet Gogarten in einer völlig anderen Weise von der ‚wahren' Kirche, nämlich als „Geschehen von Gottes Offenbarung" (184 u), und zwar „mitten in der Welt" (ibd.). Gogartens Verständnis der wahren Kirche soll jetzt dargestellt werden. Der zentrale Begriff für das Kirchenverständnis ist hier weiter der Begriff des Bekenntnisses. Das Ziel ist es, in der Kirche zwischen dem, was Menschenwerk, und dem, was nicht Menschenwerk ist, zu unterscheiden. Als wahre Kirche ist die Kirche von keinem menschlichen Tun abhängig (cf. 177 u). Der Punkt, an dem das menschliche Tun am tiefsten in das Geschehen der Kirche eindringt, ist das Bekenntnis. „Denn im Bekenntnis wird das Wort Gottes Gegenstand des menschlichen Tuns" (177 a. E.). Hier muß die Untersuchung vorangebracht werden.

Gogarten beginnt wieder (cf. 161–164; s. o. SS. 84–87) zunächst im Blick auf den Menschen, um später seine Analysen im Bereich der Kirche anzuwenden. Er geht aus vom Worte Gottes, das wir immer nur in unserer Antwort haben. Das ist keine ‚Stellungnahme', sondern die Antwort sind „wir selbst, wie wir uns aus dem Worte Gottes empfangen" (178 o). Wir sind der Formel schon begegnet (s. o. S. 26 und S. 29; cf. A 14 S. 24 bei mir). Sie wird hier weiter entfaltet. ‚Ich bin selbst die Antwort' heißt, ich gebe die Antwort in meinem Selbstverständnis, „das wir haben, indem wir die sich aus dem Worte Gottes Empfangenden sind" (ibd.). Ich gebe diese Antwort als ein Mensch, der sich aus dem Worte Gottes empfängt. Aber sich nicht als Himmelswesen empfängt, sondern gerade als der, der in der Welt lebt. Als der, der ich immer schon war, als der ‚alte' Mensch. Die Antwort ist so unverwechselbar meine eigene Antwort. Darüber hinaus ist sie meine Antwort nur, „wenn ich sie gebe als der jetzt und hier Lebende, als der Mensch seiner Welt. Der Mensch seiner Welt, das ist der um ihren Bestand kämpfende. Er kämpft um sie mit Hilfe des Gesetzes, in dem allein sie ihren Bestand hat. Als dieser, um den Bestand seiner Welt mit Hilfe des in ihr geltenden Gesetzes kämpfende Mensch muß ich auf das Wort Gottes antworten" (178 m). Nur so empfange ich mich aus dem Wort Gottes.

Auf den ersten Blick könnte es scheinen, es bliebe alles beim alten, wenn ich mich gerade als den empfange, der ich schon immer war. Das Neue ist aber das Empfangen. ‚Ich empfange mich', das heißt, ich stelle mich nicht her (cf. ‚Selbstverwirklichung' u. ä.). Das Empfangen betrifft das Verständnis des Gesetzes, mit dem ich um den Bestand meiner Welt kämpfe. Das Gesetz der Welt ist nun wieder als nur bedingtes Gesetz verstanden, also ohne die hohen Ambitionen, den Menschen aus seinen Werken zu rechtfertigen (cf. 167 ff. und 173 mit 178 f.).

Die Antwort des Menschen auf Gottes Wort ist ‚zwiefältig' (cf. 179). Der Mensch gibt sie „als der, der sich aus dem Worte Gottes empfängt, das ist mit dem Apostel Paulus gesprochen, der ‚neue' Mensch, und er gibt sie zugleich als der, der in seiner Welt lebt und der in ihr schon immer war, das ist, wieder nach Paulus, der ‚alte' Mensch" (179 m). Das ist ein einziges Selbstverständnis, aber es ist doppelt bestimmt (cf. LTh 29 m; s. o. S. 40 f.). Er steht „in einer ständigen Auseinandersetzung mit sich selbst" (179 m). Und weil er sich als der ‚alte' Mensch in seinem Selbstverständnis mit seiner geschichtlichen Welt wandelt, muß er die Antwort auf das Wort Gottes ebenso immer neu geben.

Die Auseinandersetzung um das Selbstverständnis, der ‚Streit um den Menschen', geschieht in der Theologie (cf. LTh 60–63). „Verkündigung ebenso wie Theologie oder Lehre und Bekenntnis sind, was sie sein sollen, nur indem sie Antwort sind auf das Wort Gottes" (180 o). Als Antwort, das heißt, sofern sie durch das Wort Gottes hervorgerufen sind, „sind sie nicht Menschenwerk" (ibd.); als Auseinandersetzung, „sind sie zugleich durchaus menschliches Werk" (ibd.). Die zweifache Struktur des menschlichen Selbstverständnisses als ‚alter' und ‚neuer' Mensch wiederholt sich in den Formen des Redens der Kirche. Sofern sie dem Wort Gottes antwortet, „ist die Kirche der unaufhörliche Kampf darum, daß die Welt des Menschen nur Welt bleibt und sie wieder zur Schöpfung wird" (180 m).

Gogarten wendet sich wieder ganz der Kirche zu. Vor dem Hintergrund der Doppelstruktur kirchlichen Redens als ‚Antwort auf das Wort Gottes' und zugleich als ‚Auseinandersetzung mit dem jeweiligen Selbstverständnis des Menschen' wird er danach fragen, wie die Kirche wahre Kirche sein kann, das heißt, eine Größe, die vom menschlichen Tun unabhängig ist. Für das Bekenntnis der Kirche gilt beides. Es ist Menschenwerk und kein Menschenwerk. „Es ist nicht Menschenwerk, sondern Hören des Wortes Gottes und Sichempfangen aus ihm, insofern es Antwort des sich aus seiner Welt verstehenden Menschen auf das Wort Gottes ist. Es ist Menschenwerk, nämlich Aussage über das Wort Gottes, insofern der Mensch sich durch dieses in dem aus seiner Welt gewonnenen Selbstverständnis richten und auf das Maß der Welt zurückbringen läßt" (180 u). Zugespitzt bedeutet das: nur durch das Beieinander selbst, durch das Beieinander von ‚Menschenwerk' und ‚nicht Menschenwerk' kann von einem Hören des Wortes als Gottes Wort gesprochen werden. Nur wenn es der ‚alte' Mensch ist,

also der Mensch in seiner je eigenen Welt, der von dem Wort getroffen wird
(cf. LTh 163 u; s. o. S. 60), nur dann ist es Wort Gottes, das ihn trifft und
nicht irgend eine religiös-theologische Aussage; denn zum Wort Gottes
gehört eben sein Ereignischarakter. Es ist Anrede, wirkendes Wort, das
mein Selbstverständnis trifft und mir zum Beispiel meine Nichtigkeit
unwiderlegbar klar macht. Deshalb hatte Gogarten die je eigene Welt als
den Ort der Begegnung mit diesem Wort immer neu betont. – Die
,Aussage über das Wort Gottes', das Menschenwerk, sagt nur dann etwas
über Gottes Wort, also Gottes Werk, wenn die ,Aussage über' der eigenen
Erfahrung entspringt, der eigenen Antwort auf das Wort Gottes, das heißt,
wenn die ,Aussagen über' von dem gemacht werden, der durch das Wort Gottes in seinem Selbstverständnis getroffen ist. Das Bekenntnis als ,Aussage über
Gottes Wort' muß der ,Antwort auf Gottes Wort' entspringen. Nur der
kann ,Aussagen über Gottes Wort' wagen, der selbst dadurch eine ,Ant-
wort auf Gottes Wort' gibt. Das Bekenntnis ist dann als ,Aussage über'
zugleich auch die ,Auseinandersetzung mit dem Selbstverständnis des
Menschen', und zwar des Menschen, der vom Wort Gottes getroffen ist
und dessen Selbstverständnis durch das Wort Gottes neu erschlossen ist.
Mit dem Bekenntnis als ,Antwort auf' und als ,Aussage über das Wort
Gottes' vergewissert sich die Kirche, wahre Kirche, das heißt, Gottes
Wirklichkeit, ,,das Geschehen der Offenbarung in der Welt'' (181 o), und
zugleich Menschenwerk zu sein. Menschenwerk ist die wahre Kirche in
ihren Aussagen über Gottes Werk, über das ,Geschehen der Offenbarung in
der Welt'. Die Kirche macht ihre ,,bekenntnismäßigen Aussagen . . . mit
Hilfe der Theologie'' (181 u). Hier, als die jeweiligen ,Aussagen über das
Wort Gottes', hat das Menschenwerk der wahren Kirche seinen ,,sehr
besonderen, durchaus einmaligen, nur in bezug auf sie geltenden Sinn''
(181 m). Natürlich keinen bloß ,innerkirchlichen', esoterischen Sinn; denn
jede ,Aussage über das Wort Gottes' ist immer nur vollziehbar in der
,Auseinandersetzung mit dem jeweiligen Selbstverständnis', mit dem jeweiligen Verständnis des Gesetzes der Welt (cf. 179 mit 174; s. o. S. 89).

Die bekenntnismäßigen Aussagen der wahren Kirche erscheinen nicht
periodisch wie ein Amtsblatt; denn sie sind Antwort. Antwort, in der es
darum geht, das jeweilige Verständnis des Wortes Gottes festzulegen. Dabei
ist das Verständnis des Gesetzes Gottes so zu klären, daß es nicht mit dem
Verständnis des Gesetzes der Welt identifiziert wird. Gottes Gesetz darf
nicht als Legitimation des Gesetzes der Welt mißverstanden und mißbraucht werden im Kampf des Menschen um den Bestand seiner Welt.

Gottes Gesetz würde dann nämlich als erfüllbar mißverstanden, als Riegel gegen das Chaos.

Die Kirche wehrt sich mit ihrem Bekenntnis gegen jede solche Vermischung von Gesetz der Welt und Wort Gottes als Gesetz. „Sie tut es . . ., auf daß die Welt Welt bleibe und sie so wieder zur Schöpfung werde" (182 o; cf. 167 ff.; s. o. S. 86) ‚Welt nur Welt' bedeutet: nur bedingte Welt, nicht Mittel zur Rechtfertigung. „Daß Welt, nur Welt bleibt, das geschieht, indem sie ‚neue Schöpfung' wird. Und daß sie ‚neue Schöpfung' wird, das geschieht, indem sie nur Welt bleibt" (182 m). Die ‚Welt nur Welt', Welt nur als bedingte Welt, sie versucht nicht den Umgang mit den Dingen in ihr zu überhöhen, um ihre Einheit und Ganzheit zu gewinnen, denn das heißt in der Regel: sich selbst ein Endziel zu setzen, auf das alles hineilt und hinwirkt, in dessen Dienst alles gestellt wird. Die Welt bloß als Welt, sie weiß, daß sie ihre Einheit und Ganzheit nur empfangen kann, und so wird sie in ihrer Verschlossenheit, als in sich verschlossene Welt (cf. peccator) zugleich (cf. simul) erschlossen (cf. iustus). Die „Welt, die als Schöpfung restituiert wird, das ist die Kirche, das Werk Gottes, die ‚neue Schöpfung', die aus Gottes Wort lebt" (182 o).

Die Kirche ist Welt, aber ohne die Sorgen um ihre Einheit und Ganzheit. Ihre jeweilige Erkenntnis des Weltgesetzes ist deshalb nicht mehr und nicht weniger durch die Vernunft gewonnen als die der übrigen Welt, nur ohne die Verzerrung, der Rechtfertigung dienen zu sollen. Die jeweilige Erkenntnis der Kirche vom bedingten Gesetz der Welt ist deshalb der Einzelnot konzentriert zugewendet. Sie ist illusionslos achtsam. Sie weiß nicht schon vorher Bescheid, sondern denkt immer wieder neu. Das ist die ständige Auseinandersetzung der Kirche mit dem Selbstverständnis ihrer jeweiligen Zeit. In diesem Gegenüber zum Alltäglichen macht sie ihre ‚Aussagen über das Wort Gottes' und so gibt sie ihre ‚Antwort auf das Wort Gottes', nur so ‚macht sie ihre bekenntnismäßigen Aussagen'. Denn nur im Blick auf das jeweils Nötige bekommt sie es mit dem Worte Gottes zu tun. „So geschehen also die aktuelle, konkrete Erkenntnis der geschichtlichen Stunde und die Erkenntnis des Wortes Gottes in eins und nicht die eine vor der anderen und nicht die eine ohne die andere" (183 u).

Erst hier ist der volle Umfang dessen abgesteckt, wie weit die Kirche Menschenwerk ist. Auch Verkündigung und Bekenntnis, kurz: auch alles Erfassen des Wortes Gottes in der Erkenntnis ist Menschenwerk und die Kirche in dieser Hinsicht menschliches Gebilde. Und gerade so doch wahre Kirche. „Denn diese Erkenntnis könnte sie gar nicht haben, wenn sie nicht

Gottes Werk und das heißt die wahre Kirche wäre" (184 o). Das „aber ist sie im Glauben und auf keine andere Weise" (184 m), und zwar im Blick auf die Kirche als „Antwort auf das Wort Gottes, wie es von der Kirche verkündigt wird" (ibd.). Verkündigung des Wortes Gottes und Geschehen der Kirche sind untrennbar. Nicht bloß das Vorhandensein der Institution Kirche, zu der sie immer wieder werden muß, entsteht aus der Verkündigung des Wortes Gottes, sondern jenes Gottesverhältnis, das Gogarten als ‚Personsein vor Gott' faßt, ein Erschlossenwerden für Gott und so zugleich für die Welt, vor allem für den Nächsten. Die unmittelbare Verknüpfung von Wort Gottes und Welt, die uns schon mehrfach begegnet ist im Verhältnis von Wort Gottes und Antwort des Menschen, dient Gogarten dazu gegen Ende seiner Arbeit uns noch einmal an den Ort zu verweisen, wo wir nicht aufgrund händeringender Beteuerungen, sondern aus eigener Erfahrung die Gewißheit finden, daß das Wort der wahren Kirche das Wort Gottes ist. Die Gewißheit begegnet in der Evidenz der Erkenntnis des Menschen, „daß er dieses Personsein verwirkt hat und daß darin alle Not seines irdischen Lebens begründet ist, die durch nichts, was er zu tun vermag, gewendet, sondern nur verschlimmert werden kann, von der ihn nur das von der Kirche verkündigte Wort Gottes erlösen kann, indem er aus ihm die neue Möglichkeit empfängt, vor Gott Person zu sein" (185 o).

Die Kirche ist hier nicht als weltumfassende Größe verstanden, sondern als Ort der ‚Begegnung mit dem Wort' (E. Fuchs). Das Wort umfaßt nicht, sondern es erschließt überhaupt erst die Welt als Welt, mehr noch: durch das Wort wird die Welt in ihrer Einheit und Ganzheit geschaffen. Der Mensch bleibt hier in der Entscheidung, ob er sich selbst und so auch die ganze Welt durch die anfechtende Zuwendung Gottes empfängt, oder ob er sich gegen die Anfechtung zur Wehr setzt, um die ‚Möglichkeit und Rechtfertigung seiner Existenz' aus der Welt mit Hilfe einer Weltanschauung zu gewinnen (cf. 133 u).

Gogartens radikales Verantwortungsverständnis ist nicht ohne Widerspruch geblieben. Wolfhart Pannenberg und Jürgen Moltmann bemühen sich – um zwei der gegenwärtig bekanntesten Kritiker Gogartens zu nennen – im Welterkennen und im Weltverändern über ein bloß worthaftes Verständnis des christlichen Glaubens hinaus zu den Tatsachen zurückzufinden. Mit dem Blick auf das jeweilige Verantwortungsverständnis werden wir zuerst Pannenberg, dann Moltmann auf ihren verschiedenen Denkwegen nachgehen.

OFFENBARUNG ALS VORGRIFF

Das Heilsgeschehen als Tradition

„Was durch die Verantwortung geschieht, in der Jesus das Gottesreich verkündigt und die Abkehr von der bestehenden Welt, die zu Ende geht, fordert, ist nichts Geringeres, als daß sich damit zum erstenmal im Leben der Menschheit, soweit wir davon wissen, Geschichte ereignet, die nicht mehr nur Kunde ist von dem, was einmal innerhalb des Rahmens einer ewigen, sich nicht wandelnden Welt geschah, sondern in deren Geschehen die Existenz der Welt ebenso wie die des Menschen hineingezogen ist" (WW 110). Seit Jesus gibt es – so sieht es Friedrich Gogarten – keine Größe mehr, die als Rahmen die Geschichte umfaßte. – Wolfhart Pannenberg scheint dem zuzustimmen, wenn er einen seiner grundlegenden Aufsätze „Heilsgeschehen und Geschichte", mit den programmatischen Sätzen beginnt: „Geschichte ist der umfassendste Horizont christlicher Theologie. Alle theologischen Fragen und Antworten haben ihren Sinn nur innerhalb des Rahmens der Geschichte, die Gott mit der Menschheit und durch sie mit seiner ganzen Schöpfung hat, auf eine Zukunft hin, die vor der Welt noch verborgen, an Jesus Christus jedoch schon offenbar ist" (22 o)[30]. Aber schon im nächsten Satz grenzt sich Pannenberg scharf gegen Gogarten ab. Panneberg sieht in der „Existenztheologie Bultmanns und Gogartens" (22 o) eine ‚Auflösung der Geschichte in die Geschichtlichkeit der Existenz', das heißt Gogarten flieht aus der wirklichen Geschichte in die „Erfahrung der Bedeutsamkeit der Geschichte in der ‚Geschichtlichkeit' des einzelnen" (22 u). Pannenberg weiß auch den Grund für den Rückzug anzugeben, ein „außertheologisches Motiv" (22 m), nämlich „daß die historisch-kritische Forschung als wissenschaftliche Feststellung des Geschehens für das Heilsgeschehen keinen Raum mehr zu lassen schien" (22 u). Da auch jene heilsgeschichtlichen Theologen wie Martin Kähler und Karl Barth das Feld vor der historisch-kritischen Forschung räumen – sie ziehen sich in die Übergeschichte zurück –, fällt Pannenberg die gewiß nicht leichte

---

[30] Nicht näher bestimmte Zahlen in ( ) gelten im folgenden für Pannenberg, Grundfragen systematischer Theologie / abgekürzt GF.

Aufgabe zu, „die Geschichtshaftigkeit des Heilsgeschehens heute in Auseinandersetzung mit der Existenztheologie, der heilsgeschichtlichen Theologie und mit den methodischen Grundsätzen der historisch-kritischen Forschung" zu behaupten (22 f.). Pannenberg beginnt damit einen Dreifron-
tenkrieg.

Bei Gogarten hatte die Verkündigung Jesu das Geschichtsverständnis
erschlossen. Jesu Erkenntnis der Verantwortung für das Weltsein der Welt
vor Gott (cf. WW c. 9), Jesu Übernahme dieser Verantwortung durch die
Verkündigung (cf. WW c. 10) und damit verbunden der Verzicht Jesu auf
jede Legitimation aus der bestehenden Welt (cf. WW c. 11), das heißt, die
Abkehr von jeder Verantwortung vor dieser Welt, – das war der Beginn
von „Geschichte" (cf. das Gogarten-Zitat auf S. 95 o). Wenn sich Pannenberg so entschieden von diesem Gogartenschen Geschichtsverständnis abgrenzt, müßte auch das Verhältnis Jesu zur Geschichte grundsätzlich anders
als bei Gogarten bestimmt sein. Anhand des Aufsatzes „Heilsgeschehen
und Geschichte" (22–78) soll deshalb Pannenbergs Geschichtsverständnis
skizziert werden, und zwar besonders im Blick auf die Bedeutung Jesu für
die Geschichte.

Ein Rahmen für die Kontingenz

Unter der Überschrift „Die Erschlossenheit der Wirklichkeit als Geschichte durch die Biblische Gottesoffenbarung" (23 o) entfaltet Pannenberg
seinen Geschichtsbegriff. Gleich zu Beginn macht er ernst mit seiner
Ankündigung, nicht vor der historisch-kritischen Forschung aus der empirisch faßbaren Geschichte zu fliehen: „Die Erkenntnis, daß Israel innerhalb
der Religionsgeschichte einen singulären Ort einnimmt durch sein geschichtliches Bewußtsein, ist Gemeingut der heutigen Forschung" (23 o). Die
allgemeine Religionsgeschichte und nicht etwa nur eine von außerwissen-
schaftlichen Interessen beeinflußte Theologie ist zuständig, wenn es um
Israels Geschichtsbewußtsein geht. Schon mit den ersten Zeilen bleibt
Pannenberg also im Bereich historisch-kritischer Forschung, und zwar in
der Religionsgeschichte.

Das religionsgeschichtlich feststellbare Geschichtsbewußtsein Israels
entspringt seinem Gottesgedanken. Gott ist es, der die Geschichte so oder
so wendet, der Neues schafft. Dieser Gott wird deshalb – im Unterschied
zu den Göttern der umwohnenden Völker – gerade im Wandel der

Geschichte erfahren und erkannt. „Daß er erkannt werde – also Offenbarung – ist hier das Ziel von Jahwes Geschichtshandeln" (25 m). – Umgekehrt erschließt sich durch Gottes Handeln in der Geschichte auch die Geschichte selbst, und zwar als „Wirklichkeit in ihrer Totalität" (27 o), so daß „Israels Verständnis der Wirklichkeit als linear zu einem Ziel hineilender Geschichte" (25 o) verstanden werden kann. Gott offenbart sich in der Geschichte und erschließt durch seine Offenbarung die Wirklichkeit überhaupt erst als Geschichte. Nicht das ewig Gleichbleibende, sondern gerade der Wandel ist als das Wirkliche damit in den Blick gebracht.

In „Heilsgeschehen und Geschichte" hatte Pannenberg die Struktur dieser Geschichte noch bestimmt als „das zwischen Verheißung und Erfüllung hineingespannte Geschehen, indem (sic.) es durch die Verheißung eine unumkehrbare Zielrichtung auf künftige Erfüllung hin erhält" (25 o). Im Vorwort zu seiner Aufsatzsammlung distanziert sich Pannenberg ausdrücklich von der „biblische(n) Geschichtsdogmatik" (9 o) mit dem Hinweis auf seinen Artikel „Kerygma und Geschichte" (79–90): „Die Perspektive der Überlieferungsgeschichte, in der die tradierten Verheißungen im Lichte neuer geschichtlicher Erfahrung jeweils neu interpretiert wurden, trat an die Stelle der einfachen Korrespondenz von Verheißung und Erfüllung" (9 o), das heißt der Gedanke „eines hermeneutischen Prozesses unablässiger Revision des Überlieferten im Lichte neuer Erfahrung und Zukunftserwartung" (9 o). Das ist keine grundsätzliche Neuorientierung, sondern nur die Konsequenz aus dem eigenen Ansatz. Eine Verheißung, die ihre Erfüllung inhaltlich starr festlegte, wäre unvereinbar mit dem Wandel der Geschichte, in dem sich Gott offenbart.

Versteht man die Geschichte des Alten Testaments als einen hermeneutischen Prozeß im Sinne Pannenbergs, dann gliedert sich die Tradition in eine Abfolge immer umfassender werdender Geschichtsentwürfe. Das fängt bei der Erzählung von der Thronnachfolge Davids an und gipfelt – nach Pannenberg – in der jüdischen Apokalyptik, die das Ganze der Geschichte von Adam bis zum Endgericht universal umspannt, die Wirklichkeit in ihrer Totalität als Geschichte. Damit ist der größte mögliche Umfang der Geschichte erschlossen. Ein Grundzug menschlichen Geschichtsverständnisses überhaupt ist entdeckt. Deshalb kann es auch im Neuen Testament kein Zurück hinter den Entwurf der jüdischen Apokalyptik geben.

Rudolf Bultmann bestreitet diese These. Behielte er Recht, wäre Pannenbergs systematisch-theologischer Entwurf eines universalen, biblisch begründeten Wirklichkeitsverständnisses schwerlich aufrechtzuerhalten. Pan-

nenberg betont daher im Blick auf Bultmanns literarkritische Aussonderung
der apokalyptischen „Zukunftseschatologie"[31]: „Falls diese literarkritischen
Operationen (sc. Bultmanns) sich als stichhaltig erweisen, wird man jedoch
dem theologischen Urteil des ‚kirchlichen Redaktors' zustimmen müssen,
daß ein Verzicht auf das Ziel der Geschichte in der christlichen Theologie
nicht tragbar ist" (30 m). Nach Pannenberg ist das „Ende der Geschichte als
das zu ihr gehörige Ziel der Erfüllung (sc. der Verheißung) zu verstehen"
(28 u). Das Ziel als das Ende gehört noch mit zur Geschichte selbst[32]. So sehr
Pannenberg darauf, aus ist, in seinem Entwurf „alle bekannten Einzelbefunde zu berücksichtigen" (77 o) – das ist sogar ein Kriterium, nach dem er
seinen Entwurf beurteilt wissen will (cf. 76f.) – etwas, das so aus dem
jüdisch-apokalyptischen Rahmen fällt wie die differentia specifica des
Johannesevangeliums, bleibt notfalls unberücksichtigt.

Im Alten und Neuen Testament begegnet nicht nur das eine jüdisch-
apokalyptische Geschichtsverständnis, sondern beide halten fest an dem
Bekenntnis zur gemeinsamen Gottesgeschichte: „Jesus ist die Offenbarung
Gottes nur im Lichte der Verheißung des Alten Testaments" (30 u). Das Alte
Testament entscheidet über Jesu Bedeutung (31). Pannenberg versucht hier,
so etwas wie eine Sicherung der Auslegung eines Phänomens mit Hilfe der
ursprünglichen Deutung zu gewinnen (s. u. bei mir S. 122f.). Im vorliegenden Text geht es vor allem um die geschichtliche Kontinuität zwischen
Altem und Neuem Testament, auf die Pannenberg nicht verzichten darf,
wenn er den alles umfassenden apokalyptischen Rahmen der Geschichte als
Grundstruktur biblisch begründeten Geschichtsverständnisses behaupten
will.

In einer Auseinandersetzung mit Karl Löwith und Wilhelm Kamlah
verbindet Pannenberg auch die Neuzeit mit dem geschichtlichen Zusammenhang, der den beiden Testamenten zugrunde liegt. „Die Geschichtstheologie erscheint nun, wenigstens im Prinzip, als die legitime Erbin des
biblischen Wirklichkeitsverständnisses" (35 u). Auch die Geschichtsphilosophie bedeutet prinzipiell noch keinen Bruch mit dem christlich-jüdischen
Geschichtsverständnis. „Der Abfall vollzieht sich . . . erst dadurch, daß

---

[31] GF 30; bei Bultmann in GE S. 53, Z. 3 v. u. nur „Eschatologie".

[32] Von da wird auch die etwas gewagt klingende Argumentation gegen Bultmann verständlicher: „Die Eschatologie ist in der Apokalyptik nicht neu, nur ist an die
Stelle der innergeschichtlichen Eschatologie der Propheten eine endgeschichtliche
getreten" (GF 28).

seit der Aufklärung . . . der Mensch an die Stelle Gottes zum Träger der Geschichte erhoben worden ist" (36 u).

Nicht der Glaube an Jesus Christus, nicht die Geschichtstheologie oder die Geschichtsphilosophie, sondern erst die Aufklärung in der Neuzeit stellen den jüdisch-apokalyptischen Entwurf einer Totalität der Wirklichkeit als Geschichte in Frage. Erst in der Neuzeit trifft Pannenberg auf seinen eigentlichen Gegner: den Anthropozentrismus, genauer: auf den weltanschaulichen Anthropozentrismus, der versucht, die Geschichte von ihrer Quelle, der biblischen Gottesoffenbarung, abzuschneiden. Aber: „Der biblische Glaube ist nicht nur der einstmalige, zufällige Ausgangspunkt des abendländischen *Bewußtseins* von geschichtlicher *Wirk-/lichkeit*, sondern dieses *Bewußtsein* bleibt wesenhaft an jenen Ursprung gebunden" (36 f.; Hervorhebungen von mir).

Wenn das Bewußtsein zum Subjekt der Geschichte wird, muß zunächst die Einheit der Geschichte zerbrechen, denn jetzt sind die Individuen die Bezugspunkte der Geschichte, also eine fast unbegrenzte Zahl. Den Relativismus des Historismus zieht Pannenberg als Beleg heran (cf. 37). – Aber nicht nur die Einheit der Geschichte ist zersplittert. Es gibt auch kein wirkliches Interesse an der Geschichte mehr, am wenigsten an der Universalgeschichte, wenn die „geschichtliche Erfahrung der Wirklichkeit" nicht mehr wie „im biblischen Verheißungsglauben" bewahrt ist (cf. 37), das heißt, wenn das Interesse an der Geschichte nicht mehr durch die Verheißung und ihre Erfüllung wachgehalten wird[33]. Mit dem ‚biblischen Geschichtsverständnis', dem ‚biblischen Verheißungsglauben' verschließt sich der ‚Ursprung des abendländischen Bewußtseins von geschichtlicher Wirklichkeit'. „Mit dem Verlust dieses Ursprungs droht heute die Erfahrung der Wirklichkeit als Geschichte dem Menschen wieder zu entschwinden" (37 m). In dem Ursprung der Erfahrung ist die Erfahrung selbst bedroht; mit der Erfahrung ist das Bewußtsein vom Gegenstand der Erfahrung bedroht.

In Pannenbergs Schema von ‚Gegenstand' und ‚Bewußtsein des Gegenstandes' wird die Geschichtlichkeit des Menschen als Bewußtsein verstanden. Nur so ist es zu entschuldigen, wenn Pannenberg Heidegger widerspricht und sagt, daß die „Geschichtlichkeit in der Erfahrung der Wirklichkeit als Geschichte . . . gründet" (38 u), und nicht etwa – wie Heidegger gezeigt hat – umgekehrt die Geschichtlichkeit die Geschichte ermöglicht.

---

[33] Daß es auch für Pannenberg noch andere Gründe für das Interesse an der Geschichte gibt, zeigt GF 50 o.

Diese von Heidegger zu verantwortende Umkehrung von Geschichte und
Geschichtlichkeit ist für Pannenberg die letzte Konsequenz jenes Subjekt-
wechsels, der den Menschen zum Träger der Geschichte gemacht hat
(cf. 39 o).

Pannenberg kritisiert von seinem Schema her auch Friedrich Gogarten,
der – wie Bultmann – „diese anthropozentrische Wendung des neuzeitlichen Geschichtsverständnisses" (39 o) wenigstens teilweise mitzumachen
scheint. Zwar ‚stimmt' Pannenberg Gogarten noch ‚dankbar zu' (cf. 40 o),
wenn ‚die Erfahrung der „reinen Zukünftigkeit" Gottes', nach Gogarten,
‚Ursprung der Geschichtlichkeit des Menschen' ist. Aber die *reine* Zukünftigkeit kann kein Bewußtseinsinhalt werden, ist also für Pannenberg nicht
nachvollziehbar. Deshalb verknüpft er sein eigenes Geschichtsverständnis
mit der „reinen Zukünftigkeit" und macht so aus Gogartens „reiner
Zukünftigkeit" das Pannenberg'sche kontingente Handeln Gottes. Israel
hatte nun aber – wie wir von Pannenberg hörten (s. o. bei mir S. 96 f.) –
gerade „im Bereich des geschichtlichen Wechsels selbst den *Sinn* des
Daseins zu finden" gewußt (40 m). Die „reine Zukünftigkeit" Gottes, bei
Pannenberg das kontingente Handeln Gottes, ist deshalb „nur ineins mit
dem Verständnis des Verlaufes der Verheissungsgeschichte erschlossen"
(40 m). „Auch in der Verkündigung Jesu ist die ‚reine Zukünftigkeit' Gottes
. . . ohne die Apokalyptik nicht denkbar" (40 m). Gogartens „reine Zukünftigkeit" Gottes verwandelt sich so in das apokalyptisch verstandene Ziel
der Geschichte, auf das, nach Pannenberg, die christliche Theologie nicht
verzichten kann (30 m). Von diesem Ziel als Verheißung her ist der Sinn des
Daseins auch im kontingenten Handeln Gottes zu finden. „Gogartens Abstraktion der ‚reinen Zukünftigkeit' Gottes einerseits und der Geschichtlichkeit des Menschen andererseits von jeglichem konkreten Sinnverständnis
des geschichtlichen Verlaufens ist undurchführbar" (40 u). Das heißt doch
wohl: ganz so kontingent darf das kontingente Handeln Gottes auch wieder
nicht sein, sondern es muß im Rahmen des jüdisch-apokalyptischen Geschichtsverständnisses bleiben, also auf das Ende der Geschichte als ihr Ziel
zulaufen und von diesem Ende her seinen Sinn empfangen. Auch das
Kontingente muß sich noch auf einen letzten Sinn beziehen lassen. Der
apokalyptische Rahmen darf nicht gesprengt werden.

Wie ein Leitmotiv hat sich bisher durch Pannenbergs ganzen Entwurf
der Gedanke „Zusammenhang der Geschichte" hindurchgezogen. Im letzten Unterpunkt des ersten Teils (cf. 40–44) führt Pannenberg den Leser
gerade wegen des Gedankens vom Zusammenhang der Geschichte in eine

Aporie: ein sinnvoller Zusammenhang der Geschichte scheint nicht nur die Freiheit des Menschen auszuschließen, sondern auch die Freiheit Gottes. Wie soll sich die erschlossene sinnvolle Geschichtskonzeption mit dem kontingenten Handeln Gottes vereinbaren lassen? – Sind nicht alle Geschichtskonzeptionen der jüdischen Apokalyptik und des Mittelalters in ihren Vorausberechnungen gescheitert? – Der Mensch kann eben nicht – wie so oft versucht – die Erfüllung der Verheissung Gottes im Voraus festlegen. Das ist auch wieder Anthropozentrismus.

Andererseits kann die Theologie nicht auf „eine offenbarungsgeschichtliche Konzeption des gesamten Geschichtsverlaufes" (42 m) verzichten, weil sonst ‚die christlichen Glaubensgehalte verschwinden' würden, „die alle wesentlich an das offenbarungsgeschichtliche Verständnis der Wirklichkeit gebunden sind" (42 m). Das beginnt bei der „endgeschichtlichen Eschatologie" und endet bei der Christologie.

Den rettenden Ausweg öffnen Fuchs und Bultmann mit ihrer Rede von Jesus als dem Ende der Geschichte. Wenn nämlich das Ganze der Geschichte nur vom Ende der Geschichte her in den Blick kommen kann, und wenn in Christus das Ende der Geschichte erschienen ist, dann ist „ein Verständnis der Geschichte als ganzer . . . möglich" (43 o). Es wäre aber ein Mißverständnis zu glauben, Christus beendete als das Ende der Geschichte die Geschichte, sondern es geht allein darum, „daß in der Person Jesu das Ende der Geschichte schon vorweggenommen ist" (43 o). „Was das heißt, . . . wird selbst nur innerhalb der Geschichtskonzeption der Apokalyptik verständlich" (43 o). Der apokalyptische Rahmen ist also die Bedingung dafür, daß Jesus überhaupt als Ende der Geschichte verstanden werden kann. Das Ende der Geschichte bleibt also im Rahmen der Geschichte, eben im apokalyptischen Rahmen.

Das Ende der Geschichte bedeutet auch nicht, jetzt wäre der Gesamtverlauf im voraus überschaubar, denn „der Anbruch des Eschaton, ist für unsern Verstand ein Licht, das blendet" (43 u). Aber soviel wird dennoch klar bei aller Unverfügbarkeit, die Pannenberg in den kompliziertesten Sätzen zu sichern bemüht ist: wenn wir auch die Erfüllung der Verheißung nicht begreifen können, daß die Verheißung an Jesus erfüllt ist, steht außer Zweifel. Und das genügt, um die Geschichte als einen universalen Prozeß zu entwerfen, der auf ein verheißungsvolles Ziel hinläuft, auf ein sinnvolles Ende der Geschichte, von dem her schon jetzt das menschliche Leben einen Sinn empfangen kann. Der Zusammenhang der Geschichte bleibt also erhalten; denn das sinnvolle Ziel vermag alle Einzelergebnisse zusammenzu-

schließen. Wir brauchen vor der Frage nach dem Sinn des Geschichtsverlaufs nicht zu resignieren. Pannenberg verzichtet andererseits darauf, von
der Geschichte mehr zu wissen, als daß ihr Ende sinnvoll ist. So glaubt er
die Aporie gelöst zu haben: das sinnvolle, in Jesus von Nazareth erschienene Ende der Geschichte ermöglicht es, von einem sinnvollen Zusammenhang zu reden. Andererseits bewahrt uns die Unbegreiflichkeit der Auferweckung Jesu davor, einen für alle Zeiten im voraus gültigen Geschichts-
verlauf konstruieren zu wollen. Pannenberg wird deshalb einen Weg suchen
müssen, der zwischen Konstruktion und Resignation hindurchführt.

Der Nutzen der Historie für den christlichen Glauben

Im zweiten Hauptteil des Aufsatzes geht es um „Die Geschichte Gottes
und die historisch-kritische Forschung" (44 u), also um jene Geschichte,
deren Zusammenhang Pannenberg vom Alten bis zum Neuen Testament
und bis in die Neuzeit hinein mit allen Mitteln verteidigt hat. Diese
Geschichte soll jetzt als mit der historisch-kritischen Forschung vereinbar
aufgezeigt werden. Alles andere wäre ja Flucht aus der Geschichte.

Pannenberg sieht natürlich, daß sich die historisch-kritische Methode
so, wie sie allgemein angewendet wird, nur für das Feststellbare, für die Rekonstruktion des Vergangenen, interessiert. Was darüber hinausgeht, ist
Wertung. Das heißt keineswegs Willkür. Doch die Annahme von Sinn, die
Wertung, ist nicht mehr empirisch zu begründen. Aber gerade einen
solchen Sinnzusammenhang erstrebt Pannenbergs Verheißungsgeschichte:
„Die Gottesgeschichte, von der der Glaube lebt, bezeugt nur so den einen,
wahren Gott, daß in ihr die Symphonie alles menschlichen Lebens sich
vollendet" (45 o). Die Gottesgeschichte ist der Sinnzusammenhang, der alles
menschliche Leben in Harmonie vollendet, also sinnvoll sein läßt.

So klar der Sinncharakter der Pannenbergschen Geschichte ist, und so
unzuständig die Empirie für Sinnbehauptungen ist, Pannenberg möchte
dennoch die empirische und die Sinnebene vereinen. Er hat zweifellos
Recht, wenn er sagt: „. . . auch von der Theologie her ist die Ausgrenzung
der besonderen biblischen Geschichte aus dem Bereich der historischen
Methode ausgeschlossen" (45 o). Die historische Arbeit an den biblischen
Texten und im Bereich der Geschichte Israels zum Beispiel unterliegt
keinen Sonderregeln. Aber es ist schon Vorsicht geboten, wenn Pannenberg

folgert: „Daher sollte sich eigentlich keine christliche Theologie damit abfinden können, die Arbeit historischer Forschung als ein Fragen auf einer anderen geistigen Ebene zu betrachten, sondern wenn das historische Fragen nicht . . . zu verwerfen ist, dann muß seine Wahrheit irgendwie auf die der Gottesgeschichte bezogen sein" (45 m). Pannenberg scheint also doch nicht nur den Bereich der Bibel wie jeden anderen historischen Bereich empirisch bearbeiten, sondern die empirische Methode für die Sinngebung benutzen zu wollen.

Pannenberg sieht die Schwierigkeiten für sein Unternehmen von einer anderen Seite. Es bestehe ein weltanschaulicher Gegensatz zwischen der biblischen Gottesgeschichte und der Anthropozentrik des historisch-kritischen Verfahrens. Die Anthropozentrik scheint „alle transzendente Wirklichkeit von vornherein auszuschließen" (45 m). Es ist also – für Pannenberg – eine rein weltanschauliche Frage, ob die historisch-kritische Methode „alle transzendente Wirklichkeit von vornherein" ausschließt, es ist der „Ausdruck eines anthropozentrischen Immanenzdenkens" (47 o). – Wie, wenn dieser Ausschluß ,aller transzendenten Wirklichkeit' die Grundbedingung des Entwurfs der Historie wäre? Also Historie nicht mehr Historie wäre, wenn sie sich auch für Transzendentes als zuständig erklärte? – Denn: nach welchen kritischen Maßstäben sollte eine historisch-kritische Methode Transzendentes beurteilen?

Für Pannenberg geht es hier nur um einen weltanschaulichen Gegensatz. Der Anthropozentrismus müsse aber keineswegs weltanschaulich, er könne rein strukturell bedingt sein. Pannenberg unterscheidet also zwischen einem weltanschaulichen und einem in der Struktur der Methode selbst liegenden methodischen Anthropozentrismus der historisch-kritischen Methode (cf. 46).

Um die Frage nach dem Charakter des historisch-kritischen Anthropozentrismus zu klären, zieht Pannenberg Ernst Troeltschs Aufsatz „Über historische und dogmatische Methode in der Theologie"[34] heran. „Nach Troeltsch beruht die historische Kritik auf der ,Anwendung der Analogie', die ,die prinzipielle Gleichartigkeit alles historischen Geschehens' einschließt (732), sowie auf der Voraussetzung einer universalen Korrelation, der ,Wechselwirkung aller Erscheinungen des geistig-geschichtlichen Lebens' (733)" (46 u; in,' Troeltsch zitiert nach Pannenberg.). Pannenberg bejaht

---

[34] Ernst Troeltsch, Gesammelte Schriften Band II SS. 729 bis 753; die Zahlen in ( ) beziehen sich hier bei Pannenberg auf Troeltsch.

die Korrelation auch für die „Gaubenszeugnisse Israels" „als Geschichts-
dokumente"(46 a. E.), wendet sich aber gegen den Mißbrauch der Korrelation
zur „Deutung der Gesamtgeschichte durch den Entwicklungsgedanken
oder überhaupt durch eine ihr unterlegte Teleologie" (48 o).

   Leider sagt Pannenberg nicht, ob die Korrelation auch die „transzendente Wirklichkeit" mit einschließt, obwohl es der Ausgangspunkt seiner
Bemühungen war, die Vereinbarkeit der nichtweltanschaulich gebrauchten
historisch-kritischen Methode mit der Gottesgeschichte zu zeigen. Es fehlt
demnach der Aufweis, daß eine nur methodisch-anthropozentrische historisch-kritische Forschung das Prinzip der Korrelation auch auf transzendente Wirklichkeit anwenden darf, daß also die transzendente Wirklichkeit
nicht wie bisher ,von vornherein ausgeschlossen' bleiben muß, wenn die
historisch-kritische Methode historisch-kritisch bleiben soll. Pannenbergs
Zwischenbilanz scheint aber die Korrelation auch für die transzendenten
Bereiche anzunehmen: „Das Prinzip der universalen Korrelation begründet
also für sich keinen wesenhaften Gegensatz der historischen Methode gegen
ein theologisches Geschichtsverständnis" (48 m). Diese Zwischenbilanz geht
auf Pannenbergs eigene Problemstellung nicht ein.

   Zum zweiten Prinzip der historisch-kritischen Methode, der Analogie,
sagt Ernst Troeltsch, sie schließe eine „prinzipielle Gleichartigkeit alles
historischen Geschehens ein, die freilich keine Gleichheit ist, sondern den
Unterschieden allen möglichen Raum läßt, / im übrigen aber jedesmal einen
Kern gemeinsamer Gleichartigkeit voraussetzt, von dem aus die Unterschiede begriffen und nachgefühlt werden können" (E. Troeltsch, Ges.
Schriften Bd. II 732 nach Pannenberg 50 f.). Pannenbergs Sorge, die
„Einebnung des geschichtlich Besonderen, die durch die einseitige Hervorhebung des Typischen und Analogen heraufbeschworen wird, droht im
Postulat der Gleichartigkeit alles Geschehens gleichsam zum Prinzip erhoben zu werden" (52 o), diese Sorge will Troeltsch gewiß nicht vergrößern,
aber er muß darauf bestehen: es gibt keine Erkenntnis durch Analogie ohne
irgendetwas Gleichartiges, das die Brücke zwischen dem Bekannten und
dem noch Unbekannten schlägt. Fehlt die Brücke, gibt es keine Erkenntnis
durch Analogie.

   Den eigentlichen Grund für sein Ringen um die Analogie mit einer
gegen Null gehenden Gleichartigkeit nennt Pannenberg in einer Fußnote:
Die Historizität der Auferstehung Jesu (cf. 53 A 22). Deshalb sagt Pannenberg: „Daß ein berichtetes Geschehen die Analogie des sonst Gewohnten
oder mehrfach Bezeugten sprengt, ist für sich noch kein Grund, seine

Faktizität zu bestreiten" (53 m). – Wenn wir unter „Faktizität" das verstehen, was die historisch-kritische Methode feststellt, und wenn zu den Prinzipien historisch-kritischer Methode die Analogie gehört, dann läßt sich als Faktum nur etwas historisch-kritisch feststellen, was durch Analogie erkannt ist. Wenn wir ferner der historisch-kritischen Methode das Recht zugestehen, über Historizität oder Unhistorizität zu entscheiden, – welchen anderen Sinn hätte die Methode sonst? – und wenn die Auferweckung Jesu ohne Analogie ist, dann ist sie kein historisches Ereignis. Aber weshalb soll sie dann auch irreal sein? Ist denn nur real, was mit der historisch-kritischen Methode feststellbar ist? – Sind denn zum Beispiel Glaube, Liebe und Hoffnung irreal, nur weil die historisch-kritische Methode sie nicht feststellen kann? – Denn was sie feststellen könnte, wäre ein Verhalten oder eine Aussage, die einen Hinweis auf Glauben oder Liebe geben könnten.

Weder ist die Analogie auf Analogieloses, noch die Korrelation auf Transzendentes anwendbar. Damit entfällt aber die Möglichkeit, die historisch-kritische Methode auf eine Geschichte anzuwenden, die durch Transzendentes oder Analogieloses mitkonstituiert wird. Die Unterscheidung zwischen methodischem und weltanschaulichem Anthropozentrismus ist dabei belanglos.

Unter der Überschrift „Das Monopol der historischen Methode für die Geschichtserkenntnis" (54 o) unterstreicht Pannenberg selbst: „Aber wo die Analogie aufhört, endet mit der Möglichkeit fortschreitender Abhebung des Besonderen gegenüber dem Gemeinsamen auch der Prozeß weiter eindringenden Verstehens" (54 m). Das gilt auch für die Theologie.

Nachdem Pannenberg darauf hingewiesen hat, daß nur die historisch-kritische Forschung Vergangenes zuverlässig erschließen kann, und weil „der christliche Glaube von einem realen vergangenen Geschehen lebt", (57 o) zieht Pannenberg den Schluß, „daß der Gegenstand des Glaubens als solcher für uns von historisch-kritischen Forschungsergebnissen nicht unberührt bleiben kann" (57 o). – Pannenberg erwähnt Einwände gegen seine Position, die schon Wilhelm Herrmann und Martin Kähler erhoben hatten, verweist auf Ernst Troeltschs vergebliches Bemühen, die historische Wahrheit des Glaubensgrundes' festzuhalten (cf. 59), und kritisiert mit Gogarten einige neuere Versuche, ,eine historisch faßbare, dem urchristlichen Kerygma vorgegebene Grundlage des Glaubens' (61 o) festzustellen. Erst dann skizziert Pannenberg den Versuch, „die Priorität der geschichtlichen Wirklichkeit des Heilsgeschehens vor dem Glauben und dem Kerygma zu behaupten" (63 o). Das könne nur gelingen, „wenn der Glaube ganz von jener Geschichte herkommt, in ihr seinen Grund hat. Gerade auch die Tatsache, daß Gott im Geschick Jesu von Nazareth offenbar ist, eignet diesem Geschehen selbst und wird nicht etwa erst durch den Glauben in die Ereignisse hineingesehen" (63 o)[35]. Der letzte Satz mag verständlicher werden, wenn man bedenkt, daß für Pannenberg die Auferweckung Jesu eine prinzipiell historisch feststellbare Tatsache ist und daß mit der Tatsache der Auferweckung auch der Jesus auferweckende Gott − eben als der Tote auferweckende Gott − in den historisch-kritischen Blick kommt und so offenbar wird. Pannenberg bemüht sich also, „Sache" und „Bedeutung" im Objekt der historischen Erkenntnis zusammenzudenken, um dadurch der Bedeutung Objektivität zu verleihen (s. bei mir S. 122 f.).

Pannenberg fährt fort: „Nur wenn die Offenbarungsbedeutung in den Begebenheiten selbst beschlossen ist, wird man hier von Inkarnation . . . reden dürfen. Dann aber wird man es auch nicht *prinzipiell* von der Hand weisen dürfen, daß eine historische Erforschung dieses Geschehens auch seine Besonderheit, seinen Offenbarungscharakter entdecken könnte und müßte. Ob allerdings historische Forschung *faktisch* dazu kommt, den Charakter des Geschickes Jesu von Nazareth als Offenbarung Gottes zu entdecken, und wodurch sie etwa daran verhindert wird, das ist eine ganz andere Frage" (63 m). Das historische Wesen des Glaubensgrundes ersetzt nicht den Glauben selbst; denn der Glaube ist „Vertrauen auf Gottes Verheißung" (66 o), genauer: Vertrauen darauf, daß Gott seine Verheißung auch erfüllen wird. Pannenberg unterscheidet deshalb zwischen zweierlei Gewißheit: „Die Gewißheit des Wissens von dieser Verheißung ist als Voraussetzung des Glaubens wohl zu unterscheiden von der eigentlichen Glaubensgewißheit, die sich auf dem Grunde der Verheißung erhebt und auf die künftige Erfüllung geht" (66 m). − Der Wahrscheinlichkeitscharakter unseres historischen Wissens untergräbt nicht die Vertrauensgewißheit; das Wissen von der Verheißung macht die Vertrauensgewißheit nicht überflüssig (66).

Blickt man auf Pannenbergs Ausgangspunkt zurück (s. o. bei mir S. 105), läßt sich die Frage nicht unterdrücken, worin denn nun ‚real‘ der Einfluß der historisch-kritischen Forschung auf den Glauben als Vertrauensgewißheit besteht. Da die historisch-kritische Forschung das Wissen und so nur die historische Gewißheit direkt betrifft, die historische

---

[35] cf. bei mir S. 99 f. Pannenbergs Unterscheidung von Wirklichkeit und Bewußtsein.

Gewißheit — wie wir gerade hörten — in ihrem Wahrscheinlichkeitscharakter die Vertrauensgewißheit nicht beeinträchtigt, ist der ‚faktische‘ Einfluß der historisch-kritischen Forschung auf die Vertrauensgewißheit nur noch ‚prinzipiell‘ gegeben. Sollten Ergebnisse historisch-kritischer Forschung die Wahrscheinlichkeit der historischen Gewißheit zerstören, bleibt nicht nur die Zuversicht, solche Anfechtung werde auch dieses Mal vorübergehen (59 o), sondern der Frontalangriff auf empirische Ergebnisse aus systematisch-theologischem Interesse, wie ihn Pannenberg im ersten Hauptteil seiner Arbeit gegen Bultmanns literarkritische Arbeit am Johannes-Evangelium vorgetragen hat (cf. 30 m; zitiert auf S. 98 o bei mir)[36].

Die Bedeutung der Theologie für die Historie

Wenn der Grund des Glaubens historisch zu erhellen ist, dann muß der Historiker prinzipiell zeigen können, „daß in Jesus von Nazareth Gott sich offenbart hat" (67 o). Wegen der Universalität Gottes kann ein solcher Nachweis nur „unter Voraussetzung eines universalgeschichtlichen Horizontes" (67 m) angetreten werden. Deshalb darf auch Jesus von Nazareth nicht isoliert als Einzelperson auf Offenbarung hin befragt werden, sondern nur im „Zusammenhang mit der Geschichte Israels" (67 u). Dabei sind unter ‚Geschichte Israels‘ sowohl die Ergebnisse der Geschichte, als auch — in untrennbarer Einheit von den Ereignissen — „das Bewußtsein von den Taten Gottes in der Geschichte" (67 a. E.) gemeint. Nur im Blick auf eine solche Geschichte, die Fakten und Deutung in sich untrennbar vereint, „ist Jesus von Nazareth der Offenbarer Gottes" (68 o; s. u. S. 122 m).
Aber die Geschichte Israels wäre für sich genommen immer noch keine universale Geschichte. Die Brücke zu den übrigen Bereichen der Geschichte

[36] Pannenbergs Glaubensbegriff scheint nicht ganz frei von Kantschem Einfluß zu sein. cf. Kants Logik, A 102 Anmerkung: „Das Glauben ist kein besonderer Erkenntnisquell. Es ist eine Art des mit Bewußtsein unvollständigen Fürwahrhaltens, und unterscheidet sich . . . vom Meinen nicht durch den Grad, sondern durch das Verhältnis, was es als Erkenntnis zum Handeln hat. So bedarf z. B. der Kaufmann, um einen Handel einzuschlagen, daß er nicht bloß meine, es werde dabei was zu gewinnen sein, sondern daß er's glaube, d. i. daß seine Meinung zur Unternehmung aufs Ungewisse zureichend sei." — cf. auch G. Klein, Theologie des Wortes Gottes . . . usw., SS. 54 bis 71. Klein setzt sich hier ausführlich mit Pannenbergs Glaubensverständnis auseinander.

wurde in der jüdischen und in der christlichen Missionstheologie ge-schlagen. Die Antwort auf die Frage der Hellenen nach dem wahren Gott in ,Anknüpfung und Widerspruch' verband Jesus auch mit der übrigen Geschichte. So erst entstand ein universaler, geschichtlicher Hori-zont, in dem die Frage nach der Offenbarung Gottes in der Geschichte sinn-voll wurde.

Kann auch die moderne Historie methodisch einen solchen universalge-schichtlichen Horizont erfassen? – In einer positiven Antwort auf die Frage läge für Pannenberg die Möglichkeit, die Offenbarung in der Geschichte selbst historisch aufzuweisen.

Aber: ist überhaupt eine Einheit der Geschichte heute noch entwerfbar? – Eine Einheit der Geschichte ist nötig, denn – Pannenberg zitiert zustim-mend Reinhard Wittram: „Ohne Weltgeschichte gibt es keinen Sinn der Geschichte" (Bei Pannenberg 69). – Möglich wird eine solche Einheit der Geschichte als Entwurf. Pannenberg referiert Collingwood, der die spontan entworfene Konzeption eines Geschichtsverlaufs als das ansieht, was den Bezugsrahmen für historische Einzelheiten abgibt und ihnen historische Bedeutung verleiht. Umgekehrt sind es die tradierten Einzelheiten, die nachträglich den an sie herangetragenen Entwurf verändern oder gar sprengen. Der Entwurf ist „der eigentliche Gegenstand des Historikers, und bei ihm setzt seine Tätigkeit sofort ein", referiert Pannenberg Colling-wood (71 o).

Pannenberg versucht den „Erkenntniswert des historischen Entwurfs" (71 o) zu bestimmen. Der Historiker gehört „zur Auswirkung des Ge-schehens, das er erforscht, mit hinzu" (71 m). Der historische Entwurf ist zu verstehen „als spontane Reproduktion einer vorgegebenen Geschichtsein-heit . . ., die freilich erst in diesem reproduzierenden Akt zum Bewußtsein ihrer selbst kommt" (71 u). Deutlich scheint zunächst die Absicht, eine objektiv vorgegebene Einheit zu ,reproduzieren' – also gerade nicht: zu produzieren; andererseits, die Einheit erst jetzt wirklich zu konstituieren, ,zum Bewußtsein ihrer selbst' zu bringen, damit die Einheit nicht als ein Zusammenhang erscheint, in dem keine Kontingenz möglich wäre. Zwi-schen Einheit der Geschichte und Kontingenz der Einzelereignisse muß ein Weg gefunden werden, wenn in der historischen Methode ein universal-geschichtlicher Horizont denkbar sein soll, der die Voraussetzung der Offenbarungsgeschichte ist. Die Auslegung durch den Historiker – sein Entwurf – und die Wirkung der den Fakten innewohnenden Bedeutung müssen Wechselwirkungen sein (s. u. S. 123).

Nach diesem Doppelkriterium, Einheit und Kontingenz, geht Pannenberg die Reihe der neueren Entwürfe von Weltgeschichte durch, stellt fest, daß sie alle nicht seiner Anforderung entsprechen und kommt zu dem Schluß. „Die Vergeblichkeit all dieser Versuche kann zum Hinweis darauf werden, daß die Einheit der Geschichte transzendent begründet ist" (73 a. E.).

Gottes Einheit und Freiheit ist der Ursprung der Einheit der Geschichte und der Kontingenz der Einzelereignisse. — Das Auffallende an Pannenbergs Entwurf ist, daß der Zusammenhang der Geschichte durch eine nach rückwärts gerichtete Verknüpfung kontingenter Ereignisse hergestellt wird. Das neue Ereignis ist hier nicht der nächste, mehr oder weniger folgerichtige Schritt in die Zukunft, sondern das Neue ist wirklich ganz neu. Das Neue läßt das Bisherige im Licht des Neuen unter Umständen völlig anders als bisher erscheinen. Der Zusammenhang der Geschichte wird vom Neuen her immer wieder entworfen. Einheit der Geschichte und Kontingenz bleiben so gewahrt, vorausgesetzt — und das ist doch wohl Pannenbergs eigentliche Pointe — vorausgesetzt der Zusammenhang der Geschichte, der mit jedem Ereignis wächst, ist kein Produkt von ‚Irrtum und Gewalt‘, sondern sinnvoll; denn davon gingen wir aus, daß erst der Entwurf das Einzelne sinnvoll werden läßt. Gott ist dann als der gedacht, der mit der Einheit der Geschichte auch den Sinn der Geschichte stiftet, der Geschichte also ihr Ziel setzt.

In einer Anmerkung seines Nachwortes zu „Offenbarung als Geschichte" verteidigt Pannenberg seinen Entwurf gegen Hans-Georg Geyers Behauptung, hier läge „ein Postulat der historischen Vernunft" vor (cf. OaG 138 A 15). Dem hält Pannenberg entgegen, „daß es hier nicht nur um rationale Konstruktion, sondern um die überlieferungsgeschichtlichen Voraussetzungen des neuzeitlichen Geschichtsdenkens geht, die im ersten Teil des Aufsatzes dargelegt worden waren. Gerade der *biblische* Gottesgedanke ist dabei nicht nur historische, sondern eben auch sachliche Bedingung für ein Verständnis der Geschichte als Einheit" (OaG 138 A 15 a. E.). — Der „Konstruktions"-Charakter des Entwurfs dürfte darauf zurückgehen, daß Pannenberg die biblische Geschichtskonzeption, wie er sie der Schrift entnimmt, zu einem Entwurf im Sinne Collingwoods formt und so meint, unter den Bedingungen der historisch-kritischen Methode das biblische Geschichtsverständnis zur Sprache zu bringen. Aber eben das biblische, also ein empirisch gewonnenes Verständnis in den Rang eines systematisch-theologischen Entwurfs zu erheben.

Hier vereinen sich wieder zwei Komponenten: die historische und die systematisch-theologische Komponente. Als systematisch-theologischen Entwurf eines Geschichtsverständnisses beansprucht Pannenberg, „die Einheit der Geschichte in Wahrung der Eigenart des Geschichtlichen zu denken" (75 o), also für die Arbeit auch des „Profanhistorikers" Relevantes zu entwerfen. Der Historiker bekommt es dann mit diesem Entwurf gleich zweimal zu tun: erstens als Rahmen aller Geschichte überhaupt, das heißt systematisch-theologisch, und zweitens, wenn auch in anderer Gestalt, empirisch in der Geschichte selbst, nämlich als mögliches Objekt einer historischen Untersuchung an dem Ort, an dem dieses Verständnis zum ersten Male gedacht worden ist: in der Religionsgeschichte Israels. Was heute als Pannenbergs Entwurf systematisch-theologisch auch für den Historiker relevant sein sollte, ist historisch, also empirisch, den biblischen Texten zu entnehmen.

Der für jeden Historiker relevante Entwurf Pannenbergs, der die Einheit und Kontingenz der Geschichte in der Einheit und Freiheit Gottes transzendent begründet, versteht sich selbst als „Theologie der Geschichte", die ihren systematisch-theologischen Anspruch einer nachträglichen historisch-empirischen Prüfung an den Einzelfakten unterwirft, und zwar in doppelter Hinsicht: nur wenn der Entwurf alle bekannten Einzelbefunde zu umschließen vermag und nur wenn die Einzelbefunde ohne den Entwurf nicht oder nicht voll erklärbar sind, nur dann will Pannenberg den Entwurf als geschichtsgemäß gelten lassen (cf. 77 o). Aber: auch wenn Pannenbergs systematisch-theologischer Entwurf empirisch aus den biblischen Texten erhoben und nachträglich empirisch durch seine sinngebende Wirkung bewährt werden könnte, konkurrierte dieser Entwurf als Entwurf mit dem Entwurf der historisch-kritischen Methode. Ein Umgang mit der Vergangenheit nach Pannenberg wäre nicht mehr dasselbe wie eine von der historisch-kritischen Methode geleitete Arbeit[37].

Durch die Aufforderung zur Verifikation des Entwurfs will Pannenberg eine ähnliche Konstellation im Gespräch zwischen den Wissenschaften und der Theologie heraufführen, wie sie in der Zeit der frühchristlichen

---

[37] s.o. SS. 102—107 bei mir; cf. R. Wittram in ZThK 62, 1965, S.453 u: „Man muß sich darüber im klaren sein, daß dieses Programm einer neuen Geschichtsforschung die Aufspaltung der Geschichtswissenschaft in eine theologisch fundierte und eine welthaft orientierte bedeutet." — Dieser Einwand Wittrams gegen Moltmann gilt ebenso für Pannenbergs Versuch.

Apologeten bestanden hat. Wie sich damals die Theologie in der Auseinandersetzung mit der antiken Philosophie bewährt und dadurch ihr Zeugnis vor aller Welt abgelegt hat, so soll auch heute wieder die Theologie Zeugnis ablegen in der Bewährung des Pannenbergschen Entwurfs. Das bedeutet keineswegs – wie auch spätere Arbeiten Pannenbergs beweisen – eine Beschränkung der Auseinandersetzung auf den Bereich der Historie, sondern die Wirklichkeit in ihrer Totalität, also auch der Naturbereich, soll mit einbezogen werden (cf. 75 A 69). – Es geht jedoch nicht nur um einen Entwurf, der zeigt, wie man es eben auch machen könnte, sondern Pannenberg sieht darin „die der geschichtlichen Wirklichkeit einzig angemessene Sicht" (76 m). Eben die Sicht, durch die – wie der Historiker weiß – „für die Menschheit das Verständnis der Welt als Geschichte erschlossen worden ist" (sc. ursprünglich in der Bibel; 76 m). Soll unser Geschichtsverständnis nicht im Relativismus der weltanschaulich anthropozentrisch verstandenen historisch-kritischen Methode untergehen, dann gilt es diesen Entwurf festzuhalten oder neu zu ergreifen.

Wir wollten uns nicht nur eine Übersicht der wichtigsten Elemente des Pannenbergschen Geschichtsverständnisses verschaffen, sondern wir wollten vor allem nach der Rolle Jesu in Pannenbergs Entwurfs fragen. An dieser Stelle ist erst ein Zwischenergebnis möglich, das vielleicht noch korrigiert werden muß, aber soviel läßt sich wohl schon sagen: Jesus erfüllt eine Funktion im Rahmen der ‚Gottesgeschichte', das heißt nach Pannenberg: seine historisch-kritisch prinzipiell nachweisbare Auferweckung bedeutet im Rahmen der jüdischen Apokalyptik den Anbruch des Eschaton, also eine den Rahmen zwar modifizierte, aber vor allem doch verifizierende Tatsache.

Die Funktionalisierung der Tradition

Geschichte und Überlieferungsgeschichte

Obwohl die Überlieferungsgeschichte „als der tiefere Begriff von Geschichte überhaupt anzusehen" ist (88 u), stellt Pannenberg in seiner Antwort auf die Diskussionsbeiträge amerikanischer Kollegen der Überlieferungsgeschichte als dem Prozeß der Geschichte selbst noch einen Geschichtsbegriff voran, der in sich wiederum in einen ‚allgemeinsten' und einen besonderen Begriff aufgegliedert ist (cf. Rb 323 a. E.). Der besondere Geschichtsbegriff ist

‚nur von der Geschichte Jesu her ermöglicht' (cf. Rb ibd.), weil die allgemeine Bedeutung der Geschichte als Selbstoffenbarung Gottes „nur von dem besonderen Moment der Prolepse des Eschaton in der Geschichte Jesu her in Anspruch genommen werden kann" (Rb 324 o). – der Gedanke, daß Jesus als das Ende der Geschichte im Rahmen der Geschichte überhaupt erst die Ganzheit der Geschichte ermöglicht, begegnet uns schon (s. o. S. 101 f.). Als ein Zentralgedanke Pannenbergs wird er noch näher zu erörtern sein. Der ‚allgemeinste Begriff der Geschichte' ist mir dagegen in Pannenbergs Arbeiten in der vorliegenden Form sonst nicht begegnet. Aber gerade in diesem Teil des Pannenbergschen Entwurfs – man wird nur Teil sagen dürfen, um den ‚allgemeinsten Begriff' nicht aus seinem Zusammenhang zu lösen – in diesem Teil bemüht sich Pannenberg so etwas wie einen konkreten Vollzug der gegenwärtigen ‚Präsenz und Wirksamkeit Gottes in der Geschichte des Endlichen' (cf. Rb 323 o) aufzuweisen. Wir versuchen, seinen Gedanken zu folgen[38].

Zunächst zu der Frage, wie das Endliche und das Unendliche in der Geschichte vermittelt sind. Diese Begriffe scheinen der Versuch zu sein, die Einheit von göttlicher und menschlicher Wirklichkeit in der Geschichte zu erfassen. – Die Einheit von Offenbarung und Geschichte, von der Pannenberg immer wieder spricht, will Gott und den Geschichtsprozeß keineswegs identifizieren. Pannenberg hat sich im Gegenteil stets darum bemüht, die „Transzendenz (oder Differenz) des Unendlichen gegenüber dem Endlichen" (Rb 320 o) zu wahren. Das Verhältnis von Endlich zu Unendlich ist bei Pannenberg negativ vermittelt, und zwar immer, also auch bei Jesus von Nazareth. Diese „Negativität" – sie tritt bei Pannenberg an die Stelle der Analogielehre – vollzieht sich als Geschichte (cf. Rb 320 m), denn die Geschichte ist das fortgesetzte Scheitern des in seiner ‚Immanenz' verschlossenen Seienden, das auf sich zentriert ist. In dem „Scheitern des Endlichen ist die Macht des Unendlichen wirksam und präsent", (Rb 321 o) und zwar zunächst negativ. Weil aber das Endliche, das hier scheitert, „gerade nicht im Beharren auf sich, sondern nur in der Verwandlung seiner selbst lebt" (ibd.), deshalb wirkt das Unendliche „auch positiv, als Versöhnung und Bewahrung des Endlichen mitten in seinem Scheitern" (ibd.). Soviel zu der negativen Vermittlung des Endlichen und des Unendlichen in der Geschichte.

---

[38] cf. zum Folgenden Rb 319–323.

Um dem Einwand zu begegnen, das Endliche könnte doch nicht das Unendliche offenbar machen, expliziert Pannenberg jetzt den Geschichtsbegriff. Die Geschichte selbst ist nicht endlich wie der Mensch und seine Taten, sondern sie vollzieht „die Krise dieser Endlichkeit durch die Zeit hin" (Rb 322 o). Daß hier die Geschichte als nicht endlich angesprochen wird (cf. ibd.), bedeutet wenigstens eine terminologische Schwierigkeit gegenüber Pannenbergs sonstiger Betonung des Endes der Geschichte. Die Geschichte mag man als ‚unbegrenzt' verglichen mit den Zeiträumen der Ereignisse in ihr ansprechen, aber ‚nicht endlich' ist sie nicht, wenn man von einem Ende der Geschichte sprechen will und wenn man nicht doch wieder eine ‚Geschichte' einführen will, die in ihrer Nähe zur Offenbarung mit der Historie nur noch den Namen gemeinsam hat. Die Gefahr der Tendenz zu einer neuen Form der Übergeschichte — die Pannenberg ausdrücklich ablehnt — zeichnet sich in der Bedeutung von Endlichkeit und Unendlichkeit ab, die hier doch wohl als Wechselbegriffe für irdisch und göttlich zu stehen scheinen. Schon auf der nächsten Seite spricht Pannenberg von der „unendliche(n) Wirklichkeit, die als personhafte ‚Gott' heißen darf" (Rb 323 o). Nur weil diese „unendliche Wirklichkeit" „präsent und wirksam ist in der Geschichte des Endlichen . . . nur darum kann von einer Offenbarung Gottes in der Geschichte die Rede sein" (ibd.).

Es wäre interessant zu erfahren, ob „unendlich" im Blick auf Geschichte und „unendlich" im Blick auf Wirklichkeit Gottes identisch sind oder ob ein Ausdruck für zwei Bedeutungen steht. Wie etwas Unendliches geschichtlich sein kann, ohne in eine Abfolge von Endlichkeiten überzugehen, bedürfte auch der Erläuterung. Zwei Zeilen später betont Pannenberg: „. . . die Geschichte ist kein Gott gegenüber selbständiges, in sich bestehendes Subjekt" (Rb 323 m). Was die Geschichte nach ihrem ‚allgemeinsten Begriff' nun wirklich ist, bleibt unklar. Meines Wissens ist Pannenberg auf diese Ausformung seines Geschichtsdenkens auch nicht mehr zurückgekommen. Wir werden die Geschichte in ihrem ‚allgemeinsten Begriff' als einen weiteren Versuch ansehen dürfen, die Einheit der göttlichen und der menschlichen Wirklichkeit in der einen Geschichte empirisch faßbar zur (s. o. SS. 102—110) wollte Pannenberg das historisch-kritisch Erfaßbare auf das Handeln Gottes selbst ausdehnen, um beide Wirklichkeiten zu vereinen; hier, bei der ‚allgemeinsten Geschichte' versucht er das Unendliche als heilsamen Fallstrick mit dem Endlichen, mit der Geschichte, zu verknüpfen, also Gottes Handeln in der Geschichte aufzuweisen. Aber sein erster Versuch, die Abwandlung der historisch-kritischen Methode, bedeutet ihre Zerstörung[39]; sein zweiter Versuch führt ihn zu einem ‚allgemeinsten Begriff der Geschichte‘, die sich durch das unmittelbare Einwirken Gottes ebenfalls der historisch-kritischen Methode, und zwar per definitionem, entzieht. Damit soll Gottes Handeln in der Geschichte gerade nicht geleugnet werden, sondern umgekehrt davor bewahrt werden, ein möglicher Gegenstand historisch-kritischer Forschung zu werden. Beide Male scheint Pannenberg vorauszusetzen: geschichtlich wirklich ist nur, was sich historisch-kritisch feststellen läßt. Diese Voraussetzung ist falsch (s. o. S. 104 f.).

Sein Hauptaugenmerk richtet Pannenberg auf die Geschichte als Überlieferungsgeschichte, und das heißt auf die Geschichte als hermeneutischen Prozeß. — Um Mißverständnissen zu entgehen, betont Pannenberg ausdrücklich, daß sein Begriff von Überlieferungsgeschichte nicht identisch ist mit dem Begriff der Überlieferungsgeschichte, wie er aus der biblischen Exegese geläufig ist. Ausgangspunkt ist die Beobachtung, „daß Geschichte sich konkret als *Überlieferungsgeschichte* vollzieht" (Rb 326 a. E.). Der Grund dafür ist „die Sprachlichkeit geschichtlicher Erfahrung" (Rb 327 o)[40]. Die Überlieferungsgeschichte ist kritische Auseinandersetzung mit der Tradition (cf. Rb 328 f.), in der gegenwärtige Erfahrung „im Vorgriff auf eine Zukunft, die nicht nur die Zukunft des jeweiligen Individuums ist" (Rb 327 a. E.) verarbeitet wird. Im Grunde geht es hier um den Vorgang des Entwerfens, den er schon in „Heilsgeschehen und Geschichte" dargelegt hatte. Pannenberg darf deshalb mit Recht behaupten, er habe sein ursprüngliches Programm nicht verändert, sondern nur weiterentwickelt. „Die Perspektive der Überlieferungsgeschichte, in der die tradierten Verheißungen im Lichte neuer geschichtlicher Erfahrung jeweils neu interpretiert wurden, trat an die Stelle der einfachen Korrespondenz von Verheißung und Erfüllung" (GF 9). Das Schema von Verheißung und Erfüllung ist selbst ein Überlieferungsgeschichtlicher Prozeß im Sinne Pannenbergs.

Der überlieferungsgeschichtliche Zusammenhang legt das neue Ereignis, das in ihn eintritt, nicht nur aus, sondern auch umgekehrt erscheinen „die tradierten Verheißungen im Lichte neuer geschichtlicher Erfahrung" (GF 9 o). Die überkommene Tradition wird unter der Einwirkung neuer Erfahrungen neu entworfen. — Gerhard von Rad hat in dieser Richtung seine Theologie des

---

[39] s. o. S. 110 A 37.
[40] cf. Rb 326 zu Wort und Erfahrung.

Alten Testaments entwickelt. Pannenberg nimmt von Rads Gedanken auf.
„Die Traditionsgeschichte, einschließlich der Ursprünge der Traditionen und
der konkreten Anlässe ihrer Wandlungen, ist selbst als historischer Gegenstand
behandelt und kann gar nicht anders behandelt werden. Überlieferungsgeschichte ist eben als der tiefere Begriff von Geschichte überhaupt anzusehen"
(GF 88 u). Der einzelne Überlieferungschritt ist in diesem Prozeß zwar
immer in sich selbst sinnvoll und von unversalem Umfang, aber er bleibt ein
Schritt unter anderen (cf. OaG 139), wenn Pannenberg auch ‚grundlegende
Überlieferungsschritte' zu kennen scheint (cf. OaG 139 u).

Der Vorgang, Tradition aufgrund neuer Erfahrung neu zu entwerfen, ist
zweifellos ein hermeneutischer Vorgang. Pannenberg möchte die Hermeneutik jedoch auf eine Brückenfunktion zur Vergangenheit einschränken:
„Die hermeneutische Betrachtungsweise bewegt sich anscheinend allein
zwischen dem damaligen Text und dem heutigen Ausleger, während die
universalgeschichtliche Betrachtungsweise zunächst hinter den Text zurück-
geht und die hinter ihm gesuchte Sache bzw. das hinter ihm erfragte
Geschehen, von dem der Text herkommt, in seinem universalgeschichtlichen
Bedeutungszusammenhang erwägt, mithin auch in bezug auf die Gegenwart
des Auslegers" (GF 93 m). Die umfassendere Sicht ist hier die ‚universalgeschichtliche Betrachtungsweise'. Pannenberg versteht Hermeneutik als
bloße Auslegetechnik für alte Texte, obwohl er wenige Seiten weiter
(cf. GF 99 ff.) ausführlich auf Bultmanns Hermeneutik-Aufsatz eingeht[41].

Auf den ersten Blick überzeugt solch ein Bild: ‚hinter den Text zu den
Sachen selbst zurück.' – Aber womit geht Pannenberg hinter den Text zurück? – Mit anderen Texten? – Mit Hilfe mündlicher Tradition? – Mit
dem Spaten des Archäologen? – Das hängt gewiß von der ‚Sache' ab, die
‚hinter' den Texten gesucht wird. – Obwohl es das Wort „hinter"
nahelegt, Pannenberg wolle in ältere Schichten zurückgehen, die ‚hinter'
dem Text liegen und gegenüber denen der Text das Jüngere, die Folge wäre,
gäbe es noch einen Weg, der Pannenberg offenstünde: der Weg in den
‚Lebenszusammenhang'. Weil die Texte aus der menschlichen Existenz
hervorgegangen sind und weil wir selbst als Menschen unter den gleichen
Grundbedingungen wie zum Beispiel Freude, Angst, Tod und Zeit existieren, können wir Texte daraufhin befragen, wie in ihnen menschliche
Existenz angesichts solcher Grundbedingungen zur Sprache gekommen ist.
Hier ist der Ausleger durch den ‚Lebenszusammenhang' mit der Sache ver-

---

[41] cf. GlV II SS. 211–235: Das Problem der Hermeneutik.

9 Henke, Gewißheit

bunden, wie sie im Text selbst und nicht ‚hinter‘ dem Text begegnet. Ohne
ein Lebensverhältnis zur Sache ist Verstehen nicht möglich. „Die Fragestellung aber erwächst aus einem Interesse, das im Leben des Fragenden
begründet ist“, heißt es schon in dem von Pannenberg ausführlich behan-
delten Aufsatz Rudolf Bultmanns[42]. Bei Pannenberg wäre das ‚Interesse,
das in seinem Leben begründet ist‘, der universalgeschichtliche Bedeutungszusammenhang, auf den hin Pannenberg eine Sache oder ein Geschehen
befragen will. Das „Woraufhin“ (cf. Bultmann a. a. O. 216) seiner Frage ist
der universalgeschichtliche Bedeutungszusammenhang. Aber dieses Woraufhin ist ein mögliches Woraufhin neben vielen anderen, die je nach dem
Interesse des Fragers verschieden sind. Demnach ist Pannenbergs universalgeschichtliche Betrachtungsweise eine mögliche Betrachtungsweise neben
vielen anderen. Sie ist eine mögliche Anwendung der hermeneutischen
Methode. Sie ist also nicht umfassender als die Hermeneutik, sondern
umgekehrt eine – vielleicht nützliche – Anwendung der Hermeneutik.

Wir sollten uns aber nicht dabei beruhigen, daß auch ein Pannenberg in
der Hitze der Rede Art und Gattung verwechseln kann. Es dürfte hier vielmehr ein dritter Versuch vorliegen, die göttliche und die menschliche
Wirklichkeit miteinander zu verknüpfen (s. o. SS. 102–110 und S. 113f.).
Denn es geht um „die Universalgeschichte im Sinne des Bedeutungsganzen
aller Geschichte“ (Rb 310o), wobei Pannenberg ausdrücklich betont hat,
„daß das Ganze aller Geschichte nicht abgeschlossen vorliegt, sondern noch
ungeschlossen ist auf eine offene Zukunft hin“ (Rb 309o). Diese Geschichte
„gibt“ es erst am Ende aller Geschichte. Sie ist es, in der sich Gott
offenbart (cf. OaG 95 „2. These“). Gott selbst ist es dann aber auch, auf
den hin die universalgeschichtlichen Entwürfe bezogen werden: „Das
Verständnis der Einheit alles Wirklichen als Geschichte aber nimmt die
Aufgabe in Angriff, alle Dinge auf den Gott der Bibel hin zu verstehen und
so den biblischen Gott neu als den Schöpfer der Welt zu erkennen“
(GF 21 u). Entscheidend für den neuen Versuch, göttliche und menschliche
Wirklichkeit zu verbinden, wird die Art und Weise sein, in der Gott in einen
Entwurf eingehen soll.

---

[42] cf. GlV II S. 217

Die vorläufigen Urteile über das Endgültige

,Alles Wirkliche als Geschichte' auf Gott hin zu verstehen, ist der Versuch, Geschichte überhaupt zu verstehen, und sie nicht nur in größere und kleinere Sinneinheiten zerlegt wie ein lückenhaftes, mühsam restauriertes Mosaik darstellen zu wollen. Es sollen nicht nur Teilwahrheiten unverbunden nebeneinandergestellt werden, sondern das Ganze der Geschichte soll in den Blick kommen. Das Ganze der Geschichte? – Kann das nicht erst vom Ende der Geschichte her rückblickend erfaßt werden? – Wenn Pannenberg auf Gott hin verstehen will, dann gerade, um das Ziel der Geschichte und so ihren Sinn in den Blick zu bekommen, damit er gegenwärtig schon von dem Ganzen reden kann, wie es die Bibel und die Apokalyptik versucht haben. Alle universalgeschichtlichen Entwürfe der Überlieferungsgeschichte haben sich darum bemüht, das Ganze und seinen Sinn zu erfassen. Pannenberg hat selbst[43] auf das Scheitern und die Mängel der Entwürfe hingewiesen. Aber solange man die Geschichte als einen zielgerichteten Verlauf betrachtet, bleibt kein anderer Zugang zum Geschichtsverstädnis als der von ihrem Ende her. „Das Wesen einer Sache – oder, was dasselbe ist, die endgültige Wahrheit über sie, ihre endgültige Bedeutung, – läßt sich nur im Blick auf die Totalität der Wirklichkeit, bezogen auf den Gesamtzusammenhang menschlicher Wirklichkeitserfahrung bestimmen. Wegen der Unabgeschlossenheit menschlicher Wirklichkeitserfahrung und wegen der Offenheit des Weltprozesses selbst auf eine noch nicht realisierte Zukunft hin ist die Totalität beider nur durch Antizipation zugänglich" (Wss 72 o).

Sachlich ist die Antizipation schon in „Heilsgeschehen und Geschichte" begegnet als der Entwurf, den Pannenberg von Collingwood übernahm (s. o. S. 108 m; GF 70 f.). Pannenberg hatte den Begriff der Antizipation zunächst nur für das Christusgeschehen gebraucht, später zeigte sich, daß die Antizipation als Entwurf eine überall aufweisbare Form des Denkens ist[44]. Genau genommen „vollzieht jeder Behauptungssatz und in entsprechend höherem Maße jeder Entwurf von systematischen Sinnzusammenhängen, der erfahrene Bedeutung integriert und interpersonale Übereinstimmung ermöglicht, eine Antizipation der Wahrheit. Bereits in der *Form* der

---

[43] cf. GF 41.
[44] In Rb 334 ff. grenzt Pannenberg mehrere Arten von Antizipationen gegeneinander ab.

9*

Behauptung kommt dieses Moment der Antizipation zum Ausruck, sofern
der Satz damit als Behauptung Wahrheit schlechthin in Anspruch nimmt,
sich damit allerdings zugleich der Widerlegung aussetzt" (Wss 220 m). Wollte
man Antizipation paradox charakterisieren, könnte man sie eine „relative
Absolutheit" nennen: relativ, denn sie ist nur ein Vorgriff auf das noch
nicht Erschienene; Absolutheit, denn das hypothetisch Vorweggenommene
selbst soll ja gerade das Endgültige sein. Im Blick auf die Frage nach dem
geschichtlichen Ereignis der Einheit von göttlicher und menschlicher Wirklichkeit wird dieser Doppelstruktur ausschlaggebende Bedeutung zukom-
men, wenn die Antizipation auf das Christusgeschehen angewendet wird. In
dieser speziellen Antizipation sieht Pannenberg die Möglichkeit, die Aporien
zu vermeiden, „die den Gedanken der Geschichtsoffenbarung Gottes im
deutschen Idealismus belastet haben. 1. Obwohl nur die Gesamtgeschichte
die Gottheit des Einen Gottes erweisen und dieses Resultat nur am Ende
aller Geschichte sich ergeben kann, hat doch ein einzelnes Geschehen
absolute Bedeutung als Offenbarung Gottes, das Christusgeschehen, sofern
es das Ende der Geschichte vorwegereignet. 2. Aus demselben Grunde, als
Vorausereignis des Endes, kann das Christusgeschehen durch kein späteres
Geschehen überholt werden und bleibt auch allem Begreifen immer noch
voraus, solange die Menschen der offenen Zukunft des Eschaton noch
entgegengehen" (OaG 106 u). – Der idealistische Offenbarungsbegriff wird
also durch die Antizipation korrigiert, aber doch wohl gerade in seiner
korrigierten Form neu aufgegriffen. Vielleicht besser: neu geprägt, denn
diese Korrektur bedeutet ja eine entscheidende Veränderung, die Enthro-
nung des Begriffs durch Pannenbergs „Vorgriff" (cf. GF 150 o).

Unsere erste Übersicht zum Stichwort Antizipation zeigt die zentrale
Bedeutung des Begriffs für Pannenbergs theologischen Entwurf. Die Antizipation oder – wie Pannenberg auch sagt – die Prolepse ermöglicht eine
Neufassung des Offenbarungsbegriffs. Die Universalgeschichte als ‚Bedeutungsganzes aller Geschichte' (cf. Rb 310 o) ist selbst nur als Vorgriff
möglich, so daß die Überlieferungsgeschichte, der Prozeß immer neuer
universalgeschichtlicher Entwürfe, als eine Kette von Antizipationen verstanden werden kann. Bei Antizipation oder Prolepse entscheidet es sich,
ob die angestrebte ‚Verknüpfung von Offenbarung und Geschichte' Pannenberg gelingt oder nicht. – Wir untersuchen deshalb zunächst die formale
Struktur der Antizipation, dann Pannenbergs Anwendung der Antizipation.

Bei Pannenberg begegnet häufig die Denkfigur, daß ein Teil oder eine
Einzelerfahrung ihren Sinn nur aus dem Ganzen, aus dem Geschehenszu-

sammenhang empfangen kann (cf. z. B. bei mir S. 117). Das ist sicher
richtig, solange das Ganze überschaubar bleibt. Es wird problematisch,
wenn das Ganze die Totalität der Wirklichkeit umfassen soll; denn die
Geschichte geht ja noch weiter. Deshalb Pannenberg: „Die Totalität der
Wirklichkeit ist nicht abgeschlossen vorhanden. Sie wird nur antizipiert als
Sinntotalität" (Wss 312 m). Diese Totalität ist ein Bedeutungsrahmen. Sie ist
noch nicht vorhanden, sondern Antizipation. „In solcher Antizipation,
ohne die, wie gesagt, gar keine Erfahrung möglich ist, steckt immer schon
das Element der Hypothese, ein Moment subjektiven Entwurfes, der sich
im Fortgang der Erfahrung bestätigen muß oder erschüttert werden wird"
(Wss 312 u). Wir dürfen hinzufügen: aber eben nicht nur ‚das Element der
Hypothese‘, sondern eben auch das Element des Rahmens, der schon
gegenwärtig den Einzelereignissen ihren Sinn zu geben vermag. Was Sinn
geben kann, muß auch das Moment des Endgültigen in sich tragen, weil
erst vom Ziel her als dem Zweck das Einzelne Sinn empfangen kann. Die
Antizipation hat also hypothetischen und zugleich auch endgültigen Charakter. Ohne die Endgültigkeit wäre jede Antizipation sinnlos, weil es
nichts zu antizipieren gäbe. Die Antizipation setzt also − bei aller
Vorläufigkeit − als Antizipation ein endgültiges Ziel schon immer voraus.

Einen wesentlich freieren, nicht schon durch den Rahmen abgegrenzten
Charakter hat eine Form der Antizipation, in der jemand das Ziel seines
Lebens antizipiert. Pannenberg bewertet diese Antizipation des Lebens-
zieles danach, „inwieweit es tatsächlich die Integration der Daseinsmo-
mente zu leisten vermag" (GF 148 o). Bewährt sich die Antizipation nicht
mehr „fordert sie − wo sich die Grenze ihrer Integrationskraft zeigt − eine
neue, die erste überholende Antizipation, die zur ersten im Verhältnis der
Reflexion steht, daher recht verstanden nicht in einen unendlichen Prozeß
einander gleichgültig ablösender Antizipationen führt" (GF 148 m). Pannenberg fügt die Antizipation des individuellen Lebens in immer umfassendere
Antizipationen ein. Die Gesellschaft, ja „das Ganze der Menschheit im
Ganzen ihrer Geschichte" (GF 148 u) muß in der Antizipation des einzelnen
Daseins mit in den Vorgriff genommen werden, weil die Sinnfrage als Frage
nach dem Ziel des Ganzen es nicht erlaubt, früher haltzumachen. Erst in
der Antizipation der „Bestimmung der Menschheit" (GF 148 a. E.) findet
das vorgreifende, proleptische Fragen einen Ruhepunkt. Damit wird zugleich eine Art von Antizipations-Hierarchie skizziert, deren Spitze die
Antizipation der Universalgeschichte bildet. „Die Kategorie des Vorgriffs
ermöglicht es, die Geschichte der Menschheit auf eine letzte Bestimmung

hin zu denken, ohne die Unabgeschlossenheit des faktischen Geschehens-
verlaufes zu überspringen" (GF 149 o).

Pannenberg verankert die Antizipation, den Vorgriff, zunächst in der
Ganzheit des menschlichen Daseins, die jedem schon immer unmittelbar
erschlossen ist. Analog dazu ist nach Pannenberg „auch das Ganze der
Universalgeschichte immer schon antizipiert" (GF 149 o). Obwohl sich Pannenberg in dem vorliegenden Text „Über historische und theologische
Hermeneutik" (GF 123—158; cf. bes. 144—149) auf Martin Heidegger
einläßt, betrachtet er nicht den Entwurf als die existenziale Struktur des Verstehens (cf. z. B. ‚Sein und Zeit' 145 mit 151). Wir dürfen annehmen, daß
Pannenberg an dieser Auseinandersetzung nicht interessiert ist, weil sie —
aus Pannenbergs Sicht — doch wieder in den Relativismus zurückführen
müßte, der aufbricht, wenn der Mensch zum ‚Subjekt der Geschichte' wird.
Deshalb begnügt sich Pannenberg damit, auch bei Heidegger so etwas wie
einen Vorgriff im Zusammenhang mit „Geschichtlichkeit" zu konstatieren
und diesen Begriff als Weg aus der Aporie des historischen Relativismus'
einzuschlagen. Der Pannenbergsche Vorgriff — denn von Heideggers
Prägung des Begriffs bleibt nichts übrig — ermöglicht es, „die Gegenwart
des Ganzen — des einzelnen Daseins wie der Menschheitsgeschichte —
inmitten unbeschränkter historischer Relativität zu denken" (GF 149 m). —
Pannenberg verknüpft hier auch die Ganzheit des einzelnen Daseins und die
Ganzheit der Universalgeschichte: „. . . indem der einzelne Mensch sich zur
noch offenen Ganzheit seines eigenen Daseins verhält, verhält er sich zum
Ganzen der Welt und ihrer Geschichte" (ibd.).

Wir erinnern uns, daß sich Pannenberg in seinen Arbeiten bemüht, den
Offenbarungsbegriff neu zu fassen (cf. z. B. OaG 132) und daß der
Antizipation dabei eine entscheidende Rolle zufällt. Es ist dann doch etwas
überraschend, wenn Pannenberg nach dem eben zitierten Satz fortfährt:
„Und damit verhält er sich immer schon zu Gott als der geheimnisvollen
Macht, die diese — unvorhandene — Ganzheit konstituiert" (GF 149 m). —
Ebenso abrupt heißt es in Pannenbergs „Wissenschaftstheorie und Theolo-
gie": „Die Wirklichkeit Gottes ist mitgegeben jeweils nur in subjektiven
Antizipationen der Totalität der Wirklichkeit, in Entwürfen der in aller
einzelnen Erfahrung mitgesetzen Sinntotalität, die ihrerseits geschichtlich
sind, d. h. der Bestätigung oder Erschütterung durch den Fortgang der
Erfahrung ausgesetzt bleiben" (Wss 312 f.; im Original kursiv hervorgehoben). Anhand dieser Stellen wird es sich nicht klären lassen, woher
Pannenberg das Recht nimmt zu sagen, ‚die Wirklichkeit Gottes sei mitge-

geben'. Wir werden an anderer Stelle darauf zurückkommen müssen. Hier beschränken wir uns nur auf einen Aspekt, auf „die Geschichtlichkeit des Mitgegebenseins oder Manifestwerdens der göttlichen Wirklichkeit" (Wss 313 o). Zunächst: „Geschichtlichkeit" bedeutet soviel wie „Geschichtshaftigkeit" (cf. GF 22 a. E.). – Ferner: Pannenberg verbindet das ‚Mitgegebensein der göttlichen Wirklichkeit' mit der ‚subjektiven Antizipation'. Dadurch versucht er, „die für die biblischen Überlieferungen charakteristische Geschichtlichkeit der Selbstbekundung der göttlichen Wirklichkeit mit der Problematik der Totalität der endlichen Erfahrung, in der die Wirklichkeit Gottes mitgesetzt ist, zu verbinden" (Wss 313 m). – Die subjektiv-hypothetische Komponente der Antizipation dient der Erklärung für die Verschiedenartigkeit des ‚Manifestwerdens göttlicher Wirklichkeit'. Die Verschiedenheit der Manifestationen geht also auf den Menschen und seine Situationsgebundenheit zurück und betrifft nicht das Wesen Gottes. Die „Antizipation ist standpunktbedingt, an ihren historischen Ort gebunden. Insofern ist sie *bloße* Antizipation, nicht das Ganze selbst" (GF 149 m).

Die Relativität der Antizipation ist für Pannenberg entscheidend wichtig. Deshalb grenzt er „die in sich reflektierte Antizipation" (GF 149 u) gegenüber der Fülle all' der Formen von Antizipation ab, die nicht reflektiert sind, also nicht „die historische Relativität als ihr eigenes Moment in sich" (ibd.) haben. Aber gerade an dieser Relativität der Antizipation hängt das Gelingen der Korrektur, durch die Pannenberg den idealistischen Offenbarungsbegriff aus seiner Aporie befreien will. Pannenberg betont deshalb gegen den Idealismus: „Die der Relativität und darin der Endlichkeit verhaftete Vernunft vermag das Ganze auf jeder seiner Stufen – von der einfachen Sachbenennung bis zur Universalgeschichte als Menschheitsgeschichte und als Geschichte des Kosmos – nicht abschließend im Begriff, sondern nur im Vorgriff zu erfassen" (GF 150 o). Deshalb hat „die in sich reflektierte Antizipation als der wahre Begriff des Begreifens selbst zu gelten" (ibd.). Damit glaubt Pannenberg sich die Tür zu einem Denken geöffnet zu haben, das der Endlichkeit des menschlichen Denkens Rechnung trägt, „ohne daß darum das Thema der Ganzheit und damit auch des Absoluten preisgegeben wäre" (GF 150 m).

Ebenso wie die Relativität der Antizipation selbst von Pannenberg betont wird, hält er an dem Gegenüber fest, das antizipiert wird. Die Antizipation bleibt „immer auf ein Vorgängiges bezogen, dem gegenüber alles Denken und Erkennen sich immer wieder auch als *bloße* Antizipation

erweist und das durch ein Denken, das selbst antizipierende Struktur hat,
nie eingeholt und überholt werden kann" (ibd.). Deshalb ist das
antizipierende Denken „der Prozeß, der es (sc. das Denken) über sich
selbst hinaustreibt" (GF 150 u). Man wird diesen zu kurzen Ausdruck im
Sinne Pannenbergs ergänzen dürfen: über die jeweilige Antizipation hinaus,
um immer neu das Vorgegebene zu antizipieren.

Die Relativität der Antizipation selbst und die bleibende Vorgegebenheit
der Wahrheit finden ihre Synthese in der ‚Gegenwart der Wahrheit als
Antizipation' (cf. GF 151). Wichtig ist dabei, daß die antizipierte Wahrheit
selbst der Relativität der Antizipation selbst entzogen ist oder – mit
Pannenberg: daß „die Erfahrung eines bisher nicht überholten und auch
wenigstens nicht aus innerer Notwendigkeit der Überholung verfallenen
Vorscheins des Endgültigen gegeben ist" (GF 151 o).

Der Ursprung der Pannenbergschen Antizipation liegt in der Antizipation des Endes der Geschichte in Jesus von Nazareth (cf. OaG 143).
Wenn Pannenberg sagt: „Nur der eschatologische Charakter des Christusgeschehens als Vorwegnahme des Endes aller Dinge begründet es aber auch,
daß nunmehr . . . auch Nichtjuden den Gott Israels als den einen wahren
Gott erkennen können . . ." (OaG 105 o), wenn Pannenberg das sagt, dann
könnte man hier und an mehreren anderen Stellen zweifeln, ob mit
„Antizipation" wirklich nur etwas Subjektiv-Menschliches gemeint ist
(cf. z. B. auch Rb 331) oder ob es auch so etwas wie eine objektive
Antizipation gibt. Der Verdacht einer Äquivokation wird durch eine Stelle
entkräftet, an der Pannenberg über „das Eingehen des Endgültigen in die
Geschichte" (GF 151 m) sagt: „Aber das ist selbst wieder eine Antizipation,
deren Recht sich erst in Zukunft erweisen kann" (ibd.).

Die Antizipation bleibt also ein menschliches Tun. Das heißt aber
gerade nicht – und dagegen wehrt sich Pannenberg mit Recht –, die
Antizipation wäre eine willkürliche Deutung, die einen Sinn an die Ereignisse von außen herantrüge. Das Verhältnis des Sinnes, der dem Ereignis
selbst innewohnt, und der Antizipation als dem entwerfenden Verstehen ist
bei Pannenberg jedoch recht verwickel. Er geht rein phänomenologisch
davon aus, „daß menschliches Leben sich immer schon in Überlieferungs-
zusammenhängen vollzieht" (OaG 137 o). Neue Ereignisse treten in den
Überlieferungszusammenhang ein und empfangen dort „ihre ursprüngliche,
mit ihrem geschichtlichen Ort schon gegebene Bedeutung" (OaG 137 m).
Umgekehrt wirkt das Ereignis auf den Zusammenhang und kann ihn
bestätigen oder modifizieren. Im Vorwort zu seinem Aufsatzband (cf. GE

7) bemüht sich Pannenberg, dieses Verhältnis von Ereignis und ursprünglicher Auslegung durch den Überlieferungszusammenhang mit dem Gedanken der ‚innewohnenden Bedeutung‘ auszugleichen. Er müßte eine Spannung gelten lassen, „wenn nicht schon die Bedeutungsbestimmtheit des einzelnen jeweils ein Bedeutungsganzes antizipierte, so daß der Fortgang des Geschehens und der Erfahrung solche Sinnantizipationen zwar erklären und korrigieren kann, nicht aber erst die Bedeutung hinzubringt" (GF 7 m). Zu den drei Größen (1) ‚innewohnende Bedeutung‘ oder ‚Bedeutungsbestimmtheit‘, (2) ‚Geschehenszusammenhang‘ und (3) die von (1) antizipierte ‚Bedeutungsganzheit‘ fügt Pannenberg als weitere Größe (4) die ‚Sinntranszendenz‘ hinzu.

Vielleicht lassen sich die Verhältnisse so klären: ein neues Ereignis tritt in den Überlieferungszusammenhang ein und läßt ihn in einem neuen Licht erscheinen (cf. GF 9 o). Die ‚Sinn-Antizipation‘, die die ‚Bedeutungsbestimmtheit des einzelnen‘ antizipiert, ist nicht mehr der ursprüngliche Zusammenhang, in den das Ereignis eingetreten ist, sondern der Überlieferungszusammenhang, wie er unter der Wirkung des Ereignisses geworden ist, also zum Beispiel bestätigt oder modifiziert. Die ‚innewohnende Bedeutung‘ ist dann die Größe, die in dem Überlieferungszusammenhang wirkt, in den das Ereignis eintritt. Nur durch ihre *Wirkung* auf den ursprünglichen Zusammenhang erscheint die ‚innewohnende Bedeutung eines Ereignisses‘ an dem von ihr modifizierten Überlieferungszusammenhang. An der *Modifikation* des ursprünglichen Überlieferungszusammenhangs und als diese Modifikation erscheint die ‚innewohnende Bedeutung‘. Sie begegnet nie abstrakt für sich allein. – Von jedem Ereignis gilt jedoch, daß es zuerst am Ende der Geschichte in sein Wesen kommt, jede Bedeutung die sich vorher zeigt, kann nur proleptisch sein. Der *ganze* Sinn ist und bleibt transzendent. Diese ‚Sinntranszendenz‘ ist der Grund „für unterschiedliche Deutungen auf Grund gegensätzlicher Sinnantizipationen" (GF 7 u). – Damit hat sich Pannenberg an die Antizipation des Endes der Geschichte herangearbeitet, durch die erst so etwas wie Universalgeschichte, also Einheit und Ganzheit der Wirklichkeit als Geschichte in Pannenbergs Entwurf möglich wird. Damit verschiebt sich auch die Richtung unserer Befragung von der formalen Seite der Antizipation zu ihrer Anwendung auf die Offenbarung Jesu von Nazareth.

Jesu Bedeutung für das Gesetz der bestehenden Welt

Der ursprüngliche Überlieferungszusammenhang, in den das Ereignis der Auferweckung Jesu eintritt, ist die „Geschichtskonzeption der Apokalyptik" (GF 43 o), „der universalgeschichtliche Rahmen der Apokalyptik" (GF 42 a. E.). Es sei ausdrücklich betont: der ‚Rahmen' selbst, die ‚Konzeption' selbst ist der Überlieferungszusammenhang, in den das Ereignis eintritt. Es geht nicht um „die Geschichtsschau der Apokalyptik" (GF 41), die „als Vorgriff auf die Freiheit Gottes, als Selbstsicherung des Menschen gegen Gott" (ibd.) selbstverständlich illegitim ist. Aber der apokalyptische Rahmen selbst gilt.

Was zu den unverzichtbaren Grundzügen der apokalyptischen Geschichtskonzeption gehört, also zum Rahmen, sagt Pannenberg in seiner ‚Christologie'. Es sind „die Erwartung einer Auferstehung der Toten in Verbindung mit Weltende und Endgericht" (Cl 78 a. E.), also das Ziel der Geschichte, auf das zu verzichten „in der christlichen Theologie nicht tragbar ist" (GF 30 m). Denn: „Wenn die apokalyptische Erwartung uns gänzlich unvollziehbar sein sollte, dann ist uns auch der urchristliche Christusglaube nicht mehr vollziehbar" (Cl 79 o). Hier geht es also „unmittelbar um das Fundament des christlichen Glaubens" (ibd.). Denn: „Die Begründung der Erkenntnis von der Bedeutung Jesu bleibt an den ursprünglichen apokalyptischen Horizont der Geschichte Jesu gebunden, der durch diese Geschichte zugleich auch modifiziert worden ist. Fällt dieser Horizont weg, dann geht die Begründung des Glaubens verloren, dann wird die Christologie zur Mythologie, und sie hat keine Kontinuität mehr zu Jesus selbst und zum Zeugnis der Apostel" (Cl 79 m).

Der apokalyptische Rahmen legt die Bedeutung Jesu aus. Die jüdische Apokalyptik ist der ursprüngliche Überlieferungszusammenhang, in dem das Ereignis der Auferweckung Jesu seine ursprüngliche Bedeutung gewinnt. Das heißt nicht, von außen würde an das Ereignis der Auferweckung Jesu eine Bedeutung herangetragen, sondern hier geschieht die Wechselwirkung von Überlieferungszusammenhang und neuem Ereignis, die wir uns gerade vorhin klar zu machen versuchten (s. o. S. 123). Der apokalyptische Rahmen erschließt die ursprüngliche Bedeutung des Ereignisses der Auferweckung Jesu nur so, daß diese Bedeutung sich in ihrer Wirkung zeigt, mit der das neue Ereignis den vorgegebenen Rahmen modifiziert. Das heißt: die apokalyptische Erwartung einer *allgemeinen* Totenerweckung am Ende der Geschichte wird schon in der Geschichte mit der Auferweckung eines *einzelnen* Menschen konfrontiert. Wenn aber Ende der Geschichte und Totenerweckung untrennbar bleiben sollen – und was für eine Geschichte sollte noch auf die Totenerweckung folgen? –, dann muß die Vorstellung von der allgemeinen Totenerweckung am Ende der Geschichte in eine neue Vorstellung umgewandelt werden. Das Ende der Geschichte als die Auferweckung Jesu ist schon angebrochen, wenn noch im Rahmen der Geschichte (cf. GF 43). Die Wirkung der Auferweckung Jesu und damit die ihr innewohnende Bedeutung ist zunächst als diese Korrektur der apokalyptischen Vorstellung zu fassen.

Inhaltlich bedeutet diese Modifikation, daß schon die Gegenwart Jesu durch das Ende der Geschichte bestimmt ist. Das war, nach Pannenberg, Kennzeichen der Botschaft Jesu (cf. Gf 155). „Weil seine Botschaft, daß die Nähe der Gottesherrschaft schon die Gegenwart ganz bestimmt, diese Nähe Gottes selbst mit sich brachte, nahm der diese Botschaft Verkündende unvermeidlich für sich selbst die Autorität Gottes in Anspruch" (GF 155 u). Dadurch trat Jesus in einen Gegensatz zur Autorität des jüdischen Gesetzes, und nur die Totenauferweckung konnte Jesu Anspruch davor bewahren, eine gotteslästerliche Anmaßung zu sein. Daß Jesus von den Toten auferweckt wurde, ist der Anbruch des Eschaton in der Geschichte, aber es ist noch nicht das Ende der Geschichte selbst, sondern nur eine weitere Antizipation, wenn auch eine Antizipation von nicht auszuschöpfender Bedeutung (cf. GF 157). Mit dem Auftreten und Geschick Jesu ist endgültige Wirklichkeit und Wahrheit erschienen (cf. GF 153). Der umfassende Entwurf der Apokalyptik (cf. GF 26) hat einen definitiven Charakter bekommen (cf. GF 77), aber er bleibt Antizipation. Die endgültige Bestätigung des umfassenden apokalyptischen Rahmens ist die Modifikation, die von der Auferweckung Jesu an dem bisherigen apokalyptischen Überlieferungszusammenhang bewirkt wird. In dieser Wirkung zeigt sich zugleich der Sinn, der dem Ereignis der Auferweckung Jesu innewohnt. Sie bestätigt den apokalyptischen Rahmen definitiv, ist aber für uns nur in der Weise der Antizipation faßbar geworden.

Bei Pannenberg gibt es noch ein drittes Element in seinem apokalyptischen Entwurf, das über die Wechselwirkung von Überlieferungszusammenhang und neuem Ereignis hinausgreift und die Komponente der Endgültigkeit befestigt. Pannenberg sieht in der Auferweckung Jesu „seine Bestätigung durch Gott selbst. Wenn anders ein Geschehen überhaupt als Handeln Gottes zu verstehen war, dann dieses, und sein Sinn konnte nicht anders denn als Bestätigung des irdischen Auftretens Jesu gegen seine

Richter verstanden werden" (GF 199 m). Soweit redet Pannenberg noch im Imperfekt, und soweit kann man ihm noch folgen; denn setzt man – wie Pannenberg es tut – die Auferweckung Jesu als historisches Faktum voraus (cf. z. B. Cl 85–103, bes. 95 m und 103 m), dann konnte solch ein Ereignis zur Zeit Jesu wirklich nur als zustimmendes Handeln Gottes verstanden werden, wie jedes unerwartete Ereignis in jener Zeit als Geschenk oder Strafe Gottes erlebt und verstanden wurde. Aber Pannenberg fährt fort: „Beides zusammen, der Anspruch Jesu und die ihm widerfahrende Bestätigung, *begründet* das christliche Reden von der Offenbarung Gottes in Jesus: Gott selbst hat sich durch das Geschehen der Auferweckung Jesu bekannt zur Endgültigkeit seines Auftretens, und eben diese Endültigkeit schließt Offenbarung ein" (GF 199 m; Hervorhebung von mir). – Jetzt geht es nicht mehr um eine historische Art und Weise des Verstehens, sondern jetzt geht es um Verstehen, das unsere eigene Gegenwart mit einschließt. Was damals als Handeln Gottes und so als Legitimation Jesu verstanden worden sein mag, das soll heute genauso Jesus als den legitimieren, der „die Offenbarung des menschlichen Wesens, der Bestimmung des Menschen" ist (Cl 195 o; im Original kursiv). Das heißt: „An Jesus selbst hatte sich die endgültige Bestimmung des Menschen für Gott, seine Bestimmung zur Auferweckung von den Toten, zu einem neuen Leben, erfüllt" (Cl 195 u). Die Totenauferweckung gibt also den Menschen erst „mit der vollen Teilhabe am unsterblichen Leben Gottes zugleich die Erfüllung ihrer menschlichen Bestimmung, die Ganzheit, das Heil" (GF 154 o). Jesu „Funktion im göttlichen Heilsplan" (Cl 394 a. E.) ist es demnach, „als Bürgschaft des künftigen Heils für die jetzt mit Jesus Verbundenen" (Rb 336 A 45) zu dienen.

Jesu ‚Funktion im göttlichen Heilsplan' ist es aber nicht nur, die ‚Bestimmung des Menschen zu einem neuen Leben' aufzudecken, sondern dadurch, „daß die endgültige Wirklichkeit eschatologischen Lebens an Jesus selbst schon im *damaligen* Ereignis, seiner Auferstehung . . . erschienen ist" (Rb 336 A 45), wird durch die von Jesus verbürgte Bestimmung des Menschen der Sinn aller menschlichen Existenz gesichert. Die Bestimmung des Menschen ist das Ziel seiner Existenz und so auch ihr Sinn. Dabei ist der Einzelne in die menschliche Gesellschaft und die Menschheit in die ganze Wirklichkeit eingebettet. Hier begegnet wieder der Sinn, der am Ende der Geschichte erscheint, den wir aber schon jetzt um der Einheit unserer Wirklichkeit und das heißt, um der Sinnhaftigkeit jedes Einzelnen willen als Sinntotalität immer neu antizipieren. Die Antizipation der Sinntotalität als

Antizipation des Endes der Geschichte ist die Antizipation der Totenauferweckung im Sinne des Pannenbergschen Apokalyptikverständnisses.

Wir erinnern uns an die Doppelstruktur der Antizipation der Sinntotalität (s. o. S. 118 f.): die Antizipation selbst bleibt hypothetisch, das Antizipierte bleibt endgültig in allen neuen Antizipationen. Das Bleibende in allem Wandel ist der apokalyptische Rahmen. Er umfaßt die Wirklichkeit. Er legt Jesu ursprüngliche Bedeutung fest. Jesu Verkündigung gewinnt aus ihm ihren Sinn (cf. GF 67 f.). Der Rahmen schließt selbst die Überlieferungsgeschichte ein; denn bei allen Wandlungen und Modifikationen gilt: das Ziel der Geschichte bleibt (cf. GF 30). Also auch der Rahmen, zu dem das Ziel der Geschichte gehört. Der apokalyptische Rahmen ist es, der den Sinn verleiht, wenn dieser Sinn auch immer neu antizipiert werden muß. Nach Pannenberg „wäre das Ende der Geschichte als das zu ihr gehörige Ziel der Erfüllung zu verstehen" (GF 28 u), also wäre auch der Rahmen zur Geschichte zu zählen. Er ist sogar ihr universaler Grundriß (cf. GF 26), die Verfassung unserer Wirklichkeit, das Grundgesetz der Welt bis an ihr Ende. Ein Gesetz, das die Welt davor bewahrt, Chaos zu werden, in Relativität zu zerfallen.

Dieser Rahmen ist es, der in der Antizipation der Sinntotalität als das Vorgegebene schon immer mitantizipiert wird. Ob jemand für ein einzelnes Ereignis oder für sich selbst als den Einzelnen einen Sinn sucht, er wird diesen Rahmen nicht überschreiten dürfen, denn nur in ihm gibt es Sinn. Der Sinn kommt hier aus dem, was eine Person oder eine Sache umfaßt. Vom Ganzen empfängt der Teil seinen Sinn (cf. GF 70 f.). Vom Ganzen her läßt sich deshalb ein Ding durch seine Funktion für das Ganze rechtfertigen. Auch die einzelne Tat oder eine Kette von Handlungen empfängt vom Ziel her ihren Sinn und ihre Rechtfertigung. – Bei Pannenberg gilt diese Art und Weise der Sinngebung jedoch auch für den Menschen als ganzen: „Wegen der sozialen Verflechtungen, in denen der einzelne steht, aber auch wegen der Gemeinsamkeit der menschlichen Bestimmung aller Individuen kann der einzelne die Ganzheit des eigenen Daseins nicht antizipieren, ohne dabei zugleich das umfassendere Ganze der Gesellschaft, der er dient und durch die er sein Leben lebt, mit einzubeziehen" (GF 148 m). Pannenberg gelangt so zu der Hierarchie von Antizipationen, von der wir schon sprachen (s. o. S. 119 u). Der einzelne als er selbst kommt hier nicht in den Blick. Er ist Teil der Menschheit: „Die Individuen können nur gemeinschaftlich das Heil, die Erfüllung ihrer menschlichen Bestimmung, erlangen" (GF 154 o).

Wird die Existenz des einzelnen Menschen in derselben Weise gerechtfertigt wie eine Sache und wird so der Mensch funktional gesehen, dann
wird er verdinglicht. Auf dem Wege der Sinnantizipation als Teilhabe am
jeweils übergeordneten Ganzen kann die individuelle Existenz, das unver-
wechselbare Geschick nur als Funktion gerechtfertigt werden, und zwar als
Funktion eines de facto unendlichen, unüberschaubaren Ganzen, der
Menschheit, ja der Universalgeschichte. Pannenbergs Theologie führt demnach durch eine Deformierung der Verantwortung zu einer Verdinglichung
des Menschen.

Der Grund für diese Deformierung liegt darin, daß die Verantwortung
als Verantwortung vor einer Person bei Pannenberg abgeblendet ist. Aber
gerade hier geht es, wie Gogarten gezeigt hat (cf. WW 129; s. o. S. 18o),
um das Sein des Menschen. Das heißt gerade nicht, es ginge hier um ein
isoliertes Subjekt. Wenn Gogarten von Verantwortung vor jemandem
spricht, dann meint er immer das Verhältnis zwischen dem, der zur
Verantwortung ruft, und dem, der in die Verantwortung gerufen wird. In
der Verantwortung vor Gott geht es um das Gottesverhältnis und damit
zugleich um das Weltverhältnis des Meschen, das vor allem sein Verhältnis
zum Nächsten ist (cf. WW c. 13 und c. 14).

Bei Pannenberg wird die Verantwortung verglichen mit dem christlichen
Verständnis von Verantwortung also auffallend deformiert. Die uneingeschränkte Verantwortung des Menschen für die Welt, wie sie im paulinischen Verständnis der Sünde (cf. z. B. EK 30 o) betont wird und wie sie
in Jesu Weltverhältnis zuerst zur Sprache gekommen ist (cf. WW 77 u; s. o.
S. 12 f.), wird hier zu einer Verantwortung von der Welt, genauer: vor dem
Gesetz der bestehenden Welt. (s. o. S. 33 m). – So hätte noch ein Mensch
vor Jesus die Verantwortung verstehen können und so wird noch heute
jeder reden dürfen, der sich unmittelbar als Teil eines Ganzen empfinden
kann. Für den Christen – und so auch für Pannenberg – ist dieser Weg verschlossen. Deshalb ist Pannenberg gezwungen, zunächst das Ganze, in dem
er als Teil sinnvoll werden will, von sich aus herzustellen als Entwurf der Sinntotalität. Pannenberg ist also zunächst *für* das Ganze verantwortlich und
dann erst kann er *vor* dem verantwortlich sein, was er selbst gemacht hat.

Daran, daß es Pannenberg selbst ist, der hier das Ganze herstellt, ändert
auch nichts das Material, das Pannenberg für seinen Bau verwendet, weil
die Verantwortung für diesen Bau selbst – ein aus der übrigen theologischen Arbeit der Gegenwart eigenwillig hervorragender Bau – ausschließlich bei Pannenberg selbst liegt. Das ist zunächst ein klassischer theolo-

gischer Entwurf, den Pannenberg als Grundriß übernimmt: der apokalyptische Rahmen und die Art und Weise, ihn zu tradieren, die Überlieferungsgeschichte. – Ferner dient Jesus von Nazareth dazu, durch seine Auferweckung den apokalyptischen Rahmen definitiv zu bestätigen und so das künftige Heil zu verbürgen. Jesus wird also auch zu einem Teil des Ganzen und begegnet uns als ‚Funktion im göttlichen Heilsplan‘ (s. o. S. 126). Mehr noch: dadurch, daß Pannenberg Jesu Auferweckung als seine Legitimation durch Gott auslegt, erkennt Gott selbst die Maßstäbe, das Gesetz der bestehenden Welt an; denn eine Legitimation kann die Auferweckung nur sein, wenn sie dem Gesetz der Welt emtspricht, in dem sie als Beweis gelten soll. Die Verantwortung vor Gott wird zu einer Verantwortung Gottes vor dem Gesetz der bestehenden Welt. An dieser Deformierung der Verantwortung ändert es auch nichts, wenn Gott die ‚alles bestimmende Wirklichkeit‘ genannt wird (cf. z. B. Wss 311 a. E.); denn das ist Gottes Funktion in Pannenbergs Entwurf. Gott stiftet den Sinn und weckt die Toten auf. Pannenbergs Theologie führt demnach durch die Deformierung der Verantwortung zu einer Vertauschung von Schöpfer und Geschöpf.

Der Grund für die Vertauschung ist derselbe, der zur Deformierung des Menschen geführt hat. Die Abblendung der (personalen!) Verantwortung vor jemandem. Wir müssen dann aber fragen, wo die personale Verantwortung vor Gott geschehen kann. Sie kann nur in der je eigenen Welt geschehen als das sich Schicken in das von Gott bereitete Geschick der Verantwortung für die Welt vor Gott (cf. WW 149; s. o. S. 22). Das ist aber gerade da, wo mir der Sinn meiner Existenz entzogen wird und wo gerade die Fraglichkeit meiner Existenz (cf. WW 147u; s. o. S. 21f.), ja, das Nichts aufbricht (s. o. S. 56f.). Pannenberg ist dagegen gesichert. Durch die jeder Zeit mögliche Antizipation der Sinntotalität hat er sich – wenigstens theoretisch – die Möglichkeit verschafft, das andrängende Nichts abzuwehren. Die Antizipation als der Vorgriff auf die endgültige Offenbarung Gottes wird zum Sperriegel für die Begegnung mit dem lebendigen Gott.

Gogarten hatte mehrfach betont, das Gottesverhältnis sei an das Weltverhältnis des Menschen gebunden. Nur in der Verantwortung für die Welt ist die Verantwortung vor Gott möglich (cf. z. B. WW 149 o). In Jürgen Moltmanns Arbeit scheint nun gerade die Verantwortung des Menschen für die Welt im Vordergrund zu stehen. Wir fragen deshalb jetzt nach Moltmanns Verantwortungsverständnis.

DIE FUNKTIONALISIERUNG DES MENSCHEN

Die Zukunft Gottes als Gesetz

Die Zukunft als umfassende Herausforderung

In seiner „Antwort auf die Kritik der Theologie der Hoffnung"[45] beginnt Moltmann das letzte, das fünfte Kapitel mit dem Satz: „Der eschatologische Geschichtsbegriff, in welchem sich der christliche Glaube seiner selbst, seines Auftrages und seiner Möglichkeiten bewußt wird, ist keine Theorie der Weltgeschichte und keine Erhellung der Existenzgeschichte, sondern eine geschichtliche Kampflehre mit dem Siegeszeichen des Kreuzes" (230 o). Moltmann grenzt sich damit sowohl gegen Pannenberg ab („keine Theorie der Weltgeschichte"), als auch gegen jene Theologen, die sich bei ihrer Arbeit der Methode der existentialen Interpretation bedienen („keine Erhellung der Existenzgeschichte"), wie zum Beispiel Rudolf Bultmann.

Neben den Abgrenzungen sind als erste positive Bestimmungen des Moltmannschen Geschichtsverständnisses festzuhalten: 1. daß sich der christliche Glaube im Rahmen des eschatologischen Geschichtsbegriffs „seiner selbst, seines Auftrages und seiner Möglichkeiten bewußt wird"; 2. daß der Geschichtsbegriff eine „Kampflehre" ist, also eine Art Strategie für die Geschichte. – Der Rahmencharakter des Geschichtsbegriffs, noch dazu eines eschatologischen Geschichtsbegriffs, zeigt – trotz der Abgrenzung – eine gewisse Nähe zu Pannenbergs Denken, die zu beachten sein wird; denn bei Pannenberg war es gerade der apokalyptische Rahmen, der sich als entscheidende Größe herausstellte. – Das Kampfziel der geschichtlichen Strategie nennt Moltmann im folgenden Satz: „Der christliche Glaube will die Welt nicht nur anders interpretieren und auch die Existenz nicht nur zu einem anderen Selbstverständnis bringen, sondern will die Welt und die Existenz durch Aufrichtung der Freiheit und des Gehorsams verändern" (230 o)[46].

---

[45] Nicht näher bestimmte Zahlen in ( ) gelten im folgenden für Moltmann, Antwort auf die Kritik . . . usw. / abgekürzt: Antwort.

[46] cf. dazu als Textvariante ThdH 74 m.

Moltmann bezieht sich auf Marx und Hegel. Seine Absicht ist es, „mit Hegel und Marx in einer ,Theorie-Praxis' zu denken" (230 a. E.). Wir werden deshalb für unser Vorverständnis der Moltmannschen Begrifflichkeit marxistische Denkschemata mit beachten müssen. – Der vorliegende Text eignet sich für eine Begriffsklärung besonders, weil Moltmann hier zu den Anfragen seiner Kritiker Stellung nimmt und dabei gerade seine Begriffe zu präzisieren gezwungen ist. Der Text deutet auch schon eine mögliche Kehre von der „Theologie der Hoffnung" zu einer Theologie des Kreuzes an (cf. 214 f.), markiert also einen Wendepunkt im Denken Moltmanns und begründet diese Kehre aus dem Zusammenhang der Moltmannschen Theologie. – Wir folgen zunächst diesem Text, um eine Übersicht zu gewinnen.

Moltmann unterscheidet zwischen seinem Buch „Theologie der Hoffnung" und der allgemeinen Hinwendung in die Zukunft, die in den sechziger Jahren zu beobachten war. Ihm geht es um den ,Versuch der theologischen Integration von Erkenntnissen alt- und neutestamentlicher Theologie, von theologischen und philosophischen Ansätzen zum Thema der Eschatologie und endlich von sehr verschiedenartig wahrgenommenen, neuen geschichtlichen Aufgaben der Christenheit in der Welt von heute' (201 m). – Dabei bewegt ihn ein praktisches Motiv: „Die noch offene Zukunft eines menschenwürdigen Lebens oder der atomaren Selbstvernichtung der Menschheit ist zum zentralen Thema unserer Gegenwart geworden und zu einer Aufgabe, an der bisher divergierende Kräfte in Wissenschaften, Ideologien und Glaubensweisen zur Kooperation kommen können" (202 o). Bei solch einer umfassenden Konzentration aller Kräfte ist es verständlich, „daß darum auch Christen und Theologen nach der ,Verantwortung der Hoffnung, die in ihnen ist' (1. Petr. 3,15) gefragt werden und sie zu formulieren und zu realisieren versuchen" (202 o). Die Theologie soll also in Theorie (,formulieren') und Praxis (,realisieren') ihren Beitrag für eine menschliche Zukunft leisten; denn die Zukunft ist es, „*vor* der man sich verantworten muß" (203 o). Das gilt besonders „in der neuen Lage nach 1945, die nach einer Aktivierung der christlichen Hoffnung für eine menschliche Gesellschaft, für Frieden und Gerechtigkeit auf Erden fragen läßt" (202 a. E.).

Um die Verantwortung vor der Zukunft in ihrer umfassenden Herausforderung wahrnehmen zu können, schlägt Moltmann eine Reihe von Ergänzungen der bisherigen Theologie vor, die alle darauf hinauslaufen, den Wirkungsbereich der Theologie drastisch zu erweitern, so daß sie in die Lage versetzt wird, „die notwendigen Zusammenfassungen im Denken und

Handeln ins Leben zu rufen" (204 u). Das erscheint Moltmann als notwendig, denn die „Denkhorizonte der Theologie und die Diensthorizonte der kirchlichen Christenheit sind auf weite Strecken noch durchaus kleinstaatlich" (205 o).

Zunächst dürfte zweierlei für unsere Frage nach Moltmanns Geschichtsverständnis wichtig sein: 1. die Verantwortung begegnet als Verantwortung *vor* der Zukunft; 2. die Verantwortung ist wahrzunehmen in Theorie (cf. Denken 203 a. E.; Denkhorizont 205 o) und Praxis (cf. Handeln 203 a. E. und Diensthorizont 205 o).

Man hat Moltmann wegen seiner Betonung der Zukunft Einseitigkeit vorgeworfen. Er verteidigt sich offensiv und nennt das erste Kapitel seiner „Antwort . . .": „Einseitigkeit und Orhtodoxie in der Theologie" (205 o) – Moltmann führt den Vorwurf der Einseitigkeit auf sein Programm zurück, „einerseits ein theologisches Denken aus Hoffnung in allen Loci zu entfalten, andererseits einen Beitrag zur Begründung und zu den Konsequenzen einer christlichen Eschatologie zu geben" (205 m).

` Bei seinen Kritikern sieht Moltmann statt der Einseitigkeit den Versuch der „Allseitigkeit", nämlich der Allseitigkeit einer umfassenden Orthodoxie, „in der alle möglichen Faktoren und Erkenntnisse schon vorhanden sind" (207 u). Im Gegensatz zu dieser „Glasperlenspiel-Orthodoxie" (cf. 208 o) versucht Moltmann nicht, das Heil zu finden in einer „introvertierten Beschäftigung mit sich selbst und den Problemen eigener Traditionen" (205 o), sondern im „Gespräch mit Juden und Atheisten, mit Marxisten und Positivisten" (208 m). Dabei gewinnt Moltmann den Eindruck, „daß in der Neuzeit seit Aufklärung und Revolution eine neues Schisma um sich gegriffen habe, in dem nach dem Ausscheiden des linken, radikalen Flügels des Christentums dann auch das verbliebene kirchliche Christentum häretische Züge angenommen hat" (208 u). Die Wurzel des Übels ist allerdings – wie Moltmann mit H. Cox zu sehen meint – „im ersten Schisma der Kirche von den Juden" (cf. 208 u) zu suchen. Aus dieser Perspektive wird es verständlich, wenn Moltmann davon spricht und Hans-Georg Geyer zustimmt, „daß eine Theologie der Hoffnung nichts geringeres versuche als ein Revisionsverfahren im großen Ausmaße"(209 o).

Einer solchen Revision steht die Orthodoxie gegenüber mit ihrem Streit um ‚präsentische oder futurische Eschatologie oder einem dialektischen Auspendeln beider Aspekte' (cf. 209 m). Nach Moltmann haben wir dagegen ein anderes Thema: „bestimmt die Gegenwart die Zukunft in Extrapolationen oder bestimmt die Zukunft die Gegenwart in Antizipationen? In welchem Dritten können schon gegenwärtiges Heil im Glauben und noch nicht gegenwärtig (sic!) Heil in der Hoffnung sinnvoll miteinander verbunden werden?" (209 m) – Mit seiner Fragestellung will Moltmann den bisherigen Streit um die Eschatologie zunächst als ein Methodenproblem fassen. Präsentische Eschatologie und futurische Eschatologie haben beide auf verschiedene Weise mit der Zukunft zu tun. Moltmann wird in den beiden folgenden Kapiteln erst seinen Zukunftsbegriff und die Methoden für den Umgang mit dieser Zukunft, also Extrapolation und Antizipation, beschreiben („II Methoden in der Eschatologie oder die mögliche Kehre von der Theologie der Hoffnung zu einer Theologie des Glaubens", 209 u) und dann sein Zeitverständnis weiter entfalten („III Der ,Gott der Hoffnung' und der ,trinitarische Gott' "; 215 o). Die Frage nach der Synthese von ,gegenwärtigem Heil im Glauben' und von ,noch nicht gegenwärtigem Heil in der Hoffnung' wird im Bereich der Theorie im Kapitel IV und für den Bereich der Praxis im Kapitel V abgehandelt („IV Der Gott der Zukunft und der gekreuzigte Christus"; 222 m; „V Schöpferische Eschatologie: Hoffen und Handeln"; 230 o) – Dieser Aufriß vereinfacht ein wenig, weil – wie wir schon hörten (s. o. S. 131 o) – Theorie und Praxis bei Moltmann als Theorie-Praxis verbunden gedacht werden sollen. Für eine erste Übersicht dürfte eine solche Vereinfachung gestattet sein.

Die Zukunft als Futur und als Advent

In dem deutschen Wort „Zukunft" lassen sich nach Moltmann zwei Denkweisen unterscheiden: 1. futurum als das, was wird, und 2. adventus als das, was kommt. Das Futur verknüpft Moltmann – hierin gibt er Ernst Bloch recht – mit der Materie. „Darum wird die Ambivalenz der Materie als mater und moloch auch im futurum zum Problem" (211 o). – Zukunft als Advent, als Parusie, bezeichnet dagegen „das Kommen Christi in öffentlicher Herrlichkeit" (211 u). Wohlgemerkt: „Kommen" nicht etwa „Wiederkunft" (cf. 211 a. E.). Der Advent ist etwas Neues, anderes (cf. ExpH 73 f.).

Den beiden Weisen der Zukunft entspricht je eine „Methode der Zukunftsvergewisserung: das futurum wird aus den Faktoren und Prozessen der Vergangenheit und Gegenwart extrapoliert" (212 o). – „Zukunft als adventus eines Anderen, Neuen kann dagegen nicht aus der Geschichte extrapoliert werden. Sie wird antizipiert" (212 o). – Der Advent hat einen Zug von Unverfügbarkeit. Antizipation ist deshalb Vorgriff auf etwas, das

10*

selbst schon ein Ganzes ist, ohne deshalb schon gegenwärtig erschienen zu sein. Die Antizipation hat den Charakter einer Idee oder eines Entwurfs, einer Konzeption. Dementsprechend betont Moltmann: „In der Praxis des geschichtlichen Handelns müssen jedoch beide Weisen der Zukunftsvergewisserung ständig kombiniert werden" (212 m). Denn: „Geschichtliches Handeln für die Zukunft entsteht aus einer Verbindung dessen, was man weiß, mit dem was man erhofft, dessen, was man kann, mit dem, was man will" (212 u).

Dieselben Methoden der Zukunftsvergewisserung wendet Moltmann auf die christliche Eschatologie an, um eine erste Antwort auf seine Fragen zu geben, ‚ob die Gegenwart die Zukunft durch Extrapolationen bestimmt oder die Zukunft die Gegenwart in Antizipationen' (cf. 209): „Nur wenn die universale Zukunft Gottes und seines Reiches der *Real*grund für das Christusgeschehen ist, kann das Christusgeschehen zum *Erkenntnis*grund für diese Zukunft genommen werden. Nur auf Grund realer Antizipation des Eschaton in der Geschichte Christi kann es zu einer noetischen Extrapolation aus dieser Geschichte in die Zukunft seiner Erscheinung kommen" (213 o; cf. GkrG 149 o; 177 o). – Wenige Zeilen weiter sagt Moltmann: „Wenn man das Geschick Jesu die ‚Auferweckung des Gekreuzigten von den Toten durch die Herrlichkeit des Vaters' nennt, so wird darin diese Realantizipation des kommenden Reiches der Herrlichkeit Gottes und der Freiheit der Kreatur behauptet, und die Hoffnung dieses Glaubens kann sich begründet auf die Zukunft richten" (213 m).

Zwei gegenläufige Bewegungen versucht Moltmann zu unterscheiden. Eine, die vom Eschaton, von der Zukunft Gottes her in die Geschichte Christi hineinläuft, und eine zweite Bewegung, die aufgrund dieser ersten Bewegung von der Geschichte Christi ausgeht und auf das Eschaton hinausläuft. Genauer: in die Richtung des Eschaton. Denn die erste Bewegung ist hier nur als Handeln Gottes denkbar. Die Gegenwart Christi ist „eine Antizipation der Zukunft Gottes" (cf. 213 o). Sie ist der „*Real*grund für das Christusgeschehen" (cf. 213 o). – Die zweite Bewegung von der Gegenwart Christi „in die Zukunft seiner Erscheinung" (cf. 213 m), läßt sich dagegen meines Erachtens genauer als bei Moltmann selbst fassen, wenn man sie als Handeln des Menschen bestimmte, nämlich als noetische Extrapolation. Diese zweite Bewegung zielt auf ein Futur, „das dem Advent des Kommenden entspricht" (cf. 213 m). Der von Gott antizipierte Advent ist die reale Voraussetzung für das vom Menschen zu extrapolierende Futur. Das Futur, das aus dem Handeln des Menschen extrapoliert wird, ist nicht mit dem Eschaton, das Gott selbst herbeiführt, identisch, wohl aber soll das Futur dem Eschaton entsprechen. Das Eschaton legt die Richtung fest, in der das Futur zu suchen ist.

Die Unterscheidung zwischen dem Handeln Gottes in der Antizipation und dem Handeln des Menschen in der Extrapolation hat Moltmann so nicht. Er sagt auch nicht, was die Übertragung der beiden Methoden, der Antizipation und der Extrapolation, aus der Politik (cf. 212) auf die Eschatologie für die Methoden selbst bedeutet. Ist die Antizipation der Zukunft Gottes (cf. 213 o) dasselbe wie eine sozialethische Antizipation (212 u)? – Ist die noetische Extrapolation aus der Geschichte Christi „in die Zukunft seiner Erscheinung" (cf. 213 m) dasselbe wie ‚soziologische Extrapolationen' (cf. 212 u)? – Oder sollte die noetische Extrapolation aus der Geschichte Christi der sozialethischen Antizipation entsprechen? – Sollte das, was der Mensch aus der Geschichte Christi – aufgrund göttlichen Handelns (Antizipation) – noetisch extrapoliert, zusammen mit soziologischen Extrapolationen als Antizipation sinnvolle Politik ermöglichen? – Denkbar wäre es, aber aus dem vorliegenden Text läßt sich das Verhältnis der „Praxis des geschichtlichen Handelns" (cf. 212 m) zur „Christlichen Eschatologie" nicht sicher bestimmen (s. u. S. 153 ff.).

Im letzten Absatz des zweiten Kapitels nennt Moltmann den eigentlichen Zweck seiner methodischen Überlegungen. Sie eröffnen ihm die Möglichkeit, die ‚Wirkung Christi für die Gegenwart zu entfalten', nachdem er in seiner „Theologie der Hoffnung" „der Gegenwart den Horizont der Zukunft in der Hoffnung eröffnete" (cf. 214 u).

Die Zukunft als Seinsweise Gottes

1. Die biblischen Zeugnisse nennen Gott den Gott Abrahams, Isaaks und Jakobs. Sie beantworten damit die Frage, wer ist Gott? – 2. Das „Reich seiner offenbaren Herrlichkeit in der ganzen Schöpfung" (cf. 215 o) möchte Moltmann als eschatologische Antwort auf die Frage „was ist Gott?" verstehen. – 3. Aus beiden Antworten, biblische Geschichte und eschatologisches Reich Gottes, folgert Moltmann, die Frage: wo ist Gott? könne geschichtlich nur in der Zeitform der Zukunft beantwortet werden (cf. 215 m). „Infolgedessen muß seine Gottheit als die Macht der Zukunft verstanden werden" (215 m).

Die Zukünftigkeit Gottes, ‚Gott als der Kommende‘, unterscheidet ihn von den ewig unveränderlich seienden Göttern. Deshalb möchte Moltmann von der Zukunft Gottes her auch Gegenwart und Vergangenheit neu bestimmen.

Versteht man die Zukunft „als die Seinsweise des kommenden Gottes" (216 u), dann wird die Zukunft „zur Dominante der Zeit" (216 a. E.). Dabei müssen wir im Blick auf diese Zukunft zwischen zweierlei Weisen von Zeit unterscheiden: „Geschichtliche Zeit zeitigt sich aus der Zukunft, während kosmische Zeit sich selbst reproduziert" (216 f.). Die geschichtliche Zeit ist dann eine durch die Gegenwart Gottes inhaltlich bestimmte Zeit.

Wie sich die geschichtliche Zeit, also auch die geschichtliche Zukunft, zur kosmischen Zeit und ihrer Zukunft verhält, führt Moltmann hier leider nicht aus. Es bleibt auch unklar, welcher Zeit die Zukunft in dem folgenden Satz zuzurechnen ist: „Sollte einmal die Transzendenz der Zukunft gegenüber Gegenwart und Vergangenheit nicht mehr mit der Transzendenz Gottes verbunden werden können, dann verliert ‚die Zukunft‘ ihren heute überall noch lebendigen Zauber von Transzendenz, der zum Überschreiten vorhandener Grenzen führt, dann wird sie uninteressant und verfällt zur bloßen Erstreckung in der Sphäre der Endlichkeit und Vergänglichkeit" (217 m). – Spricht Moltmann hier der Zukunft in der Weise der kosmischen Zeit doch Transzendenz zu? – Das ist bei einer sich selbst reproduzierenden Zeit schwerlich möglich, die im „modus der Materie oder Erstreckung der Endlichkeit" verstanden werden müßte (cf. 216 u). Die kosmische Zukunft scheint Moltmann vielmehr im folgenden Satz vor Augen zu haben, wenn er schreibt, und zwar im Anschluß an den eben zitierten Satz: „Dann wird man die Zukunft nicht mehr mit dem Neuen, das zur Hoffnung und Veränderung der Gegenwart mobilisiert, verbinden können, und die Zukunft verfällt zum banalen ‚und so weiter‘" (217 m).

Rechnen wir aber die Zukunft, deren Transzendenz mit der Transzendenz Gottes verbunden sein soll, zur geschichtlichen Zeit, dann ist ja die Zukunft selbst schon „die Seinsweise des kommenden Gottes" (216 u). Wie kann sie dann jemals auf die Verknüpfung mit der Transzendenz Gottes angewiesen sein? Sie ist ja ihrem Wesen nach transzendent, sie ist ja schon „Gottes Seinsweise in der Geschichte" (216 a. E.). Moltmann wird also nicht nur eine Zukunft der kosmischen Zeit und eine Zukunft der geschichtlichen Zeit annehmen dürfen, sondern er wird geschichtliche Zukunft entsprechend der Extrapolation und der Antizipation noch einmal in sich aufteilen müssen in eine antizipierte und in eine extrapolierbare Zukunft.

Moltmann expliziert Geschichte: „Geschichte ist . . . nicht die Erfahrung der Vergänglichkeit, sondern die Erfahrung der Veränderung durch das Neue der Zukunft" (217 o). Gegen Diltheys Satz, „Geschichte ist Erinnerung", stellt Moltmann die These auf: „Geschichte ist Hoffnung" (cf. 217 o). Die Erinnerung hebt das Vergangene auf in die Hoffnung auf eine Zukunft für das Vergangene (cf. 217 o). – Am Ende der Seite sagt Moltmann: „. . . die eschatologisch geöffnete Geschichte ist der Horizont der Welt" (217 a. E.). – Aus allen diesen Sätzen wird nicht deutlich, wie die ‚Zukunft als Seinsweise Gottes in der Geschichte' *in* der Geschichte *ist*. Wenn Moltmann im Blick auf gewisse theologische Kritiker befürchtet, durch ihre Methode werde „der Zukunft des Reiches ihre gegenwärtige geschichtliche Kraft genommen . . ." (217 u), dann könnte bei Moltmann das Insein der Zukunft des Reiches – man wird sie mit der Zukunft als Seinsweise des kommenden Gottes in der Geschichte gleichsetzen dürfen – den Charakter von „Verheißung" haben. ‚Zukunft Gottes' als Verheißung ließe ‚Geschichte als Hoffnung' möglich werden. Die Zukunft Gottes ist der Advent, der gegenwärtig ist als Antizipation. Die adventliche, antizipierte Zukunft in der Gestalt der Verheißung könnte Moltmann dann als ‚Seinsweise des kommenden Gottes' in der Geschichte meinen (s. u. SS. 153–157).

Das ist vielleicht eine etwas komplizierte Vorstellung, aber es könnte doch eine Möglichkeit sein, Moltmanns schillernden Zukunftsbegriff ein wenig zu umgrenzen. Soviel ist jedoch völlig klar: seine eigentliche Absicht erreicht Moltmann so gerade nicht. Es gelingt ihm nicht die Transzendenz Gottes und die Immanenz der geschichtlichen Wirklichkeit zu verknüpfen, auch wenn er für die göttliche und die menschliche Wirklichkeit den einen Ausdruck Zukunft benutzt. Die „Transzendenz" des Futur – um Moltmanns eigene Unterscheidung im Zukunftsverständnis aufzugreifen –, also die Transzendenz der extrapolierbaren Zukunft ist niemals die Transzendenz der durch Gott antizipierten Zukunft seines Reiches. Moltmann betont selbst: „Der Deus adventurus der Eschatologie ist nicht der Gott der causa finalis und des finis ultimus der Metaphysik" (216 m). Der schon einmal zitierte Satz wird jetzt in seiner ganzen Problematik deutlich: „Sollte einmal die Transzendenz der Zukunft" – das ist doch wohl das extrapolierbare Futur – „gegenüber Gegenwart und Vergangenheit nicht mehr mit der Transzendenz Gottes verbunden werden können", – ist diese

Transzendenz die Zukunft als Advent? – „dann verliert ‚die Zukunft'" –
welche Zukunft ist hier gemeint: Futur, Advent oder eine Synthese beider?
– „ihren heute überall noch lebendigen Zauber von Transzendenz . . ."
(217 m).

Moltmann überspielt das eigentliche Problem. Wie ist denn heute die
eine „Transzendenz", die Transzendenz Gottes, mit der anderen, der
Transzendenz der extrapolierbaren Zukunft, verbunden? Vorausgesetzt,
man wollte überhaupt von mehr als einer Transzendenz reden. – Den
„lebendigen Zauber von Transzendenz" bestimmt Moltmann auch nicht
näher. Ist diese bezaubernde Transzendenz die Transzendenz des Futur
oder des Advent? – Entspringt der ‚Zauber von Transzendenz', den die
von Moltmann nicht näher bestimmte Zukunft hat, wirklich einer Verbindung mit der Transzendenz Gottes? – Hat Moltmann bei seinen
Gesprächen mit Atheisten (cf. 208 m) nie gehört und gespürt, daß auch eine
atheistische Zukunft bezaubern kann und herausfordert, Gegenwärtiges zu
‚transzendieren'[47]? – Selbst wenn man unterstellt, daß die ‚Zukunft als
Seinsweise Gottes' und die Zukunft als Futur durch die Verheißung
verbunden sind, bleibt immer noch die Möglichkeit eines extrapolierbaren,
geschichtlichen Futurs, dessen ‚Transzendenz gegenüber Gegenwart und
Vergangenheit' zum Beispiel durch Utopien bestimmt ist statt durch die
Verheißung Gottes. Es besteht kein notwendiger Zusammenhang zwischen
dem extrapolierbaren, geschichtlichen Futur und der Zukunft als Seinsweise
Gottes. Auch ohne Verheißung Gottes gibt es extrapolierbares geschichtliches Futur, das nicht zum bloßen „und so weiter" (cf. 217 m) absinkt. Es
bleibt also bei Moltmann eine göttliche Wirklichkeit neben einer geschichtlichen Wirklichkeit bestehen. Auch die Zukunft ist keine Brücke zwischen
Transzendenz und Immanenz, weil „Zukunft" ebenfalls durch die Unterscheidung von Futur und Advent auseinanderklafft.

Ähnlich gespalten ist bei Moltmann auch die Gegenwart und die
Vergangenheit, wenn er von einer geschichtlichen Gegenwart eine eschatologische Gegenwart unterscheidet. Die geschichtliche Gegenwart bestimmt
Moltmann zunächst „als das Zugleichsein beider Zeiten" (218 o), nämlich
das Zugleich „der zukünftigen Zeit und der vergehenden Zeit" (ibd.). Die
durch das Evangelium bestimmte „geschichtliche Gegenwart ist Anfang,

---

[47] In seiner Einleitung zu V. Gardavský spricht Moltmann selbst davon. Allerdings
scheint er diese atheistische Zukunftserfahrung ebenfalls christlich deuten zu wollen.

Angeld, Antizipation und Advent der Zukunft, die die Schatten der Vergangenheit und des Vergänglichen vertreibt" (218 m). Die durch die Zukunft — genauer: durch den Advent bestimmte Gegenwart ist zu unterscheiden von der ewigen Gegenwart, die am Ende als Eschaton auf uns wartet. — Die Gegenwart, die durch die Vergangenheit bestimmt ist, bedenkt Moltmann nicht, obwohl gerade sie die Weise der Gegenwart ist, in der wir zunächst und zumeist durch Tradition und Konvention bestimmt leben.

Moltmann zeigt auch bei der Gegenwart nicht den Übergang auf, der von der durch das Evangelium bestimmten Gegenwart zur ewigen Gegenwart führt. Wie bei der Zukunft haben wir also nicht zwei, sondern drei Formen: die ewige Gegenwart, die durch das Evanglium bestimmte Gegenwart und die — von Moltmann nicht näher bedachte — vergangenheitsbestimmte. Gegenwart.

Die Zukunft als Seinsweise Gottes kann „nicht nur als Zukunft der jeweiligen Gegenwart bedacht werden, sondern muß auch als die Zukunft vergangener Gegenwart verstanden werden" (220 a. E.). Die Zukunft der vergangenen Gegenwart faßt Moltmann als Verheißung. Deshalb kann er sagen: „Als *Ver*gangenheit ist Geschichte vergangen. Als *Er*gangenheit aber ist sie lebendig, wo immer das aufgenommen wird, was ihre Bedeutung ist, was unerfüllt und unbewältigt und unerlöst in ihr wartet" (220 m). Also begegnen auch in der Vergangenheit wenigstens zwei Weisen von Vergangenheit: eine von Gott bestimmte und eine nicht von Gott bestimmte. Ihr Verhältnis wird nicht näher entfaltet. Moltmann sagt auch nicht, daß die nicht von Gott bestimmte Vergangenheit eine Art von vergangenem „und so weiter" (cf. 217 m) wäre. Ebensowenig wird klar, ob es nicht auch in der Vergangenheit eine nicht von Gottes Verheißung bestimmte und dennoch für die Gegenwart und die extrapolierbare, geschichtliche Zukunft relevante „Gewesenheit" (Heidegger) geben könnte.

Moltmann zieht durch die Zeiten hindurch eine zweite, von Gott bestimmte Zeitebene. Auf diese Weise möchte er sich von dem Vorwurf befreien, einen ‚‚einseitigen‘ Gott der Hoffnung" (221 m) zu verkünden. Seine Gegner hatten betont, „Gott sei nicht nur der Herr der Zukunft, sondern auch der Gegenwart und der Vergangenheit" (221 m). Ihnen wirft Moltmann nun seinerseits vor, ihr materialistischer Zeitbegriff sei das Maß für ihren trinitarischen Begriff Gottes. Er, Moltmann, hat deshalb umgekehrt eine „eschatologische(n) Trinitätslehre, die ein neues Zeitverständnis aus sich entwickelt" (221 u). Sieht man sich Moltmanns Zeitverständnis an, dann zeigen sich auf den ersten Blick zwei Zeitebenen: eine vergängliche Zeit und eine unvergängliche Zeit. Die unvergängliche Zeit ist in der Vergangenheit als „*Er*gangenheit" expliziert (cf. 220); in der Gegenwart ist es die vom Evangelium bestimmte Zeit; in der Zukunft ist es die Seinsweise Gottes (cf. 218 m und 217 m). Moltmann macht diese „Zeit aus der (sc. eschatologischen) Zukunft" zum „Horizont der Geschichte" (218 o).

Mit der Ausdehnung seiner ‚Zukunft als Seinsweise Gottes' durch alle Tempora hat Moltmann seinen Entwurf nur belastet. Was uns hier begegnet, ist doch nur eine irreführende neue Variation über das alte Thema ‚Natur-Übernatur' oder ‚Geschichte-Übergeschichte'. Moltmanns Zeitverständnis, seine „theologische Differenzierung im Zeitverständnis" (221 m), bietet zunächst nicht mehr als die Aufspaltung der Zeit in die natürliche Zeit einerseits und eine, durch alle Zeiten hindurchgehende ‚Zukunft Gottes' andererseits. Der Himmel ist bei Moltmann nicht mehr oben, sondern vorn. Als ‚Zukunft Gottes' erhält diese Sphäre noch darüber hinaus einen normativen Charakter. (s. u. SS. 155 ff.) „Dann steht die Geschichte der verändernden Vermittlungen von Mensch und Natur vor einer Zukunft, der sie verantwortet werden muß und aus deren Ankündigungen und Ankommen sie ermöglicht wird" (218 o).

Form und Inhalt der Zukunft Gottes

Für den christlichen Glauben ist es heute ein Kernproblem, „wie er Kreuz und Reich auf einen Nenner bringen kann, damit er sowohl seine selbstverschuldete Lähmung wie seinen selbstgemachten Enthusiasmus überwindet" (223 m). Denn einem Glauben, der nur auf das Kreuz sieht, fehlt Aktivität im geschichtlichen Handeln; ein Glaube, der allein das Reich Gottes im Blick hat, kann zum Fortschrittsglauben entarten, der schon unter den gegenwärtigen Bedingungen das Reich Gottes für herstellbar hält. Moltmann will deshalb das Kreuz eschatologisieren, so daß es – aufgrund der Ostererscheinungen – als ‚Kreuz des Kommenden' erscheint und eine universale Bedeutung gewinnt.

„Die ‚Nomisierung des Kreuzes' als Vollendung des usus elenchthicus des Gesetzes in Aufdeckung der Gottlosigkeit und Gottverlassenheit der Welt" (224 o) ist zwar richtig, reicht aber nicht, um die universale Bedeutung des Kreuzes auszudrücken. Die volle Bedeutung gewinnt das Kreuz erst im „stellvertretenden Charakter dieses Geschehens an Christus für alle" (ibd.). Die stellvertretende Kraft gewinnt das Kreuz Christi durch die Verknüpfung mit der Zukunft Gottes in der Auferstehung, und umgekehrt gilt: „Die Zukunft Gottes . . ., die den Gekreuzigten in sich aufnahm, gewinnt umgekehrt durch den Gekreuzigten ihre reale Gestalt in der Welt der Sünde und des Todes, des Dunkels und der großen Kälte" (225 m; cf. GkrG 155 f., bes. 156 o). Einerseits wird aus dem Kreuz Jesu das Kreuz des Kommenden, wird es also eschatologisiert, andererseits wird die Auferstehung als Auferstehung des Gekreuzigten historisiert (cf. 223 u).

Entsprechend seiner zweifachen eschatologischen Methode (cf. c. II) blickt Moltmann zuerst von der Gegenwart in die Zukunft. Aus dieser Perspektive tritt das Christusgeschehen als Handeln Gottes in den Blick. Die Herrschaft Christi erscheint von hier als Lehnsherrschaft (cf. 225 u); sie ist „reale Vermittlung der unmittelbaren Gottesherrschaft in einer gottlosen Welt. Die unmittelbare Gottesherrschaft ist die innere Tendenz und die eschatologische Zukunft der vermittelnden Christusherrschaft" (226 o). – Blickt man mit Moltmann aus der Zukunft in die Gegenwart, dann ist die Gottesherrschaft „nicht nur das Futur der Gegenwart Christi. Es ist auch umgekehrt die Gegenwart Christi der Advent der Gottesherrschaft unter den Verhältnissen der Geschichte" (226 m). Aus der Perspektive tritt die trinitarische(n) Christologie" (cf. 227 m) in den Blick (s. u. S. 150 f.).

„Das Christusgeschehen ist daher nicht nur als *Inauguration* der Zukunft Gottes zu verstehen, sondern auch umgekehrt als *Inkarnation* eben dieser Zukunft ins Elend der Geschichte" (227 m). Durch die Inkarnation der Zukunft Gottes gewinnt das Kreuz Christi seine eschatologische Bedeutung. „Das Reich Gottes ist der positive Inhalt des Kreuzes und darum ist auch umgekehrt das Kreuz die negative Form des Reiches" (227 u). „. . . so tritt das Kreuz in seiner stellvertretenden Bedeutung als die gegenwärtige Gestalt der Auferstehung und des Lebens in den Vordergrund. Der tiefe Sinn der Prolepse des Reiches an Christus wird im Pro-nobis-Charakter des Todes Christi offenbar. Diese Bedeutung gewinnt das Kreuz . . . nur, wenn man es als Kreuz des Auferstandenen eschatologisch versteht"(228 m). – Das „eschatologische" Verständnis des Kreuzes als Kreuz des Auferstandenen sieht im Kreuz nur die gegenwärtige Form des Reiches Gottes. Die Inkarnation wird so zu einer Art Übersetzung der eschatologischen Wirklichkeit in die gegenwärtige Sprache des Elends: „Christi Kreuz (sc. ist) die Inkarnation seiner Auferstehung, sein Leiden die Inkarnation der Freiheit und sein Tod die Inkarnation des Lebens" (228 f.; cf. GkrG 10 f.). Der Glaube versteht die Sprache der Inkarnation. Deshalb findet in ihm die

Hoffnung ihren Grund. Aber im Glauben, der die Zukunft in der Gestalt des gegenwärtigen Elends zu erblicken vermag, „geht alles auf jene Zukunft, in der Gott Gott ist und alles Sein erneuert" (229 o). Deshalb ist die Hoffnung das Ziel des Glaubens. „Was so vom Glauben begründet und von der Hoffnung ausgerichtet ist, ist das neue Leben unter den Verhältnissen der Geschichte" (229 o)[48]. – Der Grund für die Hoffnung ist die Antizipation des Advents, und zwar als Antizipation „in Stellvertretung einer größeren Zukunft" (229 o). Die stellvertretende Bedeutung des Kreuzes meint also in erster Linie nicht die Stellvertretung des Menschen durch Christus vor Gott („. . . diese Deutung bleibt an der Oberfläche"; 224 o), sondern umgekehrt, die Stellvertretung des ‚Gottes der Zukunft‘ „unter den Verhältnissen der Geschichte" (229 o) vor den Menschen (cf. GkrG 157 ff.).

Hatte Moltmann in der „Theologie der Hoffnung" Hegels spekulativen Karfreitag benutzt, „die universale Bedeutung des historischen Karfreitags verständlich zu machen" (224 o), so versucht Moltmann jetzt umgekehrt, den spekulativen Karfreitag als Inbegriff des neuzeitlichen ‚Gefühls: Gott ist tot‘ (cf. 229 m), mit dem historischen Karfreitag zu verbinden und so zu historisieren, und zwar „in einem eschatologischen Sinne" (229 m). Das heißt: das neuzeitliche „Gott ist tot" will Moltmann mit dem Kreuz Christi verbinden und so ‚historisieren‘. Weil aber dieses Kreuz als Kreuz des Kommenden von Moltmann zuvor eschatologisiert worden ist, wird nun auch Hegels spekulativer Karfreitag „in einem eschatologischen Sinne historisch" (229 m). Der spekulative Karfreitag ist jetzt der neuzeitliche, universale Ausdruck eben jener ‚Verhältnisse der Geschichte‘, in denen „die Gegenwart Christi der Advent der Gottesherrschaft" ist (cf. 226 m).

Moltmann verspricht sich von der „Entfaltung der theologia crucis mit Einschluß des ‚spekulativen Karfreitags‘ Hegels" (229 u) eine Überwindung der in westlicher Tradition ‚juridifizierten‘ und ‚individualisierten‘ Frage der Gottesgerechtigkeit in Richtung auf die Erneuerung der Theodizeefrage und auf eine kosmische Weite der Gottesgerechtigkeit (cf. GkrG 162).

Moltmann ging in diesem Kapitel von dem Wunsch aus, ‚Kreuz und Reich Gottes auf einen Nenner zu bringen, damit der christliche Glaube‘

---

[48] Sieht man genau hin, ist der Glaube in die Hoffnung ‚aufgehoben‘, weil das Gottesverhältnis als Erwartung jetzt primär zeitlich-quantitativ und nicht personal bestimmt ist.

„sowohl seine selbstverschuldete Lähmung wie seinen selbstgemachten Enthusiasmus überwindet" (223 m). Als ‚Nenner' bietet Moltman das Schema von Form und Inhalt an. („Das Reich Gottes ist der positive Inhalt des Kreuzes, und darum auch umgekehrt das Kreuz die negative Form des Reiches" [227 u]). Mit dem Kreuz als „Stellvertretung einer größeren Zukunft" (229 o) soll dann wohl die Lähmung des Glaubens überwunden werden, wenn das Kreuz durch seinen Inhalt zum Grund für die Hoffnung wird. Und mit dem Kreuz als Form, als „gegenwärtige Gestalt der Auferstehung und des Lebens" (228 m), soll dann andererseits der Enthusiasmus gedämpft werden, der sich darüber klar werden muß, „daß er vom kommenden Gott und der Auferstehung Christi als dem Hoffnungsgrund eines neuen Seins redet und daß er damit dem Nichts in seinen vielfältigen Gestalten des Elends ins Angesicht redet" (229 m).

Das Elend und das Sterben bleiben also im Blick. Sie werden nicht übersehen, sondern Moltmann möchte im Gegenteil seine Theologie als ‚schöpferische Eschatologie' (230 o) verstanden wissen, die dem elend aktiv entgegentritt. Das letzte Kapitel dient nur der Entfaltung seiner Theologie als ‚geschichtlicher Kampflehre'.

Die Zukunft als Gottes Gegenwart

Die Hauptgesichtspunkte, unter denen Moltmann seine ‚geschichtliche Kampflehre' darstellt, sind zugleich wieder Antworten auf kritische Einwände gegen seine Theologie. Moltmann faßt sie unter dem Leitbegriff „Praxis" zusammen. – Wenn als erster Kritiker Gerhard Sauter von ‚angewandter Eschatologie' im Blick auf Moltmann spricht, dann verfehlt er damit Moltmann keineswegs ganz, scheint aber ein engeres Praxisverständnis vorauszusetzen, als Moltmann es für sachgemäß hält. Moltmann betont deshalb: „Man darf den christlichen Begriff der Praxis nicht auf Ethik reduzieren, sondern muß damit den einen und ganzen Auftrag der Gemeinde in der Geschichte sehen" (231 o).

Wer wie Heinz Eduard Tödt „Welthoffnung in der Praxis und Gotteshoffnung im Glauben" (231 o) von einander abzuheben versucht, zeigt damit – nach Moltmann –, daß er einen zu engen Praxisbegriff voraussetzt; denn Moltmann stellt auch den Glauben auf die Seite der Praxis. Oder sollte es umgekehrt sein? – Stellt Moltmann die Praxis auf die Seite des Glaubens? – Gibt es vielleicht wieder einen gemeinsamen Nenner?

Schließlich gibt Moltmann gegenüber einer dritten Gruppe von Kritikern zu, daß er noch keine ‚konkrete Ethik der Hoffnung' anzubieten habe, aber die Möglichkeit einer solchen, ins Einzelne gehenden „Kampflehre" nicht ausschließen wolle. Soviel steht jedoch jetzt schon fest: keine Praxis des Menschen wird die Zukunft Gottes „konditionalisieren", wie Hans-Georg Geyer befürchtet (cf. 231 u). Bei aller Betonung der Praxis wird das Handeln des Menschen dem Handeln Gottes nicht vorgreifen.

Der Praxisbegriff, von dem her Moltmann argumentiert, soll drei Hauptpunkte umfassen: „1. die missionarische Verkündigung, 2. die universale Gemeindebildung und 3. den leiblichen Gehorsam im welthaften Handeln"(231 a. E.). − „Christliche Eschatologie entfaltet darum einen umfassenden Erwartungshorizont für die weltverändernde Initiative des Glaubens" (231f.). Die Verkündigung ist die „erste Tat solcher Hoffnung" in dem Erwartungshorizont (cf. 232 o). Sie nimmt „die Zukunft Gottes worthaft an der Front des wirklichen Elends des Menschen vorweg, indem es Rechtlosen Recht schafft, Glauben erweckt, wo Gottlosigkeit herrscht und Hoffnung entzündet, wo Resignation lähmt" (232 m).

Moltmann erläutert die „worthafte Prolepse der Zukunft Gottes" (232 m) am Beispiel des Streites zwischen ‚judenchristlicher Synagoge und heidenchristlicher Ecclesia'. Bei Paulus wird aus „einer judenchristlichen Enderwartung . . . eine gegenwärtige Missionsaufgabe" (232 u). Das apostolische Kerygma nimmt das Heil für die Heiden vorweg und „rechnet offenbar damit, daß dieses Letzte in der Erwartung jetzt an der Zeit sei und in den Möglichkeiten des Geistes, der endzeitlich über alles Fleisch ausgegossen werden soll, schon jetzt legitimiert sei" (233 o). − Wer Moltmann hier nicht mißverstehen will, muß sich klar machen, daß „Wort" und „worthaft" ganz im Sinne einer menschlichen Aktivität verstanden werden, also nicht im biblisch-reformatorischen Sinne eines selbstwirkenden Wortes. Erst wenn man sich bewußt wird, daß Moltmann „Wort" nur im Horizont menschlicher Praxis betrachtet, wird es verständlich, wenn er in einem Zuge Kerygma, Gemeindebildung und christliche ‚Lebens- und Sozialpraxis' nennt, und wenn er alle drei − mit einem Hinweis auf die paulinische Charismenlehre − gleichberechtigt nebeneinanderstellt. Für Paulus „sind alle Glaubenden, die in Christus ‚neue Kreatur' sind, Repräsentanten einer neuen Welt, die alle Geschöpfe umschließen wird. Sie sind das im Geist und darum nicht nur in ihrem Wort, sondern in allen Charismen" (233 m). − Der gemeinsame Horizont des ‚menschlichen'

Handelns[49] ist aber eschatologisch bestimmt. Deshalb wird das Handeln einer eschatologischen Ausrichtung unterworfen. – Die Zukunft des Heils wird also nicht nur worthaft und nicht nur vom Prediger vorweggenommen, während das übrige Tun der Gemeindeglieder „in ihren Berufen an der Welt . . . unter dem Gericht bleiben und in der Ambivalenz alles ihres Tuns nur die Welt zu erhalten haben" (233 m). Moltmann fordert deshalb, die christliche Ethik „zusammen mit dem Apostolat und der Mission der Gemeinde in den eschatologischen Horizont der Erneuerung der Welt durch Christus" (233 m) ‚in den Apostolat der ganzen Gemeinde hineinzuholen' (ibd.). In diesem Horizont erhält das menschliche Handeln seine Ausrichtung.

Zwei Bewegungen gilt es hier festzuhalten. Erstens, daß Moltmann das Kerygma als Predigttätigkeit, das heißt als menschliche Praxis und noch dazu als Handeln eines Teils der Gemeinde („die Prediger und Verkündiger"; 233 o) versteht. Zweitens will Moltmann den gesamten Bereich „christlicher Ethik" ebenfalls in den eschatologischen Horizont einfügen unter Berufung auf die paulinische Charismenlehre. Beide, Kerygma und Ethik, sind Praxis und beide sind Praxis im eschatologischen Horizont. Es lassen sich deshalb auch „die Gewißheiten, die im Glauben aus dem Wort bezogen werden, auch im Handeln wiederfinden" (233 u). Der Glaube entspringt einem Handeln. Deshalb gibt es ‚zwischen Glauben und geschichtlichem Handeln keine Differenzen', „sondern für beide liegen die Differenzen in der Gegenwart der Zukunft unter dem Kreuz der Entfremdung und Entäußerung" (233 u). Damit soll keinesfalls der Glaube zu einem Menschenwerk degradiert werden, sondern umgekehrt auch das geschichtliche Handeln in den Rang einer Gabe des endzeitlichen Geistes erhoben werden. Die Ethik tritt zum Glauben in den eschatologischen Horizont, nicht etwa umgekehrt der Glaube in einen rein weltlichen Bereich des menschlichen Handelns. Verkündigung, Gemeindebildung und soziales Handeln sind zwar menschliches Handeln, empfangen aber eschatologische Bedeutung, weil sie im eschatologischen Horizont geschehen.

[49] Menschliches Handeln und eschatologische Ausrichtung des Handelns stehen bei Moltmann in einem so gespannten Verhältnis, daß es fraglich wird, ob der Mensch hier überhaupt noch als Subjekt des Handelns verstanden ist. Die Spannung zwischen menschlichem Handeln und der Ausrichtung des Handelns vom Eschaton her läßt sich hier noch nicht weiter klären. Sie hängt zusammen mit Moltmanns Bestimmung des Verhältnisses der Einheit von göttlicher und menschlicher Wirklichkeit überhaupt (s. u. SS. 153 ff.).

Als eine selbständige Größe neben der Verkündigung erscheint bei Moltmann die Sammlung der Gemeinde. Hier werden die Zäune zwischen den Menschen abgebrochen, auch hier wird das Eschaton mitten in der Geschichte vorweggenommen.

„Die dritte Tat der Hoffnung ist die ‚schöpferische Nachfolge‘, der *produktive Gehorsam in der Gesellschaftsgeschichte*. Das ist nichts geringeres als der Versuch, unter den Bedingungen der Fremde schon hier aus der Zukunft der Heimat des Lebens zu existieren" (234 u). Der ganze Bereich der Ethik wird damit in den Horizont der Eschatologie aufgenommen. Gerade auch der Bereich des Politischen empfängt aus der Zukunft Gottes seine besondere Prägung. Die Christen, als ‚Kinder des Protestes‘ (cf. 235 m) „können Freiheit nur intolerant gegen die Mächte und die Wortführer des status quo realisieren" (235 m). – Die Zäune, die Moltmann gerade eben zwischen den Menschen abgebrochen hat, werden in einer Art eschatologischen Recycling sofort zum Bau von Barikaden weiterverwendet.

Verkündigung, Gemeindebildung und Gehorsam im geschichtlichen Handeln sind die drei ‚Taten der Hoffnung‘, das heißt Taten, die der eschatologischen Hoffnung entspringen als ihrem Grund und ihrem Ziel. Sie sind drei „Antizipationen der durch Christus inaugurierten und in Christus inkarnierten Zukunft Gottes" (235 m). Sie wird „präsent im Geist, der lebendig macht, und das heißt *als* Wort, *als* Gemeinschaft und *als* Tat" (ibd.). Eine ‚Theologie der Verkündigung‘ ist dafür zu eng. Es genügt auch nicht, „eine Ethik anzuhängen", sondern die Theologie muß von Grund auf verändert werden. Gemeindebildung und geschichtlicher Gehorsam müssen in die neue Theologie integriert werden, „wenn sie zu einer Theologie nicht nur für Pfarrer, sondern für die ganze Christenheit in der Welt werden soll"(235 u).

Moltmann kann jetzt auch den Einwand von der ‚Konditionalisierung der Zukunft durch die Werke‘ endgültig zurückweisen. Denn die eben genannten ‚Antizipationen der Zukunft Gottes‘ sind im Grunde die eine ‚Antizipation der neuen Schöpfung in der gegenwärtigen Kraft des Geistes‘ (cf. 235 m). Nicht die Werke konditionalisieren die Zukunft, sondern ‚Gottes „Subjektivität" ist die Kraft der menschlichen Aktivität‘ (cf. 236 o). Die Zukunft Gottes kommt jedem menschlichen Tun zuvor (cf. 228 u).

Gerhard Sauter befürchtet – nach Moltmann – „die beiden Bestimmungen – es entstehe erstens das Mögliche aus dem Verheißungswort Gottes, und es sei zweitens die Weltgeschichte ein offener Prozeß von

Möglichkeiten – reimten sich schlecht aufeinander" (cf. 236 m). – Moltmann unterscheidet hier jedoch offenbar wieder zwischen den beiden Blickrichtungen, die er in Kapitel II herausgearbeitet hatte (s. o. S. 133 ff.): das vom Eschaton herkommende Wort der Verheißung erweckt die Hoffnung; die Hoffnung sucht im Blick auf die Verheißung nach Möglichkeiten, um das Erhoffte zu verwirklichen. Das Meer von Möglichkeiten wird durch Moltmann zwar nicht auf einen Kanal eingeengt, aber das Wort der Verheißung legt in der Fülle der Möglichkeiten doch einen klaren Kurs fest.

Die Zukunft Gottes, das Eschaton, die Verheißung – kurz: die göttliche Wirklichkeit ist gegenüber dem Weltprozeß nicht isoliert, sondern „geschichtlich vermittelt durch das gegenwärtige Wirken des Geistes" (236 u). Der Geist ist der ‚reale geschichtliche Anfang der neuen Schöpfung' (cf. 236 u). – Moltmann versteht Geist nicht nur als eine „Gabe in den Gläubigen" (237 o), sondern dieser Gabe entspricht auch „das Seufzen der bedrängten Kreatur" (ibd.). Der Geist, der ‚die Kinder Gottes treibt', und der Geist ‚im Leiden an der Vergänglichkeit in allen Dingen vernommen' (cf. 237 o) – beide Erscheinungsweisen des Geistes sind „in einem geschichtlich-eschatologischen Geistverständnis zu integrieren" (ibd.). Dieser Geist ist der Geist Jesu Christi. Sowenig sich die Leiden Christi von den Leiden dieser Zeit trennen lassen, sowenig läßt sich sein Geist von den Leiden Trennen: „Durch die Charismen kommt der Geist als Anbruch der neuen Schöpfung auf der ganzen Front des kreatürlichen Elends an" (237 o). Nach Moltmann entfällt deshalb für die christliche Hoffnung die Alternative, „entweder auf die Möglichkeiten Gottes zu vertrauen oder nach den Möglichkeiten der Welt zu suchen. Sie ist vielmehr an die Möglichkeiten des endzeitlichen Geistes in der Geschichte von Gott und Welt gewiesen. Nicht in Gottes Jenseitigkeit wird der auf Gott Hoffende versetzt, sondern in den Geist Gottes und der Endzeit und in seine Möglichkeiten" (237 m; cf. GkrG 242 f.).

Moltmanns Geschichtsbegriff ist als Kampflehre eine Handlungsanweisung in Verantwortung vor der Zukunft (cf. S. 130 mit S. 131). Moltmann entfaltet sein Zukunftsverständnis als umfassenden Horizont und als oberste Norm für das menschliche Denken (Theorie) und Handeln (Praxis). Der Begriff der „Zukunft" soll dabei offenbar den Anspruch auf Allgemeingültigkeit dessen begründen, was die „Zukunft" inhaltlich bestimmt: das Eschaton (s. u. S. 153 ff.).

Wir werden jetzt die Bedeutung der Eschatologie für Moltmanns Entwurf näher zu bestimmen haben, wenn in der Eschatologie die Zukunft und

so das Wovor menschlicher Verantwortung normiert wird. Zu fragen ist
ferner, welche Rolle die Christologie für die Eschatologie spielt.
    Da Moltmanns Geschichtsbegriff auf ‚Veränderung der Welt und der
menschlichen Existenz‘ aus ist (s. o. S. 130u), wird das Verhältnis von
Eschaton und menschlichem Handeln zu bestimmen sein, und zwar besonders die Frage, wie das Handeln Gottes und das menschliche Handeln
aufeinander bezogen sind, wie sich die Einheit von göttlicher und menschlicher Wirklichkeit — also das Gottesverhältnis — geschichtlich — also im
Weltverhältnis — bei Moltmann ereignet.

Die Praxis aus der Zukunft Gottes

Die Eschatologie als umfassender Horizont der Theologie

    „Als ‚Zukunft‘ ist dabei diejenige Wirklichkeit gemeint, in der das
Verheißungswort seine Entsprechung, seine Antwort und seine Erfüllung
bekommt, in der es eine Wirklichkeit findet bzw. schafft, die ihm gemäß ist
und in der es zur Ruhe kommt." (ThdH 93 m; cf. 76 o) — Auf das Verheißungswort ist Moltmanns Zeitverständnis ausgerichtet: „Nicht Entwicklung, Fortschritt und Fortgang trennen die Zeiten in das Gestern und
Morgen, sondern das Verheißungswort macht den Schnitt in das Geschehen
und teilt die Wirklichkeit in die eine, die vergeht und gelassen werden kann,
und die andere, die erwartet und gesucht werden muß. Was Vergangenheit
und was Zukunft ist, wird an dem Verheißungswort sichtbar." (ThdH
93 o; s. u. S. 153 ff.). Wir kommen auf die Rolle der Verheißung zurück.
Hier müssen wir zuvor noch einmal den Zeithorizont näher zu bestimmen
suchen, aus dem das Verheißungswort ergeht: die Zukunft.
    Es sei hier an Moltmanns eigene Erläuterungen erinnert (s. o. SS.
135—139): „Als Gottes Seinsweise in der Geschichte wird die Zukunft vielmehr zur Dominante der Zeit oder zur ‚Seele‘ der geschichtlichen Zeit. Geschichtliche Zeit zeitigt sich aus der Zukunft, während kosmische Zeit sich
selbst reproduziert" (Antwort 216 f.). — Wenn die „Zukunft" sogar als
‚Seinsweise Gottes‘ verstanden werden soll, dann ist das Thema „Zukunft"
in der Tat kein theologisches Sondergebiet, sondern die Eschatologie als
„Lehre von der christlichen Hoffnung" (ThdH 11 f.) wird nicht nur das zentrale, sondern das schlechthin umfassende Thema für die Theologie. Von der
eschatologischen Zukunft her und auf die eschatologische Zukunft hin wird

man alles zu ordnen und zu verstehen haben, will man Moltmann folgen. Die Eschatologie wird deshalb zuerst in den Blick kommen müssen, wenn wir Moltmanns theologischen Entwurf befragen.

Moltmann hat sich mit seiner Betonung der Eschatologie kein Spezialgebiet ausgesucht, das er nun – wie jeder Spezialist – für das einzig Wichtige hält. Er hat vielmehr versucht, der gegenwärtigen Theologie eine neue Grundausrichtung zu verleihen, genauer – nach Moltmann –: die Theologie wieder auf das zu verweisen, was ihr eigentliches Thema ist: die Zukunft, aber eben als ‚Seinsweise des kommenden Gottes' (cf. Antwort S. 216 u). – Die Eschatologie in diesem Sinne hat einen umfassenden Charakter, und zwar in dreifacher Hinsicht: sie umfaßt erstens das Geschehen der Menschheit und der Welt, das heißt, sie ist universal; sie überschreitet ferner die Grenze des Todes, und sie verknüpft schließlich in der Theologie selbst die einzelnen Themen zu einem umfassenden Entwurf.

Die universale Weite erreicht die Eschatologie schon in Israel. Gottes Gericht an Israel wird durch die Völker vollzogen, so daß der eschatologische Horizont von da an die ganze Menschheit umspannt (cf. ThdH 115 ff.). – In der Apokalyptik geht es – nach Moltmann – „nicht um eine kosmologische Deutung der eschatologischen Geschichte . . ., sondern um eine eschatologische und geschichtliche Deutung des Kosmos" (ThdH 123 o). Wie die Menschheit so wird auch die Natur in die Eschatologie mit einbezogen. „Die ganze Welt gerät in den eschatologischen Geschichtsprozeß Gottes, nicht nur die Menschen- und Völkerwelt" (ThdH 124 o). Das heißt: „die Apokalyptik denkt ihre Eschatologie zwar kosmologisch, aber das ist nicht das Ende der Eschatologie, sondern der Anfang einer eschatologischen Kosmologie oder einer eschatologischen Ontologie, für die das Sein geschichtlich wird und der Kosmos sich öffnet zum apokalyptischen Prozeß" (ThdH 124 m). – Über die Gedankenbrücke, der Tod werde als Jahwes Gericht verstanden, Jahwe sei deshalb auch der Herr des Todes, fügt Moltmann zu seiner Bestimmung der Eschatologie hinzu: „Eschatologisch wäre also weiterhin eine Verheißung zu nennen, deren Erwartungshorizont alle Erfahrungen des totalen Gerichtes an Leben und Sterben übersteigt und sie überwindet" (ThdH 119 m). Damit wird in der Tat „die Eschatologie zum universalen Horizont der Theologie überhaupt" (ThdH 124 u).

Es wäre falsch, die Weite der Eschatologie als Addition aller nur möglichen Dimensionen verstehen zu wollen. Der ‚universale Horizont' ist kein Stück-

11*

werk, sondern hier zeigt sich als das innere, eigentliche Thema der
Eschatologie die Zukunft. Sie erschließt die schon vorhandene Einheit.
– Die Zukunft ist eben nicht nur die Zukunft der Menschheit und des
Kosmos im Sinne eines materialistischen Zeitbegriffs, sondern Seinsweise
Gottes, und das heißt, nicht nur Ziel, sondern auch Ursprung. Diese
Zukunft als Seinsweise Gottes ist nicht nur die Zukunft einer Gegenwart,
sondern ebenso die Zukunft jeder Vergangenheit und – so paradox es
klingt: jeder Zukunft, die morgen Vergangenheit sein wird. Die eschatolo-
gische Zukunft ist jeder Zeitstufe unserer alltäglichen Verlaufszeit gegenüber souverän. Diese Zukunft ist die eschatologisch gedachte „Ewigkeit"
Gottes (cf. Antwort 221 o). Sie ist kein Abschnitt der Verlaufszeit, sondern
sie begleitet, trägt, ermöglicht alle Zeit.

Aus seinem Zeitverständnis entwickelt Moltmann auch die Trinitätslehre
als eschatologische Trinitätslehre; denn das eschatologische Zeitverständnis
läßt Moltmann nach einer neuen Bestimmung der Trinität fragen. (cf.
Antwort 221f.; s. o. S. 139f.). Er expliziert die Trinität an Jesu Kreuzestod
auf Golgatha als „Geschichte Gottes". „Alle menschliche Geschichte, wie
sehr sie von Schuld und Tod bestimmt sein mag, ist in dieser ,Geschichte
Gottes', d. h. in der Trinität, aufgehoben und in die Zukunft der ,Ge-
schichte Gottes' integriert" (GkrG 233 m). Moltmann will „die Einheit der
spannungsvollen und dialektischen Geschichte von Vater und Sohn und
Geist im Kreuz auf Golgatha . . . als ,Gott' bezeichnen. Trinitarische
Kreuzestheologie interpretiert das Kreuzesgeschehen dann nicht mehr im
Rahmen und im Namen eines vorausgesetzten metaphysischen oder mora-
lischen Gottesbegriffs . . ., sondern entfaltet, was unter Gott zu verstehen
ist, aus dieser Geschichte" (GkrG 233 u). – Zusammenfassend unterstreicht Moltmann: „Trinität meint also das Christusgeschehen in der
eschatologischen Deutung des Glaubens. Trinität meint darum weiter die
Geschichte Gottes, die menschlich die Geschichte der Liebe und der
Befreiung ist. Trinität als Geschehen für Geschichte verstanden drängt
darum auf eschatologische Vollendung" (GkrG 242 m). Trinitätslehre und
Christologie sind untrennbar. Beide gehören in die eschatologische Zukunft
hinein.

Durch die ,Zukunft als Seinsweise Gottes' fügt Moltmann die Trinitätslehre und die Christologie in den Rahmen seiner umfassenden Eschatologie
ein, weil das Christusgeschehen und das Handeln Gottes überhaupt, ja weil
Gott selbst durch das Eschaton erscheint und in der eschatologischen
Zukunft jeder Zeit souverän gegenübertritt (cf. Antwort 221f.).

Die Unterscheidung der eschatologischen Zukunft als Seinsweise Gottes
von der „kosmischen Zeit" (cf. Antwort 217 o) ist ihrer Struktur nach –
wie wir gesehen hatten (s. o. SS. 135–140) – nur ein weiterer Versuch, die
notwendige Unterscheidung von Gott und Welt so zu fassen, daß aus der
Unterscheidung keine Trennung wird. Es fragt sich nur, ob es Moltmann
gelingt, die damit aufbrechende Frage nach der Einheit von göttlicher und
menschlicher Wirklichkeit so zu beantworten, daß sich diese Einheit
geschichtlich ereignen kann. An seinem Verständnis der Christologie müßte
sich das ablesen lassen; denn in der Christologie sollte die Frage der Einheit
göttlicher und menschlicher Wirklichkeit gestellt sein. – Wir werfen
deshalb jetzt einen Blick auf die Rolle der Christologie in Moltmanns
Entwurf.

Die Bedeutung Jesu für die Eschatologie

Moltmann grenzt sich gegen Bultmanns geschichtliches Verständnis Jesu
entschieden ab, wenn auch in der weit verbreiteten Fehlinterpretation Bultmanns[50]. Aus Moltmanns Stellung zu Bultmann ist folgender Satz zu
verstehen: „Die Gemeinde hat nicht das Selbstbewußtsein oder das Selbstverständnis Jesu fortzusetzen, sondern zu verkündigen, wer er *ist*" (ThdH
199 a. E.). Wer Jesus ist, „ergibt sich erst vom Ende her, d. h. vom Kreuz
und von den Ostererscheinungen als dem Vorschein seines eschatologisch
noch ausstehenden Zieles und Endes. Die Basis der christologischen
Aussagen der Gemeinde ist nicht das Selbstverständnis Jesu, sondern das,
was ihm in Kreuz und Auferweckung geschehen ist" (ThdH S. 199 f.;
cf. GkrG 149 f.).

Für Moltmann „sind die österlichen Christophanien der einzig zu-
reichende Grund für die erinnernde Vergegenwärtigung seiner Verkündigung" (ThdH 200 o), aber die Ostererscheinungen Jesu sind „zugleich auch
der Anlaß für die Verwandlung dieser Reichsbotschaft. Die von Jesu
Reichsbotschaft offen gehaltene Zukunft wird durch seine Auferstehungs-
erscheinungen bestätigt, im Vorschein als Anbruch seiner Parusie gewiß
gemacht und benennbar als *seine* Zukunft" (ThdH 201 o). Die Christologie
konkretisiert zwar das apokalyptische Schema, hält es aber gerade so ganz

---

[50] cf. Gogarten, Entmythologisierung und Kirche, S. 59 f. zu Moltmanns Vorstellungen über Bultmanns Begriff „Selbstverständnis".

entschieden fest: durch Kreuz und Auferstehung „nimmt die Herrschaft Gottes damit die konkrete Gestalt dieses Geschehens der Auferweckung des Gekreuzigten an. In diesem Geschehen ist das Reich Gottes nicht nur christologisch verstellt, sondern konkret vor-gestellt. Ist Jesus von den Toten auferweckt, so kann das Reich Gottes nichts geringeres als nova creatio sein. Ist der Auferstandene der Gekreuzigte, so ist das Reich tectum sub cruce" (ThdH 202 o). — Wieder geht es nicht nur um ein christologisches Verständnis des Reiches Gottes, sondern auch um ein neues eschatologisches Verständnis. Dabei ist es die Auferweckung Jesu von den Toten, die den „Grund zu einer neuartigen Reichshoffnung bietet" (ThdH 202 u; cf. GkrG 165 o, Punkt 2). „Im Kreuz wird die Gottverlassenheit aller Dinge erkennbar und, mit dem Kreuz wird die reale Ausständigkeit des Reiches Gottes, in dem alle Dinge zu Recht, Leben und Frieden gelangen, erkennbar. Darum kann das Reich Gottes nichts Geringeres meinen als Auferstehung und neue Schöpfung, und die Reichshoffnung kann sich mit nichts Geringerem zufrieden geben" (ThdH 203 o; cf. GkrG 150).

Damit ist zunächst das Reich Gottes ganz und gar jenseitig verstanden, und mit dem Reich Gottes ist auch die Christologie eschatologisch und apokalyptisch bestimmt. Moltmann wehrt sich gegen Bultmann, der „alle kosmologisch-apokalyptischen Vorstellungen verblassen" läßt (ThdH 199 o), während Moltmann umgekehrt betont: „Die Ostererscheinungen aber sind in einem apokalyptischen Erwartungshorizont wahrgenommen und verkündigt worden: Auferstehung als eschatologisches Ereignis — Jesus der Erstling der Auferstehung" (ThdH 199 o). Moltmann will „den universalen Horizont von Hoffnung und Verheißung über alle Dinge ebensoweit . . . entfalten wie es die Apokalyptik getan hatte; — nicht in derselben Weise, aber in derselben kosmischen Weite" (ThdH 200 a. E.). Trotz dieses Vorbehaltes bleibt seine Christologie immer wieder in den apokalyptischen Vorstellungen gefangen. Sie werden durch die Christologie modifiziert und konkretisiert[51], aber immer so, daß das apokalyptische Schema in der kosmischen Universalität und in der die Todesgrenze überschreitenden Intensität (cf. ThdH 119 m) erhalten bleibt. Moltmanns Christologie bleibt im Rahmen einer apokalyptisch bestimmten Eschatologie auch dann, wenn Moltmann eine allversöhnende Ausweitung des Reiches Gottes durch die

---

[51] cf. ThdH 201 m: „Es wandelt sich dann aber auch die Vorstellung vom Reich Gottes selber."

Christologie hinzufügt (cf. ThdH 204 m; Antwort 221 o; GkrG 164 ff.).
Das ‚Sein' Jesu wird zu einer bloßen Funktion im Heilshandeln Gottes.
Moltmann hat das offenbar selbst so empfunden. In seiner „Antwort"
(cf. 227 o) ergänzt er deshalb diese „eschatologische Christologie" durch
eine „trinitarische Christologie". Trotz der als notwendig eingesehenen
Korrektur gilt am Ende aber doch der Satz: „Die Christologie steht
im Dienst der Eschatologie des kommenden Gottes und seiner neuschaffen-
den Gerechtigkeit" (GkrG 168 o). – Die Christologie spielt also in Moltmanns Entwurf eine der Eschatologie untergeordnete Rolle. Nicht die
Christologie, sondern die Eschatologie bestimmt Moltmanns Entwurf und
damit die ‚Zukunft als Seinsweise Gottes'. In der Christologie lag der
Akzent ganz auf der Seite der göttlichen Wirklichkeit. Gott selbst ist
‚Subjekt' des Christusgeschehens (cf. Antwort S. 225 passim, bes. unten).
Die Brücke zwischen der göttlichen und der menschlichen Wirklichkeit
muß also weitergesucht werden.

Das Verheißungswort als gegenwärtige Wirksamkeit des Reiches Gottes

So sehr das Christusgeschehen schon die ‚Inkarnation der Zukunft Gottes'
ist (cf. Antwort 227 m), so sehr ist es eben doch erst die ‚Inauguration'
dieser Zukunft. „Das Reich Gottes ist der positive Inhalt des Kreuzes und
darum ist umgekehrt das Kreuz die negative Form des Reiches" (Antwort
S. 227 u). Durch seine Verborgenheit unter dem Kreuz gilt für das Reich
Gottes: „So ist das Reich Gottes hier gegenwärtig als Verheißung und
Hoffnung für den Zukunftshorizont aller Dinge" (ThdH 203 m). Deshalb
werden Jesu Ostererscheinungen wahrgenommen „als Vorschein und Verheißung seiner noch zukünftigen Herrlichkeit und Herrschaft" (ThdH
75 m). – „Verheißung kündigt eine Wirklichkeit aus der Zukunft der
Wahrheit an, die noch nicht ist" (ThdH 75 a. E.). Das Verheißungswort hat
nicht nur erhellenden Charakter im Blick auf die Zukunft, sondern es
„entsteht (!) ‚das Mögliche' und damit ‚das Zukünftige' durchaus aus dem
Verheißungswort Gottes und geht damit über das Real-Mögliche oder
Real-Unmögliche hinaus. Sie erleuchtet nicht eine Zukunft, die irgendwie
immer schon der Wirklichkeit inhärent ist" (ThdH 76 o). – „Das Verheißungswort schafft darum immer einen spannungsgeladenen Zwischenraum
zwischen dem Ergehen und dem Einlösen der Verheißung. Damit verschafft

es dem Menschen einen eigenartigen Raum der Freiheit zum Gehorsam und zum Ungehorsam, zur Hoffnung und zur Resignation. Die Verheißung weist diesen Zeitraum an und steht offensichtlich in Korrespondenz zu dem, was darin geschieht" (ThdH 93 m).

Das Reich Gottes kann als Reich des totenerweckenden Gottes „nicht mehr in einer geschichtlichen Veränderung der gottlosen Zustände der Welt und der Menschen gesehen werden" (ThdH 201 m). Es ist dem menschlichen Zugriff entzogen. Nur als Verheißungswort wird das Reich gegenwärtig wirksam[52]. Im Verheißungswort begegnet uns die erhoffte Zukunft als die Zukunft Jesu Christi. „Die Weise also, wie die christliche Theologie über Christus spricht, kann nicht die Weise des griechischen Logos oder der Lehrsätze aus Erfahrung sein, sondern nur die Weise der Hoffnungssätze und der Zukunftsverheißungen" (ThdH 13 m). Die Theologie oder − was für Moltmann dasselbe bedeutet − die Eschatologie ist „Lehre von der christlichen Hoffnung, die sowohl das Erhoffte wie das von ihm bewegte Hoffen umfaßt" (ThdH 11f.). Das Erhoffte bewegt die Hoffnung. Das Reich Gottes, die Zukunft Christi, bewegt durch das Wort der Verheißung die Hoffnung des Menschen. Die Offenbarung wird „als Verheißung erkannt und in Hoffnung ergriffen" (ThdH 76 m).

Hier geschieht die Einheit von göttlicher und menschlicher Wirklichkeit. Das Erhoffte als die göttliche Wirklichkeit (cf. ThdH 201 m) und die Hoffnung als die Wirklichkeit des Menschen, der die Offenbarung ‚in Hoffnung ergreift' (cf. ThdH 76 m), werden durch das Wort der Verheißung verbunden. Die Verheißung erschließt in der Hoffnung jedoch nicht einen Anspruch auf das Jenseits, sondern: „Die Erinnerung an die ergangene Verheißung − an die Verheißung in ihrer Er-gangenheit, nicht in Ver-gangenheit − bohrt als Stachel im Fleische jeder Gegenwart und öffnet sie für die Zukunft" (ThdH 78 u). − „Die promissio der universalen Zukunft führt notwendig in die universale missio der Gemeinde an alle Völker" (ThdH 205 o). Am Beispiel der Gottesgerechtigkeit zeigt Moltmann den Weg von der Verheißung zur Sendung: „Die Verheißung der Gottesgerechtigkeit im Geschehen der Rechtfertigung des Gottlosen führt unmittelbar in den Hunger nach dem Gottesrecht an der gottlosen Welt und also in den Kampf des öffentlichen und leibhaftigen Gehorsams" (ThdH 205 o). Die Verheißung erschließt die Möglichkeiten und so den Auftrag, die Möglichkeiten zu ergreifen und zu verwirklichen. Die Einheit von

[52] cf. ThdH 92−95: „§ 2 Das Verheißungswort."

göttlicher und menschlicher Wirklichkeit ist demnach nicht schon durch das
Wort der Verheißung hergestellt, sondern das Wort der Verheißung setzt
ein Geschehen in Gang, das zu praktischen Konsequenzen führt.

Die Sendung als Vollzug der Verheißung

In dem Kapitel IV der „Theologie der Hoffnung" über „Eschatologie
und Geschichte" behandelt Moltmann unter dem § 8 „Hermeneutik der
christlichen Sendung" seinen Gechichtsbegriff, der – wie wir schon hörten
– „ein Begriff der Sendung und der Herrschaft Christi angesichts des
wirklichen Elends des Menschen und seiner Verhältnisse auf Erden"
(Antwort 230 m) ist. Der zweite Unterpunkt des Paragraphen, „Sendung
und Auslegung", will also eine Lehre vom Verstehen der Sendung bieten.
In Moltmanns „Antwort" wird später von der „Theorie-Praxis" (Antwort
230 a. E.) die Rede sein, von der ‚Kampflehre'.

Moltmann geht davon aus, daß auch die christliche Hoffnung auf
umfassende Entwürfe angewiesen ist, weil der Glaube alle Menschen und
das Ganze der Welt betrifft. Ohne solche Entwürfe „würde das Christentum zur Sekte" (ThdH 260 o)[53]. Alle Entwürfe sind nur Vorgriffe, bleiben
also ständiger Revision unterworfen.

Nach Moltmann liegt das Woraufhin der „Auslegung und Aneignung
der geschichtlichen, biblischen Zeugnisse . . . in der Sendung der gegenwärtigen Christenheit und der universalen Zukunft Gottes zur Welt und zu
allen Menschen, in die hinein diese Sendung erfolgt" (260 m). Der Satz ist
etwas unübersichtlich. Wir werden ihn so verstehen dürfen: Die Sendung
der Christenheit führt zur Welt und den Menschen. Aber eben die Sendung
der Christenheit (genitivus obiectivus) ist zugleich die Sendung der Zukunft
Gottes (genitivus subiectivus). Die ‚Sendung der Christenheit' dürfte als
Teilnahme an der ‚Sendung der Zukunft Gottes' vorgestellt sein (cf.
Antwort 231 a. E.).

Das Verstehen selbst ist kein distanzierter Sehakt, sondern die „‚Zu-
kunft der Schrift' wird darum gegenwärtig wahrgenommen in der an der
Geschichte und ihrer möglichen Veränderung beteiligten Sendung" (261 o).
– „Nur in Sendung und Verheißung, in Auftrag und Aussicht, in der
Arbeit der Hoffnung wird der ‚Sinn der Geschichte' auf eine geschichtliche

---

[53] Nicht näher bestimmte Zahlen in ( ) gelten jetzt für ThdH.

und Geschichte bewegende Weise ergriffen" (261 a. E.). Moltmann geht
sogar noch einen Schritt weiter, wenn er sagt: „Eschatolgische Hoffnung
und Sendung machen damit die Wirklichkeit der Menschen ‚gechichtlich'. Die
Offenbarung Gottes im Verheißungsgeschehen offenbart, bewirkt und
provoziert jene offene Geschichte, die in der Sendung der Hoffnung
ergriffen wird" (262 o). – Das heißt doch wohl: in der Sendung, die der
Hoffnung entspringt, wird die Geschichte ‚wahrgenommen', also erkannt
und vollzogen, und zwar eine Geschichte, die nicht den Menschen als
Subjekt hat. Hier droht die menschliche Wirklichkeit von der göttlichen
Wirklichkeit verschlungen zu werden. In diese Richtung geht auch der
folgende Satz: „Die Theorie der weltverändernden, zukunftswilligen Praxis
der Sendung sucht . . . nach Möglichkeiten in dieser Welt in Richtung auf
die verheißene Zukunft" (265 f.). Wieder ist die Sendung Quelle der Praxis,
deren Theorie die Welt auf Veränderlichkeit befragt. Die Richtung, in der
die Veränderung geschehen soll, liegt auch fest. ‚Die Perspektive der
Sendung wird stets die Weltwirklichkeit als Geschichte' „von der in
Aussicht stehenden Zukunft her zu verstehen sich bemühen" (266 m). Der
Blick kommt von der Zukunft her und geht wieder in die Zukunft (cf.
Antizipation und Extrapolation; s. o. S. 133 ff.). Die Perspektive der Sendung
„fragt . . . nach dem zukünftigen totum, in welchem alles, was hier in
Bewegung sich befindet und vom Nichts bedroht ist, ganz und heil wird.
Das Insgesamt der Welt erscheint hier nicht als selbständiger Kosmos der
Natur, sondern als Ziel einer nur energetisch zu verstehenden Weltge-
schichte. Die Welt erscheint somit als Korrelat der Hoffnung" (266). –
„Der Gehorsam, der aus Hoffnung und Sendung entspringt, vermittelt
das Verheißene und Erhoffte mit den realen Möglichkeiten der Weltwirklichkeit" (226 u). ‚Der Ruf und die Sendung des Gottes der Hoffnung
nötigen den Menschen im Horizont der Geschichte zu existieren, in dem
Horizont, der dem Menschen' „zugleich Verantwortung und Entscheidung
für die geschichtliche Welt" (266 a. E.) zumutet.

Wie sehr die Sendung die menschliche Wirklichkeit bestimmt, zeigt der
übernächste Absatz. In einer Kette von Sätzen, deren Rhythmus von einem
‚nicht etwa – sondern' bestimmt ist, wird immer neu die Abhängigkeit des
Menschen von der Sendung betont. Der Mensch hat nur eine Vermittler-
funktion zwischen der Welt und Gott. „Darum steht sein weltverändernder
Gehorsam ebenso wie sein Erkennen und Bedenken der Welt im ‚Dienst der
Versöhnung'" (267 m). Aber das „Subjekt der Weltveränderung ist für ihn
. . . der Geist der göttlichen Hoffnung" (267 o). Denn der menschliche

Gehorsam wird von der göttlichen Hoffnung bewegt (cf. ibd.). Wenn Moltmann sagt: „Die Berufung zur Hoffnung und zur Teilnahme an der Sendung werden hier (sc. im Neuen Testament) universal" (264 o), dann ist die Teilnahme höchstens so etwas wie ein Mitschwimmen im Strom der Sendung, denn: „Durch die Hoffnung auf verheißene Neuschöpfung durch Gott steht der Mensch hier in statu nascendi, im Prozeß seiner Hervorbringung durch das rufende, lockende, treibende Wort Gottes" (265 o).

Der Mensch als Funktion der Verheißung

Aus der Sendung läßt sich Moltmanns Verständnis der Verantwortung ablesen. In seinem Gehorsam gegenüber der Sendung ist der Mensch verantwortlich für das „zukünftige totum, in welchem alles . . . ganz und heil wird" (266 m). Die Aufgabe des menschlichen Verstandes besteht darin, „daß er mitleidend mit dem Elend des Seienden in die erlösende Zukunft des Seienden vorgreift und ihm so Versöhnung, Rechtfertigung und Bestand stiftet" (267 u). Der Mensch ist also verantwortlich für das Heil der Welt vor der Verheißung.

In der Verheißung, die den Menschen sendet, zeigt sich der normative Charakter der Zukunft Gottes. Moltmann bemüht sich, die Relevanz seiner Norm nachzuweisen. Er darf aber um der Relevanz willen auch die Identität des christlichen Glaubens nicht aufs Spiel setzen. Identität und Relevanz beschreiben für Moltmann den gegenwärtigen Zielkonflikt christlichen Theologie (cf. GkrG 12—33; ExpH 13—17; FrSch 64 f.; GkM 31 f.).

Die Relevanz sucht Moltmann zunächst in der Herausforderung durch die Zukunft zur Verantwortung (cf. Antwort 202 f.; s. o. S. 147 u). Die Nötigung angesichts der Zukunft gegenwärtig zu handeln, dürfte in der Tat über das Christentum hinaus als ‚Evidenz des Ethischen' (G. Ebeling) gültig sein. Die Relevanz bestimmt Moltmann inhaltlich durch den Gedanken der Gerechtigkeit. Sie setzt er ebenfalls — wie die Nötigung zum Handeln — als jedermann einleuchtend voraus: „In ihrer Tiefe ist die Frage der Weltgeschichte die Frage nach Gerechtigkeit" (GkrG 162 m). Moltmann vollzieht den nächsten Schritt auf dem Wege, seine Verheißungsnorm als allgemein gültig zu etablieren, indem er fortfährt: „Und diese Frage mündet in Transzendenz" (ibd.). Die Gerechtigkeit wird bis zur Theodizeefrage ausgeweitet und durch die Auferstehung beantwortet (GkrG 162 ff.).

„Christlicher Auferstehungsglaube verkündet nicht weltgeschichtliche Tendenzen oder anthropologische Hoffnungen, sondern im Kern eine neue Gerechtigkeit in einer Welt, wo Tote und Lebendige nach Gerechtigkeit schreien" (GkrG 165 m). Deshalb gilt: „‚Auferweckung der Toten' hat keine Eigenbedeutung, sondern ist gedacht als conditio sine qua non für die universale Vollstreckung der Gerechtigkeit im Gericht über Gerechte und Ungerechte" (GkrG 164 f.).

Durch diese eschatologischen Elemente und durch die Trinitätslehre (cf. GkrG 301) versucht Moltmann neben der Relevanz zugleich die Identität seiner Verheißungsnorm zu wahren. Er fügt damit der allgemeinen säkularen Forderung nach einer ‚gerechten' Zukunft den Charakter des Endgültigen (eschatologische Gerechtigkeit) und des Umfassenden hinzu (cf. GkrG 233 m: ‚Trinität als Geschichte Gottes, in die alle menschliche Geschichte integriert ist'). Aber das, was die Identität wahren soll, gewinnt seine Relevanz, die es für jedermann haben soll, doch wieder nur aus dem Bereich des Ethischen, besonders der Politik (cf. z. B. GkrG 304).

Moltmann scheint es selbst als ungenügend zu empfinden, daß die Einheit der göttlichen und menschlichen Wirklichkeit am Ende doch nur als sittliche Norm gewonnen wird. Er versucht deshalb, die ‚Realität als Sakrament' (cf. z. B. GkrG 314 m) zu proklamieren und spricht von ‚Identifikationen', ‚Realsymbolen', ‚Realchiffren' und ‚materiellen Antizipationen'. „Im Teufelskreis der Armut heißt es: ‚Gott ist nicht tot. Er ist Brot.' Als das Unbedingt-Angehende, als der gegenwärtige Sinn ist Gott als Brot präsent" (GkrG 314 u). Das Ergebnis solcher ‚Transsubstantiation' ist für Nichtchristen schwerlich mehr als ein Auftrumpfen ohne Evidenz und ohne Relevanz.

Es bleibt also bei der Sendung aufgrund der Verheißung. Hier droht nicht nur die Gefahr, für Nichtchristen Irrelevantes zu behaupten. Welche Folgen muß eine Idee von Gerechtigkeit haben, die für sich schlechthin endgültige und umfassende Autorität beanspruchen könnte? – Wer wollte sich einer Sendung entgegenstellen, die im Namen einer Verheißung der ‚Zukunft Gottes' auftreten dürfte? – Die Theologie wird hier zur Theorie (cf. GkrG 30 o), das heißt, zur Handlungsanweisung. Moltmann bemüht sich, die ‚mittlere Allgemeinheit' (cf. Antwort 231 m) nicht zu verlassen. Auch in seiner Christologie bleibt er bei ‚Symbolen' stehen (cf. GkrG 309 m; 310 o und m; 311 o; 314 o und m). Aber wenn der Mensch in seiner Verantwortung für das Heil der Welt (cf. ThdH 266 f.) „der Umwertung aller Werte, die in der Erhöhung des Gekreuzigten liegt, im Abbau politischer Herrschaftsverhältnisse den Weg bereitet" (GkrG 304 o), dann wird seine Theologie aus der Sendung der Verheißung ein Gesetz für diese Welt entwerfen und durchsetzen müssen (cf. Antwort 231 m zur ‚Hoffnungs-Ethik'). Und er wird es dann im Namen einer eschatologischen Hoffnung tun, das heißt doch wohl: im Namen Gottes (cf. ExpH 70u; GkM 43f.).

Moltmann spricht – mit Zwingli –von einer „Politik nach der ‚Schnur Christi'" (GkM 43 u). Er versteht darunter eine „Politik nach Maßgabe der Allgemeinen Erklärung der Menschenrechte" (ibd.). Dementsprechend möchte er die Kirchenpolitik und die Politik, „die Christen unterstützen und vorantreiben" (GkM 43 m) ‚christianisieren'. Die Kirche wird dann „zum Katalysator für Befreiungsbewegungen" (GkM 43 o). Das ist dann die wahre Kirche (cf. GkM 41ff.). In ihr haben „Innovationsgruppen" ihren Platz, „die rücksichtsloser (sic!) als die Kirchenleitungen und konsequenter als die Mehrheit die Nachfolge Christi verwirklichen" (GkM 49 u). Moltmann verweist ausdrücklich auf die „Blüte des christlichen Ordenswesen" (ibd.), sagt aber leider nicht, ob er die Kreuzritter und ihre ‚rücksichtslose Verwirklichung der Nachfolge Christi' heute noch oder schon wieder als Vorbild empfehlen möchte.

Die Stoßrichtung der Sendung ist durch Moltmanns Verständnis der Kreuzestheologie vorgegeben, wenn er mit Schelling das „dialektische Prinzip der ‚Offenbarung im Gegenteil'" (GkrG 33 o) als Ansatzpunkt wählt. „Jedes Wesen kann nur in seinem Gegenteil offenbar werden. Liebe nur im Haß, Einheit nur im Streit" (Schelling nach Moltmann GkrG 32 o). Der Kontrast läßt die Umrisse deutlicher werden. Daraus folgert Moltmann: „Die Kirche des Gekreuzigten . . . muß um ihrer Identität im Gekreuzigten willen ihn und sich selbst in seiner Nachfolge im anderen und Fremden offenbaren" (GkrG 33 u). Bezeichnend für Moltmanns Verständnis des Kreuzes Christi – oder für seine Logik? – ist es, wenn er die Liebe zum „Fremden und Häßlichen" (ibd.) als Kontrast zum Kreuz nennt. Die ‚Offenbarung' vor dem Hintergrund des Gegenteils darf übrigens nicht mit Luthers Offenbarung unter dem Gegenteil verwechselt werden; denn Gott tötet, wenn er lebendig macht (cf. LTh 98ff.) und setzt seine Herrlichkeit nicht vor einer dunklen Welt in Positur.

Die eschatologische Hoffnung, die Verheißung, die den für das totum (cf. ThdH 266 m) verantwortlichen Menschen sendet, bekommt so den Charakter einer politischen Theorie (cf. GkrG 30 o und Antwort 230). „Der Mensch wird dabei, ganz gleich, ob er Subjekt oder Objekt dieses Vorganges ist, zum Werkzeug der Theorie" (KW 19 o), wie Gogarten gezeigt hat. Der Mensch ist in diesem Rahmen nur noch ‚Werkzeug‘, nur noch Funktion der Idee. Die Verantwortlichkeit des Menschen, also das, was ihn zum Menschen macht und als Menschen bewahrt, ist hier zerstört; denn erstens fehlt ein personales Gegenüber, vor dem allein der Mensch verantwortlich sein kann. Die Verheißung ist kein personales Gegenüber, sondern nur ‚bedingtes Wort‘ (cf. KW 90—93, besonders 91). Und zweitens fehlt dem Menschen zu einer Verantwortung vor jemandem die Selbständigkeit (cf. WW 128—134; s. o. S. 18f.). In Moltmanns Entwurf ist auch gar kein Platz für die Selbstständigkeit des Menschen, wie sich an Moltmanns Zeitverständnis ablesen ließ (s. o. S. 139). Eine säkulare Welt, eine säkulare Geschichte, deren Subjekt der Mensch ist, kann es für Moltmann nur als Abfall von Gott geben, und der erlöste Mensch ist nur noch Funktion der Verheißungssendung.

Moltmanns Theologie wird so zu einer praktischen, das heißt, zu einer politischen Theorie, die für das Heil der Welt verantwortlich ist. Konsequent durchgeführt wäre eine solche ‚Theologie‘ jedoch nichts anderes mehr als eine totalitäre Weltanschauung.

FUNKTION UND VERANTWORTUNG

Die bestehende Welt

Auf den ersten Blick sind wir bei Pannenberg und Moltmann zu genau entgegengesetzten Ergebnissen gekommen. Während Pannenberg die Geschichte und das heißt, die Wirklichkeit überhaupt funktionalisiert mit dem Ziel, dem christlichen ‚Glauben‘ und durch den Glauben dem Menschen einen unerschütterlichen Grund zu geben, funktionalisiert Moltmann den Menschen, indem er alle menschliche Aktivität vom Eschaton her in ‚mittlerer Allgemeinheit‘ normiert. Obwohl in der Tat wesentliche Unterschiede zwischen Pannenbergs und Moltmanns Entwurf bestehen, gegenüber Gogarten rücken beide wieder zusammen.

Keiner von beiden hat in der Verantwortung vor . . . ein personales Gegenüber (s. o. S. 128f. und 159f.). Eigentliche Verantwortung ist damit nicht möglich. Für beide ist der Mensch sinnvoll nur als Teil eines Ganzen, der Universalgeschichte bei Pannenberg oder der Sendung der Verheißung bei Moltmann. Beide überschreiten die Grenze der modernen Historie in Richtung auf eine Weltanschauung (cf. S. 110 A 37).

All das klingt nach Vorwürfen. Wir hatten jedoch von Gogarten gehört (cf. z. B. KW 175), daß die bestehende Welt des Menschen immer neu vom Chaos bedroht ist und daß ihr besonders in unserer Gegenwart ein Umfassendes fehlt, auf das sich Staat, Recht und Sitte gründen könnten (cf. KW c. 1). Von dieser elementaren Nötigung her müssen wir Pannenbergs und Moltmanns Versuche sehen. Nicht zuletzt deshalb dürfte einerseits Moltmann bis in das Feld politischer Ideen vorgedrungen sein und andererseits Pannenberg sich bemühen, den auseinanderstrebenden Systemen im Kosmos der Wissenschaften wieder ein gemeinsames Sinnzentrum anzuweisen.

Trotz der guten Absichten kommen beide, Pannenberg und Moltmann, dahin, unsere Menschenwelt nur um den Preis des Menschseins retten zu können. Der Mensch ist Teil eines Prozesses. Das ist beide Male die Antwort auf die Frage nach der Möglichkeit und Rechtfertigung der menschlichen Existenz. Nur als Funktion und nicht als personale Existenz wird der Mensch hier gerechtfertigt. Das ist die Art und Weise des Weltseins der Welt, die Gogarten als ‚bestehende Welt‘ bezeichnet.

Die bestehende Welt schlechthin gibt es nicht. Es gab und gibt immer noch die jeweils geschichtlich bestehende Welt, zum Beispiel die Welt der jüdischen Frömmigkeit zur Zeit Jesu. Wollen wir Gogarten verstehen, dann dürfen wir die jeweils bestehende Welt nicht von ihren verschiedenen, zeit- und kulturbedingten ‚Inhalten‘ her verstehen. Gogartens bestehende Welt ist kein durch seine Allgemeinheit entleerter Allerweltsbegriff wie etwa die ‚Welt der Renaissance‘[54]. Entscheidend ist für Gogarten nicht der Umfang der bestehenden Welt, sondern der Modus. Die bestehende Welt ist die allgemeine, öffentliche Welt, aber sie ist es, wie (!) der Mensch aus ihr sein Leben gewinnen will, wie er sie zur Sicherung seiner Existenz mißbraucht. Mißbraucht wird hier das Gesetz der Welt, ihr Grundgefüge, ohne das es keine Welt gibt (cf. KW 167 f.). Aus dem bedingten Gesetz, aus der für die Vernunft erkennbaren Ordnung der Weltverhältnisse, wird ein Mittel zur Rechtfertigung der menschlichen Existenz überhaupt.

Gogarten verweist als unübersehbares Zeichen für den Mißbrauch der bedingten, der dinghaften Welt und ihres Gesetzes zur Rechtfertigung der menschlichen Existenz auf die kultische Frömmigkeit.Sie ist eine Art und Weise des Umgangs mit der Welt und ihrem Gesetz. Dabei ist ‚die Unwandelbarkeit der Welt und ihrer Ordnung, in die sich der Mensch mit Hilfe der dieser Welt entsprechenden Frömmigkeit einfügt und sich so der Teilhabe an ihrem ewigen Bestand glaubt versichern zu können‘ (WW 222 u) als selbstverständlich vorausgesetzt.

Der Kult samt seinen heiligen Dingen, Gesten und Vorschriften bedient sich welthafter Dinge. Mögen sie aus der Welt des Alltags noch so ausgesondert sein, sie bleiben welthafte Dinge. Als Teil der Welt sollen sie das Ganze der Welt, ihren Bestand, bewahren helfen. Wer aber Gott mit Hilfe welthafter Dinge nach von Menschen erdachten Vorschriften zu dienen meint, der macht aus Gott ‚einen solchen Gott, der zur bestehenden Welt gehört‘ (cf. WW 81 u). Er ist in ihre Ordnung mit einbezogen als ihr letzter Garant. Nur wegen der Ungeheuerlichkeit dieser Vertauschung von Schöpfer und Geschöpf wird Jesu Polemik gegen die jüdische Frömmigkeit und sein demonstrativer Bruch ihrer Gebote verständlich (cf. WW c. 9–11).

Gogartens schneidende Schärfe wäre nicht in ihrer vollen Radikalität gesehen, wollte man annehmen, er glaubte, es wäre vor Christus und außerhalb der Kirche Christi keine wahre Gotteserkenntnis möglich. Ganz und gar nicht. Jeder wird in seinem Leben vor die Frage nach der

---

[54] cf. R. Wittram, Das Interesse an der Geschichte SS. 54–58.

Möglichkeit und Rechtfertigung seiner Existenz gestellt, jedem drängt sich die Sinnfrage auf, wenn Schicksalsbrüche (cf. WW 135 u) seine Existenz fraglich werden lassen, wenn in der Begegnung mit dem Nächsten die bestehende Welt für eine kurze Zeit in den Hintergrund tritt, ohne jedoch jemals ganz aufzuhören (cf. WW 145 u). Hier geschieht wahre Gotteserkenntnis. Der Samariter, der das ,Gesetz' nicht kennt, der ausgestoßene Zöllner, der heidnische Hauptmann – sie alle kennen Gott besser, erfüllen sein Gesetz treuer und glauben an ihn reiner als Priester und Levit.

Aber der Mensch hat die erkennbare Wahrheit unterdrückt. Gogarten argumentiert an dieser Stelle mit Paulus (R 1, 18–20; cf. KW 144 o und WW 57 m). Der Mensch hat immer neu Schöpfer und Geschöpf vertauscht in dem Drang zum Leben aus dem Handfesten, Verfügbaren. Die Vertauschung ist die Sünde des Menschen. Sie ist das Verhängnis, das auf der Welt lastet. „Wir sprechen hier von einem Verhängnis, um damit auszudrücken, daß es denen, die unter den Folgen dieser Vertauschung stehen, sowohl unmöglich ist, sie rückgängig zu machen, wie auch, sie überhaupt zu erkennen" (WW 57 m). So hat sich der Mensch auf die Lüge festgelegt und hält sie für die Wahrheit. Wie sollte er auch anders? – Alle Welt stimmt ihm doch zu! – Sollte er die regellosen Widerfahrnisse, die seine bestehende Welt gefährden, als etwas anderes betrachten, denn als Herausforderung an seine Tatkraft, seine Zähigkeit, sein Gottvertrauen, das ihm den Mut gibt, die heilige Ordnung der Welt zu verteidigen? – Was dem Menschen die bestehende Welt aufbrechen soll, wird ihm so zum Anlaß, sich noch fester in sie zu verschließen.

Jesus hat das Verhängnis durchschaut und die Verantwortung für die Art und Weise des Weltseins der Welt auf sich genommen. Damit war die Verantwortung vor der Welt, vor dem Gesetz der bestehenden Welt, zerbrochen, die ,Wende der Welt' herbeigekommen. Gogarten fragte deshalb, ob wir nach Christus dann noch von einer Welt reden könnten, die ähnlich der bestehenden Welt zur Zeit Jesu in sich verschlossen wäre (cf. WW 220–223; s. o. S. 33 m). Die Verantwortung vor der Welt ist nicht mehr möglich. Aber die Verantwortung für die Welt kann zur Verantwortung für das Heil der Welt werden und so zu einer nachchristlichen Art und Weise der Verschlossenheit der Welt in sich selbst führen.

Heute wie in der Antike ist der Mensch auf die Einheit und Ganzheit seiner Welt angewiesen. Er bemüht sich, die Ordnung der Welt durch ein Ziel herzustellen, auf das er alle Handlungen ausrichten kann. Das Ziel bietet ihm darüber hinaus auch einen Wertmaßstab. Alles, was dem Ziel dient, ist gut. Er nennt das Gute bezeichnenderweise auch ‚fortschrittlich‘, nämlich in Richtung auf das Ziel. Was dem ‚Fortschritt‘ nicht dient, ist ‚reaktionär‘, das heißt so viel wie: böse. Mögen sich die Endziele noch so stark inhaltlich voneinander unterscheiden, ihnen allen ist gemeinsam, „daß man glaubt, durch die Erfüllung irgendeiner, vor allem natürlich einer der grundlegenden Weisungen, die man bei dem Versuch, die Verantwortung für den Bestand der jeweils geschichtlich bestehenden Welt zu erfüllen, gefunden hat, sie nicht nur als ganze verstehen, sondern damit auch ihr Heil verwirklichen zu können" (WW 222 o). Das ist die moderne Abwandlung der alten Sünde, die Verschlossenheit der Welt in sich selbst.

Beide Ausprägungen der Verschlossenheit der bestehenden Welt dienen der Abwehr des drängenden, nichtig machenden „Nichts", vor dem der Mensch sich verschließt und gegen das er sich mit allen seinen Kräften zur Wehr setzt und gerade mit dem Höchsten und Besten menschlicher Existenz: mit seiner sittlichen Vernunft (cf. LTh 148). Mit ihr will er sich vor sich selbst verantworten. „Der Mensch sucht auf diese Weise den Bestand in sich selbst" (LTh 145 o). Nicht nur weltanschauliche Hybris (cf. KW 182 u), sondern auch eine ungeheuchelte Sittlichkeit − von der Unsittlichkeit ganz zu schweigen − fällt nach Gogarten, der hier dem Luther von „De servo arbitrio" (cf. LTh c. 12; s. o. S. 53−63) folgt, unter das Urteil des Widerspruchs gegen Gott, der Sünde. Ein solcher Spruch kann nur verifiziert werden durch die Erkenntnis Gottes als des Schöpfers, der das Nichtseiende ruft, daß es sei (cf. R 4, 17). Nur vor diesem Gott ist dieses Urteil wahr, denn nur vor ihm wird das Höchste des Menschen, Religion und Sittlichkeit, zum Nichts. Die Empörung, die wohl jeden immer neu erfaßt, der Luthers Schrift oder Gogartens Auslegung liest, mag uns als Indikator für die eigene Verschlossenheit in unsere eigene bestehende Welt dienen.

Das Geschehen der Offenbarung Gottes in der Welt

Indem Jesus zur Buße, das heißt, zum Umdenken aufruft, „fordert er die in der bestehenden Welt lebenden und auf sie vertrauenden Menschen zum entschlossenen Sich-weg-kehren von dieser Welt auf" (WW 111 o). Positiv ist das die Verkündigung des Reiches Gottes, die Verkündigung des Glaubens. Jesus ruft also in die Verantwortung für die Welt vor Gott. Zugleich ist Jesu eigene Verkündigung selbst der konkrete Vollzug dieser

Verantwortung, eine ‚geschichtliche Tat‘; denn „mit ihr wird das Verhältnis des Menschen zur Welt und damit auch die Welt selbst von Grund auf verwandelt" (WW 101 o). Seine Verkündigung, der Ruf in die Verantwortung, verändert auch das Verhältnis der Menschen untereinander. Wer diesem Ruf in die Verantwortung folgen will, wird gerade auch die Verantwortung für den Ruf selbst, für die Verkündigung, mit übernehmen. Die Abkehr von der bestehenden Welt der Selbstbehauptung und die Hinwendung zum Nächsten sind untrennbar. Aus Jesu Verkündigung entsteht notwendig Gemeinschaft.

Im Wesen der Verkündigung Jesu als Ruf in die Verantwortung liegt es, daß die Verkündigung geschichtlich ist. Daß sie immer neu aus der sich ebenfalls in ihrer Verschlossenheit wandelnden ‚bestehenden Welt‘ herausruft. Das Wort Gottes bedarf – wie Gogarten sagt (cf. KW 116 f.) – der ständigen Konfrontation mit der geschichtlichen Welt, mit der jeweiligen geschichtlich bestehenden Welt. Die Folgen zeigen sich schon im Neuen Testament. Das Evangelium begegnet entsprechend seinem Hörerkreis in verschiedenen Gestalten. Es treten aber auch schon sachliche Differenzen auf. Der Streit um die reine Lehre beginnt zwischen Paulus und der Urgemeinde (cf. KW 157 f.). Das Ringen um das richtige Verständnis des Wortes Gottes führt zur Institutionalisierung der Kirche. Die Kirche als Institution ist also weder Sündenfall, noch Heilsereignis, sondern eine sachlich notwendige Folge, die sich aus der Verantwortung für die Verkündigung ergibt (cf. KW 151 f.).

In ihrem Bekenntnis legt die Kirche ihr jeweiliges Verständnis des Wortes Gottes fest (cf. KW 165 o), um Irrlehren entgegenzutreten, und zwar besonders denen, die aus der eigenen Verkündigung hervorgehen und die in der Regel die Unterscheidung von Gesetz und Evangelium betreffen (cf. KW 155). Dabei wird das Gesetz Gottes „in irgendeiner Weise mit dem Gesetz der Welt identifiziert" (KW 181 a. E.). In der theologischen Arbeit am Bekenntnis nimmt die Kirche ihre Verantwortung für die Verkündigung wahr, für den Ruf zur Abkehr von der bestehenden Welt hin zur Verantwortung für die Welt vor Gott.

Die Kirche ist selbst das Geschehen der Verantwortung, die von ihr, der Kirche, wahrgenommen wird. Die Kirche ist ihrem Wesen nach Wahrnehmung der ‚Verantwortung für die Welt vor Gott‘. Ihre Verkündigung und ihr Bekenntnis sind Vollzug der Verantwortung. Sie ruft in die Verantwortung für die Welt vor Gott, damit die Welt nur Welt ist und so wieder Schöpfung wird. Das heißt aber zugleich: damit die Welt nicht länger als Mittel zur

Rechtfertigung der menschlichen Existenz mißbraucht wird. Diese Wahrnehmung ihrer Verantwortung durch den Ruf in die Verantwortung, das ist der Dienst der Kirche, den sie in der Solidarität mit der bestehenden Welt leistet (cf. KW 127 o und 161–169).

Die Wahrnehmung der Verantwortung für die Art und Weise des Weltseins der Welt durch die Kirche ist die Antithese zur Verantwortung für das Heil der Welt, wie sie in den Weltanschauungen gewagt wird; denn die Kirche trägt gerade als selbst ,auch immer noch in sich verschlossene Welt‘ die Verantwortung für die Verschlossenheit, das heißt, sie bekennt ihre eigene Nichtigkeit und bekennt, daß sie keine andere Möglichkeit der Rechtfertigung hat, als das Empfangen ihres Personseins vor Gott in der Antwort auf die Frage nach der Möglichkeit und Rechtfertigung der menschlichen Existenz. Gerade diese Einsicht, das eigene Heil und das Heil der Welt nicht selbst herstellen zu können, es auch in keiner Weise verfügbar zu haben, weder in der Tat, noch in Gedanken, diese Einsicht läßt Gott wieder den Schöpfer sein und die Welt wieder nur Welt.

Das klingt alles formal und kümmerlich verglichen mit den Fanfarenstößen der Weltanschauungen. Und doch ist es nicht mehr und nicht weniger als die Freiheit von mir selbst, insofern ich mir selbst ein Gegenstand der Sorge um mein Heil bin. Als Freiheit von der Selbstrechtfertigung ist es die Freiheit für die Welt als Welt und nicht als Mittel für die Rechtfertigung oder die Selbstbehauptung. Es ist die Freiheit des ,Habens als hätte man nicht‘ (cf. I Kor 7, 29–31).

Die Formel, mit der Paulus die Freiheit von der Welt zur Sprache gebracht hat, kann sehr leicht im Sinne einer allzu reservierten Kühle mißverstanden werden. Die Distanz des ,als ob nicht‘ trifft nur ein Haben der Dinge, das der Selbstbehauptung und der Rechtfertigung meiner Existenz dient. Fällt die ,Rechtfertigung aus Werken‘, öffnet sich überhaupt erst die Welt als Welt, in der jedes Ding als es selbst begegnen kann. Wer in der Sorge um sein Heil die Welt ,hat‘, versucht aus ihr zu leben wie von einer Beute. Wer ,hat, als hätte er nicht‘, lebt nicht mehr aus der Welt, sondern in ihr, mit den Dingen, unter ihnen. Sie verlieren ihren Objektcharakter, sprechen mich an, werden liebenswürdig und wieder ,sehr gut‘.

Die Schändung der Werke Gottes mag vielleicht deutlicher werden, wenn wir uns ein wenig heidnisch-platonisch, aber gewiß im Sinne Friedrich Gogartens zu veranschaulichen suchen, was denn ,Restitution der Schöpfung‘ heißt. Wir werden dann sagen dürfen: die Wiederherstellung

der Schöpfung stellt den Logos der Welt wieder her und das heißt: sie
befreit den Eros.

Eine solche entspannte Welt, in der die Menschen sich nicht mehr
gezwungen fühlen, zu ‚eifern' und ‚sich zu blähen', ist die Antithese zur
Welt als Prozeß, in der es nur auswechselbare, maschinengraue Teile gibt,
die höheren – wessen? – Zielen dienen. Eine solche Welt, in der wieder
‚ein jegliches nach seiner Art' sein kann, findet Gewißheit gerade angesichts
des selbstverschuldeten „Nichts"seins. Eine solche Welt ist das Geschehen
der Einheit von göttlicher und menschlicher Wirklichkeit, eben zur Schöpfung restituierte Welt, das heißt: Kirche.

LITERATUR

Nur die Veröffentlichungen sind genannt, die in meiner Arbeit zitiert wurden oder auf die ich ausdrücklich hingewiesen habe.

1. *Rudolf Bultmann:* Glauben und Verstehen. Gesammelte Aufsätze, Band I. Tübingen 1954, 2. Aufl. (1933).
2. *derselbe:* Glauben und Verstehen. Gesammelte Aufsätze, Band II. Tübingen 1952
3. *derselbe:* Geschichte und Eschatologie. Tübingen 1958.
4. *derselbe:* Theologie des Neuen Testaments. Tübingen 1958, 3. Aufl. (1953).
5. *Otto Clemen* (Herausgeber): Luthers Werke in Auswahl, Band III. Berlin 1950.
6. *Hans Conzelmann:* Jesus Christus. In: Die Religion in Geschichte und Gegenwart, Band III, Spp. 619–653. Tübingen 1959, 3. Aufl.
7. *Gerhard Ebeling:* Theologie und Verkündigung. Ein Gespräch mit Rudolf Bultmann. Tübingen 1962.
8. *derselbe:* Wort und Glaube. Tübingen 1960
9. *Vítězslav Gardavský:* Gott ist nicht ganz tot. Betrachtungen eines Marxisten über Bibel, Religion und Atheismus. Mit einer Einleitung von Jürgen Moltmann. München 1969.
10. *Friedrich Gogarten:* Entmythologisierug und Kirche. Stuttgart 1954, 3. Aufl. (1953).
11. *derselbe:* Jesus Christus Wende der Welt. Grundfragen zur Christologie. Tübingen 1964.
12. *derselbe:* Die Kirche in der Welt. Heidelberg 1948.
13. *derselbe:* Luthers Theologie. Tübingen 1967.
14. *derselbe:* Der Mensch zwischen Gott und Welt. Stuttgart 1956, 3. Aufl. (1952).
15. *derselbe:* Verhängnis und Hoffnung der Neuzeit. Die Säkularisierung als theologisches Problem. Stuttgart 1958, 2. Aufl. (1953).
16. *Günter Klein:* Theologie des Wortes Gottes und die Hypothese der Universalgeschichte. Zur Auseinandersetzung mit Wolfhart Pannenberg. (Beiträge zur evangelischen Theologie Band 37). München 1964.
17. *Jürgen Moltmann:* Theologie der Hoffnung. Untersuchungen zur Begründung und zu den Konsequenzen einer christlichen Eschatologie. (Beiträge zur evangelischen Theologie Band 38). München 1968, 7. Aufl. (1964).

18. *derselbe:* Der gekreuzigte Gott. Das Kreuz Christi als Grund und Kritik christlicher Theologie. München 1973, 2. Aufl. (1972).

19. *derselbe:* Prädestination und Perseveranz. Geschichte und Bedeutung der reformierten Lehre „de perseverantia sanctorum". (Beiträge zur Geschichte und Lehre der Reformierten Kirche zwölfter Band). Neukirchen 1961.

20. *derselbe:* Das Experiment Hoffnung. Einführungen. München 1974.

21. *derselbe:* Antwort auf die Kritik der Theologie der Hoffnung. In: Diskussion über die „Theologie der Hoffnung". Herausgegeben und eingeleitet von Wolf-Dieter Marsch. München 1967.

22. *derselbe:* Die ersten Freigelassenen der Schöpfung. Versuch über die Freude an der Freiheit und das Wohlgefallen am Spiel. (Kaiser Traktate 2). München 1974, 4. Aufl. (1971).

23. *derselbe:* Gott kommt und der Mensch wird frei. Reden und Thesen. (Kaiser Traktate 17). München 1975.

24. *derselbe:* Mensch. Christliche Anthropologie in den Konflikten der Gegenwart. (Themen der Theologie Band 11). Stuttgart/Berlin 1973, 2. Aufl. (1971).

25. *Wolfhart Pannenberg:* Wissenschaftstheorie und Theologie. Frankfurt am Main 1973.

26. *derselbe:* Das Glaubensbekenntnis ausgelegt und verantwortet vor den Fragen der Gegenwart. (Siebenstern-Taschenbuch 165). Hamburg 1972.

27. *derselbe:* Gottesgedanke und menschliche Freiheit. (Aufsatzsammlung). Göttingen 1972

28. *derselbe:* Was ist der Mensch? Die Anthropologie der Gegenwart im Lichte der Theologie. (Kleine Vandenhoeck-Reihe 139/140/140a). Göttingen 1972, 4. Aufl. (1962).

29. *derselbe:* Reformation zwischen gestern und morgen. Gütersloh 1969.

30. *derselbe:* Theologie und Reich Gottes. Gütersloh 1971.

31. *derselbe:* Christentum und Mythos. Späthorizonte des Mythos in biblischer und christlicher Überlieferung. Gütersloh 1972.

32. *derselbe:* Grundzüge der Christologie. Gütersloh 1964.

33. *A. M. Klaus Müller* und *Wolfhart Pannenberg:* Erwägungen zu einer Theologie der Natur. Gütersloh 1970.

34. *Wolfhart Pannenberg:* Grundfragen systematischer Theologie. Gesammelte Aufsätze. Göttingen 1971, 2. Aufl. (1967).

35. *Wolfhart Pannenberg* (zugleich Herausgeber), *R. Rendtorff, U. Wilkens, T. Rendtorff:* Offenbarung als Geschichte. Beiheft 1 zu „Kerygma und Dogma". Göttingen 1970, 4. Aufl. (1961).

36. *James M. Robinson* und *John B. Cobb jr.* (Herausgeber): Theologie als Geschichte. (Neuland in der Theologie. Ein Gespräch zwischen amerikanischen und europäischen Theologen, Band III). Zürich/Stuttgart 1967.

37. *Erich Vogelsang:* (Herausgeber): Luthers Werke in Auswahl. Fünfter Band: Der junge Luther. Berlin 1955, 2. Aufl.

38. *Reinhard Wittram:* Möglichkeiten und Grenzen der Geschichtswissenschaft in
    der Gegenwart. In: Zeitschrift für Theologie und Kirche, 62. Jahrgang, 1965,
    Heft 4 (Februar 1966); SS. 430—457.
39. *derselbe:* Das Interesse an der Geschichte. Zwölf Vorlesungen über Fragen des
    zeitgenössischen Geschichtsverständnisses. (Kleine Vandenhoeck-Reihe 59/60/
    61). Göttingen 1968, 3. Aufl. (1958).

PERSONENREGISTER

SACHREGISTER

Walter de Gruyter
Berlin · New York

THEOLOGISCHE BIBLIOTHEK TÖPELMANN

Zuletzt erschienen:

E. Schmidt

Hegels System der Theologie
Oktav. X, 210 Seiten. 1974. Ganzleinen DM 54,–
ISBN 3 11 004463 3 (Band 26)

U. Schnell

Das Verhältnis von Amt und Gemeinde im neueren Katholizismus
Oktav. VIII, 330 Seiten. 1977. Ganzleinen DM 98,–
ISBN 3 11 004929 5 (Band 29)

K. Okayama

Zur Grundlegung christlicher Ethik
Theologische Konzeptionen der Gegenwart im Lichte des
Analogie-Problems
Oktav. X, 268 Seiten. 1977. Ganzleinen DM 52,–
ISBN 3 11 005812 X (Band 30)

J. Ringleben

Hegels Theorie der Sünde
Die subjektivitäts-logische Konstruktion eines theologischen
Begriffs
Oktav. 300 Seiten. 1977. Ganzleinen DM 76,–
ISBN 3 11 006650 5 (Band 31)

U. Böschemeyer

Die Sinnfrage in Psychotherapie und Theologie
Die Existenzanalyse und Logotherapie Viktor E. Frankls
aus theologischer Sicht
Oktav. X, 164 Seiten. 1977. Ganzleinen DM 48,–
ISBN 3 11 006727 7 (Band 32)

F. Heiler

Die Frau in den Religionen der Menschheit
Herausgegeben von Anne Marie Heiler
Oktav. VI, 194 Seiten. 1977. Kartoniert DM 38,–
ISBN 3 11 006583 5 (Band 33)

Demnächst erscheint:

R. Flasche

Die Religionswissenschaft Joachim Wachs
Oktav. Etwa 352 Seiten. 1978. Ganzleinen etwa DM 88,–
Preisänderungen vorbehalten ISBN 3 11 007238 6 (Band 35)